JN123797

裁決・判決からみた税務上の時価

不動産・ 五訂版
非上場株式の
税務上の時価の
考え方と
実務への応用

税理士・中小企業診断士・CFP®
渡邉 正則 著

一般財団法人 大蔵財務協会

改訂のことば

　本書の初版は平成23年7月に発行されました。その後、予想以上に多くの読者の方にご利用頂き、今回で4度目の改訂版となります。本書のテーマである「税務上の時価」について、税務に携わる多くの方々が現場で疑問に感じたり、悩まれていることを痛切に感じた次第です。

　実際、同業者間でも関心が高くよく話題になる内容ですが、その一方判断に迷うといったことも事実かと思います。

　今回の改訂に当たっては、「裁決・判例を比較検討してみることで理解できる課税の有無」といった本書の原点を基本に、前回の改訂版後に公表された裁決・判決を中心として実務上参考となるものを追加致しました。

　また、最近の傾向でもある株式価値の移転（法人への低額譲渡に伴う株主への贈与税課税）や同時に発生する法人の受贈益課税の問題の他、時価の2分1未満として課税処分後、時価の2分の1以上であるとして同処分が取り消された事例や、自己株式の処分価額が低額として課税された事例等も取り上げています。

　内容的には未成熟、不備な面があるかと思いますが、多少なりとも皆様のお役に立てればこれ以上の幸せはありません。

　末筆ながら、今回の改訂にあたり、大蔵財務協会の皆様には大変お世話になりました。心より感謝を申し上げて改訂のことばとさせて頂きます。

　令和4年12月

税理士・中小企業診断士・CFP®

渡邉　正則

はしがき

　不動産や非上場株式の時価については、課税上の問題になる場面が多々あります。特に、時価に比較し低い価額での評価が行われたり、低い価額で売買が行われるような場合はそれが顕著です。

　ここで、不動産や非上場株式の時価については、幾つもの考え方、算定の方法があるかと思いますが、本書では税務上の時価、税務上問題となる取引価額であるか否か等に焦点を当てて執筆しています。

　不動産や非上場株式の売買については、第三者間も当然ありますが、親族・同族関係者間でのケースも多くあります。実務上は特に親族・同族関係者間での売買の場合、どうしても恣意的になり易く、また低額な取引になることもあるため様々な課税関係が発生することになります。例えば贈与、みなし譲渡（時価まで引上げての所得税課税）、寄付金、受贈益等々です。

　一方、第三者間の取引だからといって全く課税関係が生じないかというとそういうことでもありません。実際に、第三者間の取引でも課税されているケースもあります。

　また、昨今では発行会社が株式を買取る（自己株式の取得）ケースも多く、その際の時価の考え方、課税関係の有無の判断等も難しいものがあります。

　本書では、これらの不動産や非上場株式の売買等（相続及び贈与も含む）の取引時の時価を裁決・判決を中心に解説します。類似する事案でも比較してみると裁決・判決の内容に相違があったりします。どのような場合に課税があり、どのような場合に課税がなかったのか、その違いは何なのか、これらのことを比較検討してみるのは理解を深

めるうえで重要なことと考えます。

　そして、審判所や裁判所の判断のベースにあるものは何なのかを知ることは、実務上の判断を行う際に大きく役に立つのではないかと思います。

　そうは言っても、裁決文や判決文を読むのは時間もかかります。そのため、本書ではできるだけ各裁決・判決の全体のイメージを早くつかんで頂くため、裁決・判決の前に「内容に入る前に」でポイントとなることを記載し、その後に裁決・判決の概要と結果の内容といった流れとしました。

　内容的には、まだ未成熟、不備な面があるかと思いますが、不動産や非上場株式に関連する税務を担当される皆様に多少なりともお役に立てれば望外の幸せです。

　末筆ながら、本書を出版する機会を与えてくださった大蔵財務協会の皆様に衷心より感謝を申し上げます。

　平成 23 年 7 月 1 日

税理士・中小企業診断士・CFP®

渡 邉　正 則

≪目　次≫

第1編　不動産関係

同族関係者間での売買時等の不動産の時価

第2編　非上場株式関係

非上場株式の売買時等の時価（税務上の時価）

-------------------------------- 〔凡　例〕 --------------------------------

本文中に引用している法令等については、次の略称を使用しています。

(1)　法　　　令

相法 …………………………………………… 相続税法

所法 …………………………………………… 所得税法

所令 …………………………………………… 所得税法施行令

法法 …………………………………………… 法人税法

措法 …………………………………………… 租税特別措置法

(2)　通　　　達

相基通 ……………………………………… 相続税法基本通達

所基通 ……………………………………… 所得税基本通達

評基通 ……………………………………… 財産評価基本通達

法基通 ……………………………………… 法人税基本通達

＜表示例＞

所法5②一 ………………………… 所得税法第5条第2項第1号

※本書は、令和4年12月1日現在の法令・通達等によっています。

第 1 編

不動産関係

同族関係者間での
売買時等の不動産の時価

同族関係者間での売買時等の不動産の時価

　親族間や会社も含めた同族関係者間で不動産を売買した場合、その価額の決定方法や売買に伴い発生する課税関係においては、判断に迷うケースが多々あります。また、親族間等においては、価額の決定方法について恣意性の介入するおそれがあり、時価に比べて著しく低い価額で取引されるケースもあります。

　以下では、不動産の時価の例を示しつつ、個人間での売買時の課税関係や法人が絡んだ場合の売買時の課税関係並びに裁決や判例等を、関連する条文の解釈や通達上の取り扱いを解説しながら順に見ていこうと思います。

1　不動産の時価の例

(1)　土　地

　① 　相続税評価額……相続税や贈与税の算定時に適用する時価です。利用状況に応じ、自用地評価、貸家建付地評価、借地権評価、底地評価等に区分されます。

　② 　相続税評価額÷80％……路線価が公示地価額の80％を目安に設定されていることから、相続税評価額を公示地価レベルに置き換えたものです。

　③ 　鑑定評価額……不動産鑑定士による鑑定評価額です。親族間等の売買価額の算定や、相続時に相続税評価額が実態を表していないと考えられる場合等に利用するケースもあります。

　④ 　取引事例を基にした価額……近隣の類似する土地の取引事例を集め、それらを基にして算定した金額です。

⑤　当事者間の合意価額

解　説

　親族間や会社も含めた同族関係者間の売買価額の算定において、実務上は簡便性を考慮し、上記②の価額（相続税評価額÷80％）を参考とすることはかなり多いと思います。

　また、①の相続税評価額とすることもあります（13ページ以降の判決等を参照ください。）。③の鑑定評価額を使用するケースもありますが、鑑定費用の負担が必要です。④の取引事例を基にした価額を基に算定するケースもありますが、サンプルの抽出において恣意性を排除する必要があります。最後に、⑤の当事者間の合意価額については、恣意性の排除の困難性が問題となります。

(2)　建　物

① 　相続税評価額（固定資産税評価額）……相続税や贈与税の算定時に適用する時価です。利用状況に応じ、自用家屋評価、貸付用家屋評価に区分されます。

② 　未償却残高……取得価額から減価償却額を差引いたものです。この価額での売買の場合、通常、売主には損益は発生しません。

③ 　再調達価額－減価償却額……売買を行う時点で、仮に建築した場合の価額（再調達価額）から経過年数に応じた減価償却額を差引いたものです。

④ 　鑑定評価額……不動産鑑定士による鑑定評価額です。親族間等の売買価額の算定や、相続時に相続税評価額が実態を表していないと考えられる場合等に使用するケースもあります。

⑤ 　当事者間の合意価額

　親族間や会社も含めた同族関係者間の売買価額の算定において、本来的には上記③の価額（再調達価額－減価償却額）によって算定されると思われますが、再調達価額が分かりにくい場合などは「建築価額表」の数値（1㎡当たりの建築価額（直近のもの））を参考にすることもあります（72ページ参照）。また、実務上②の未償却残高を基に取引されているケースも多いと思われます（耐用年数が経過し償却済の場合は適しません。）。

　同様に、①の相続税評価額・固定資産税評価額を基に算定する場合もありますし、①から③を基に算定した価額を比較考慮し売買価額を決定するような場合もあります。価額が高額となるような場合は、④の鑑定価額を基に売買するようなケースもあります。

　なお、⑤の当事者間の合意価額については、恣意性の排除の困難性が問題となります。

2　個人間売買時の課税と法人が絡んだ売買時の課税関係

⑴　個人間の場合

原則的取扱い

①　譲渡者に対し譲渡所得課税（措法31、32）。

②　譲受者については、課税なし（登録免許税等は課税）。

低額譲渡の場合

　譲受者に贈与税が課税される可能性があります（相法7）。関連する相続税法第7条では、以下のように規定しています。

> ┌ 相続税法 ┐
>
> **（贈与又は遺贈により取得したものとみなす場合）**
>
> **第7条** 著しく低い価額の対価で財産の譲渡を受けた場合においては、当該財産の譲渡があつた時において、当該財産の譲渡を受けた者が、当該対価と当該譲渡があつた時における当該財産の時価（当該財産の評価について第3章に特別の定めがある場合には、その規定により評価した価額）との差額に相当する金額を当該財産を譲渡した者から贈与（当該財産の譲渡が遺言によりなされた場合には、遺贈）により取得したものとみなす。（以下略）

　ここでポイントとなるのは、アンダーラインの「**著しく低い価額**」㊟と「**時価**」です。「著しく低価額」で譲渡があった場合、その価額と「時価」との差額が贈与とみなされ、贈与税の対象となります。

　「著しく低い価額」の判断について、後述する13ページの事例1では、**相続税評価額による売買は原則として「著しく低い価額」とは言えない**としています。また、売買価額との差額を贈与とみなす「時価」については、相続税評価額ではなく、**通常の取引価額である**と判示しています。

> ㊟　所得税法では、後述するように時価の2分の1未満という規定が置かれています（所法59①二、所令169）が、相続税法では規定がありませんので、所得税法と同様には考えられません。

(2) 個人法人間の場合（譲渡者：個人、譲受者：法人）

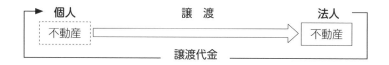

原則的取扱い

① 譲渡者に対し譲渡所得課税（措法31、32）。

② 譲受者については、課税なし（登録免許税等は課税）。

低額譲渡の場合

【譲渡者】……時価の2分の1未満の譲渡の場合は、時価に引き上げ
て譲渡所得課税が行われます（所法59①二、所令169）。

　　　　　なお、時価の2分の1以上の譲渡でも同族会社の行
為計算否認に該当する場合は同様に課税されます（所
基通59-3）。

┈┈┈(所得税法)┈┈┈┈┈┈┈┈┈┈┈┈┈┈┈┈┈┈┈┈┈┈┈┈┈

（贈与等の場合の譲渡所得等の特例）

第59条　次に掲げる事由により居住者の有する山林（事業所得の基因とな
るものを除く。）又は譲渡所得の基因となる資産の移転があつた場合には、
その者の山林所得の金額、譲渡所得の金額又は雑所得の金額の計算につ
いては、その事由が生じた時に、その時における価額に相当する金額に
より、これらの資産の譲渡があつたものとみなす。

　一　贈与（法人に対するものに限る。）又は相続（限定承認に係るものに
　　限る。）若しくは遺贈（法人に対するもの及び個人に対する包括遺贈の

うち限定承認に係るものに限る。）

二　著しく低い価額の対価として 政令 で定める額による譲渡（法人に対
するものに限る。）

（以下略）

↓

所得税法施行令第169条

.....(**所得税法施行令**).....

（時価による譲渡とみなす低額譲渡の範囲）

第169条　法第59条第1項第2号（贈与等の場合の譲渡所得等の特例）に
規定する政令で定める額は、同項に規定する山林又は譲渡所得の基因と
なる資産の譲渡の時における価額の2分の1に満たない金額とする。

.....(**所得税基本通達**).....

（同族会社等に対する低額譲渡）

59-3　山林（事業所得の基因となるものを除く。）又は譲渡所得の基因と
なる資産を法人に対し時価の2分の1以上の対価で譲渡した場合には、
法第59条第1項第2号の規定の適用はないが、時価の2分の1以上の対
価による法人に対する譲渡であっても、その譲渡が法第157条《同族会
社等の行為又は計算の否認》の規定に該当する場合には、同条の規定に
より、税務署長の認めるところによって、当該資産の時価に相当する金
額により山林所得の金額、譲渡所得の金額又は雑所得の金額を計算する
ことができる。

【譲受者】……時価より低い価額で譲り受けた場合は、受贈益課税
（法法22）。

⑶　個人法人間の場合（譲渡者：法人、譲受者：個人）

原則的取扱い

①　譲渡者に対し法人税が課税（法法22）。

②　譲受者については、課税なし（登録免許税等は課税）。

低額譲渡の場合

【譲渡者】……譲受者との関係から、寄附金（法法37）、賞与（法法34）等。

【譲受者】……譲渡者との関係から、一時所得（所法34）、給与（所法28）等。

⑷　法人法人間の場合（譲渡者：法人、譲受者：法人）

原則的取扱い

①　譲渡者に対し法人税が課税（法法22）。

②　譲受者については、課税なし（登録免許税等は課税）。

低額譲渡の場合

【譲渡者】……寄附金課税（法法37）。

【譲受者】……受贈益課税（法法22）。無償だけでなく低額譲受けも
同様（54ページ参照）。

法人税法

（各事業年度の所得の金額の計算）

第22条

1　内国法人の各事業年度の所得の金額は、当該事業年度の益金の額から
当該事業年度の損金の額を控除した金額とする。

2　内国法人の各事業年度の所得の金額の計算上当該事業年度の益金の額に
算入すべき金額は、別段の定めがあるものを除き、資産の販売、有償又は
無償による資産の譲渡又は役務の提供、無償による資産の譲受けその他の
取引で資本等取引以外のものに係る当該事業年度の収益の額とする。

法人税法

（寄附金の損金不算入）

第37条　内国法人が各事業年度において支出した寄附金の額（次項の規定
の適用を受ける寄附金の額を除く。）の合計額のうち、その内国法人の当
該事業年度終了の時の資本金等の額又は当該事業年度の所得の金額を基
礎として政令で定めるところにより計算した金額を超える部分の金額は、
当該内国法人の各事業年度の所得の金額の計算上、損金の額に算入しない。
（以下略）

8　内国法人が資産の譲渡又は経済的な利益の供与をした場合において、そ
の譲渡又は供与の対価の額が当該資産のその譲渡の時における価額又は当
該経済的な利益のその供与の時における価額に比して低いときは、当該対
価の額と当該価額との差額のうち実質的に贈与又は無償の供与をしたと認
められる金額は、前項の寄附金の額に含まれるものとする。（以下略）

3 裁決・判決の概要比較と方向性

⑴ 裁決・判決のまとめ

各裁決・判決の概要をまとめると次表のようになります。

事例番号	判決・裁決概要	実際の売買価額	時価の判断	課税の有無	関連条文等	当事者間の関係
1	・H19. 8 .23 東京地裁判決 相続税評価額で行った親族間の土地売買が相続税法第7条に規定するみなし贈与に該当しないとされた事例（P.13）	相続税評価額（相当地代収受・更地価額の80%)	通常の取引価額（客観的交換価値）	無	相続税法第7条	親族関係
2	・H17. 1 .12 さいたま地裁判決 みなし贈与を第三者間取引でも適用した事例（P.21）	時価の3分の1程度	通常の取引価額（客観的交換価値）／鑑定価額・取引事例等で算定	有	相続税法第7条	親族関係なし
3	・H15. 6 .19 裁決 土地建物の譲受価額が「著しく低い価額の対価」に当たるとしてなされた課税処分が取り消された事例（P.27）	相続税評価額を若干上回った額	通常の取引価額（客観的交換価値）	無	相続税法第7条	親族関係
4	・H21. 5 .22 裁決 親族間の土地売買に当たり、不服審判所が時価を算定し、みなし贈与とした事例（P.30）	時価の7割程度	通常の取引価額（客観的交換価値）／取引事例等で算定	有	相続税法第7条	親族関係
5	・H3. 4 .26 東京地裁判決 会社の代表取締役が会社に対し時価の2分の1未満で土地を譲渡したことについて、みなし譲渡の規定が適用された事例（P.36）	時価の4割程度	通常の取引価額（客観的交換価値）／転売価額等で算定	有	所得税法第59条	同族関係

6	・R2.10.23東京地裁判決 個人から会社に不動産を譲渡した価額が時価の2分の1以上としてみなし譲渡が取り消された事例（P.40）	時価の2分の1未満として処分後、2分の1以上と判断	通常の取引価額（客観的交換価値／鑑定価額で算定）	無	所得税法第59条	同族関係
7	・R2.10.23東京地裁判決 事例6と同一事案で、株主に相続税（3年以内の贈与）が課税され、会社には受贈益課税がされた事例（P.49）	時価の2分の1以上	通常の取引価額（客観的交換価値）	有	相続税法9条、法人税法22条	同族関係
8	・H4.10.29東京高裁判決 会社の代表者から会社が買受けた土地は時価より低額であるとして受贈益が認定された事例（P.54）	時価の約56％	通常の取引価額（客観的交換価値／鑑定価額で算定）	有	法人税法第22条	同族関係

(2)　**親族間、同族関係者間売買か否か**

　前記(1)では合計8つの判決・裁決が取り上げられていますが、事例番号1、3～8が親族間、同族関係者間の売買です。一方、事例番号2は親族・同族関係者以外の売買です。下記(5)とも関連しますが、相続税法第7条や所得税法第59条は、親族・同族関係者かそれ以外かを区別した規定とはなっていません。

(3)　**裁判所・審判所の時価についての考え方**

　時価については、相続税評価額ではなく、通常の取引価額であるとしています。つまり、客観的交換価値とされ相続税評価額ではありません。

(4)　**「時価より低い」と「時価より著しく低い」との差異**

　相続税法第7条に規定する「著しく低い価額」の判断については、前記(1)の事例番号1の判決では、相続税評価額による売買は原則とし

11

て「著しく低い価額」とは言えないとしています。つまり、単に低い（「時価より低い」）というだけで、そのまま贈与税の課税が行われるというわけではありません。

(5) 第三者間売買でもみなし贈与の規定が適用

相続税法第7条では、「著しく低い価額の対価で財産の譲渡を受けた場合においては当該財産の譲渡があった時において、当該財産の譲渡を受けた者が、当該対価と当該譲渡があった時における当該財産の時価（当該財産の評価について第3章に特別の定めがある場合にはその規定により評価した価額）との差額に相当する金額を当該財産を譲渡した者から贈与（当該財産の譲渡が遺言によりなされた場合には、遺贈）により取得したものとみなす。……」としており、第三者間の譲渡か否かで区別はしていません。また、贈与と「みなす」といった規定のため、当事者間の贈与の意思は必要はありません。

(6) 時価算定における土地の権利関係の考慮

前記(1)の事例番号4の裁決については、課税当局と請求人（納税者）との時価の算定額について争われましたが、ポイントは納税者が使用貸借されていた土地の売買価額の算定に当たり、30%の減額（使用者の権利を考慮）したものが認められるか否かでした。結果として、審判所は請求人の主張を認めませんでした。なお、事例番号1の判決においては、相当地代を収受している土地（売買対象地）の価額を更地価額の80%と評価（相当地代の授受のある土地のため）している原告の主張が認められました。また、事例番号3の裁決においては、売買価額の算定時にアパート及びアパート敷地であることを考慮した請求人の価額が認められています。

4　裁決・判決紹介

（親族間で土地を相続税評価額で売買）
**1　相続税評価額で行った親族間の土地売買が相続税法第7条に
規定するみなし贈与に該当しないとされた事例**
平成19年8月23日 東京地裁判決（納税者勝訴・確定）

内容に入る前に

　相続税評価額で売買をした時にどのような課税関係が生じるかは気
になるところです。

　以下において上記判決内容をご紹介しますが、基本的には、相続税
評価額の売買であれば、贈与税の課税は行われないと考えられます。
ここで重要なのは、相続税法第7条の規定の解釈です。

> **相続税法**
>
> **（贈与又は遺贈により取得したものとみなす場合）**
> **第7条** 著しく低い価額の対価で財産の譲渡を受けた場合においては、当
> 該財産の譲渡があつた時において、当該財産の譲渡を受けた者が、当該
> 対価と当該譲渡があつた時における当該財産の時価（当該財産の評価に
> ついて第3章に特別の定めがある場合には、その規定により評価した価
> 額）との差額に相当する金額を当該財産を譲渡した者から贈与（当該財
> 産の譲渡が遺言によりなされた場合には、遺贈）により取得したものと
> みなす。（以下略）

　ここでポイントとなるのは、アンダーラインの「**著しく低い価額**」
と「**時価**」の考え方です。

「著しく低い価額」の判断については、後述する判決内容において相続税評価額による売買は、原則として「著しく低い価額」とは言えないとしています。また、売買価額との差額を贈与とみなす「時価」については、相続税評価額ではなく、通常の取引価額であると判示しています。

　なお、相続税法第7条等に関連して平成元年3月29日付で次の個別通達が公表されています。

負担付贈与又は対価を伴う取引により取得した土地等及び家屋等に係る評価並びに相続税法第7条及び第9条の規定の適用について（一部抜粋）

1　土地及び土地の上に存する権利（以下「土地権」という。）並びに家屋及びその附属設備又は構築物（以下「家屋等」という。）のうち、負担付贈与又は個人間の対価を伴う取引により取得したものの価額は、当該取得時における通常の取引価額に相当する金額によって評価する。（以下略）

判決内容

① 事案の概要・結果

　本件は、親族から土地の持分を買った原告（納税者）らが、処分行政庁（税務署）から、その購入代金額は相続税法第7条の規定する「著しく低い価額の対価」であるから時価との差額は贈与とみなされるとして贈与税の決定等を受けたため、その取り消しを求めたという事案です。

　裁判所は、相続税評価額と同水準の価額かそれ以上の価額を対価として土地の譲渡が行われた場合には、原則として「著しく低い価額」の対価による譲渡ということはできないとしました。

　そして、例外として何らかの事情によりその土地の相続税評価額が時価の80%よりも低くなっており、それが明らかであると認められる場合に限って、「著しく低い価額」の対価による譲渡になり得ると解するべきであるとし、本件各売買に相続税法第7条を適用することはできないとしました。

【関係図】

【売買経緯等】

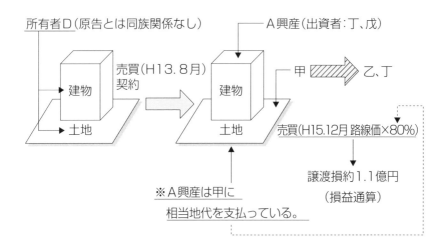

①　平成13年11月取得（契約は平成13年8月）

　　・442,000,000円（土地：857.75＋私道4.13㎡）……甲取得

・78,000,000円（建物）……………………A興産取得

② 平成15年12月売買

　　甲が乙、丁へ相続税評価額により土地を売却。

③ 本件土地の賃貸借

　　甲は、本件土地を取得した後、これをA興産に賃貸。その際A興産は甲に権利金の支払なし。A興産が上記賃貸人（当初は甲のみであり、その後は本件土地の共有者となった者）に対して支払っている地代は、1㎡当たりの年額が概ね2万円で計算。これは本件土地の路線価（平成13年から平成15年までの間、1㎡当たり36万円）を基に計算した本件土地の価額の6％に相当する金額。

② 判示事項

1　相続税評価額と同水準の価額かそれ以上の価額を対価として土地の譲渡が行われた場合は、原則として「著しく低い価額」の対価による譲渡ということはできず、例外として何らかの事情によりその土地の相続税評価額が時価の80％よりも低くなっており、それが明らかであると認められる場合に限って、「著しく低い価額」の対価による譲渡になり得ると解すべきである。

2　仮に時価の80％の対価で土地を譲渡するとすれば、これによって移転できる経済的利益は、その土地の時価の20％にとどまるのであり、被告の主張するように「贈与税の負担を免れつつ贈与を行った場合と同様の経済的利益の転移を行うことが可能になる」とまでいえるのか、はなはだ疑問である。そもそも、被告の上記主張は、相続税法第7条自身が「著しく低い価額」に至らない程度の「低い価額」の対価での譲渡は許容していることを考慮しないものであり、妥当でない。

3　相続税法第7条は、当事者に実質的に贈与の意思があったか否かを問わずに適用されるものであり、実質的に贈与を受けたかどうかという基準が妥当なものとは解されない。この基準によるとすれば、そのすべての場合において、実質的に贈与を受けたということにもなりかねず、単なる「低い価額」を除外し「著しく低い価額」のみを対象としている同条の趣旨に反することになるというべきである。

4　被告が主張する第三者との間では決して成立し得ないような対価で売買が行われたか否かという基準も趣旨が明確でない。仮に「第三者」という表現によって親族間やこれに準じた親しい関係にある者相互間の譲渡とそれ以外の関係にある者相互間の譲渡においては、たとえ「著しく低い価額」の対価でなくても課税する趣旨であるとすれば、同条の文理に反するというほかない。

5　被告は本件土地については、賃貸人（甲）と賃借人（A興産）との間に家族関係を基礎とした密接な関係があることをその主張の根拠とするようであるが、たとえそのような密接な関係があるとしても、賃借人が賃貸人から独立した人格を有する会社であることを一概に否定することはできない。

6　特に本件土地上の各建物は原告ら家族とは全く関係のない第三者に賃貸されていることが認められるから、本件土地の取引に当たっては借地借家法等の法律上の制約が存在することが重要な考慮要素となると認められ、自用地としての価額から20％相当額を控除することは、正当な評価方法というべきである。

7　当事者に贈与の意思や租税負担回避の意思があったか否かによって相続税法第7条のみなし贈与の適用が左右されることはないのであるから、売主の側の意思、意図を強調する被告の主張は採用することができない。

17

8　負担付贈与通達にいう「実質的に贈与を受けたと認められる金額があるかどうか」という判定基準は、同条の趣旨にそったものとはいい難いし、基準としても不明確であり、「著しく低い」という語からかけ離れた解釈を許すものとなっており、その意味で妥当なものということはできないが、結局のところ、個々の事案に応じた判定を求めているのであるから、上記のような問題があるからといってそれだけで直ちにこれを違法あるいは不当であるとまではいえないというべきである。もっとも、個々の事案に対してこの基準をそのまま硬直的に適用するならば、結果として違法な課税処分をもたらすことは十分考えられるのであり、本件はまさにそのような事例であると位置づけることができる。

9　以上の検討によれば、本件各売買に相続税法第7条を適用することはできないというべきである。

ポイントの整理

Point 1 ▶ 判示事項1について、「例外として何らかの事情によりその土地の相続税評価額が時価の80％よりも低くなっており、それが明らかであると認められる場合に限って、「著しく低い価額」の対価による譲渡になり得る」といったケースは、例えば親族間で土地を売買し、その直後に買主が第三者に売却し、その価額が親族間での売買価額に比較して相当高額であったようなことが想定されます。基本的に買主が所有し続けるような場合は、該当しないものと思われます。

Point 2 ▶ 判示事項3にもあるように、相続税法第7条は、当事者に贈与の意思があるかどうかに関わらず適用されるものです。また、**判示事項4**の内容から、親族間の譲渡と第三者間の譲渡を区別して

いないものです（第三者間でもみなし贈与に該当する可能性があります。）。

Point 3 ▶ 　判示事項の8の負担付贈与通達について、批判をしていますが判決後、同通達の改正等はされておりません。

参　考

〔平成18年5月24日裁決／上記判決の基となる裁決〕

（前略）裁決では請求人の主張は認められず、みなし贈与とされました。

＜裁決の要旨＞

　請求人らは、相続税評価額で行った親族間の土地売買（以下「本件譲受け」という。）について、①相続税法上の時価は相続税評価額であること、②土地元年個別通達（以下「本件通達」という。）が定められた時と本件譲受けの時とでは不動産状況が異なることから、本件通達の適用はその前提条件を欠いていること、③仮に、相続税法第7条の規定（以下「本件規定」という。）の適用があるとしても、贈与税の課税は相続税評価額と本件譲受けの対価との差額で行うべきであることから、本件譲受けは、本件規定の「著しく低い価額の対価」で財産の譲渡を受けた場合に該当せず、贈与税の課税価格も発生しない旨主張する。

　しかしながら、①相続税法第22条に規定する時価とは、客観的な交換価値をいい、同法第7条に規定する時価も、その意義に差異はないと解される。ところで、課税実務上は、納税者間の公平等の見地から、財産評価基本通達に定める方法によって画一的に時価を評価しているところ、土地等の価額の算定に用いる路線価は、1年間の地価変動にも耐え得るものであること等の評価上の安全性に配慮したものであるが、対価を伴う取引の場合には、

一般の相続や遺贈のような偶発的な無償取得である場合と異なり、偶発的に発生するものではなく、自由な取引として当事者が取引の時期等を自由に選択でき、財産の時価を認識した上で双方の合意に基づいて財産の移転ができることからすれば、対価を伴う取引の場合の財産の時価は、上記の評価上の安全性に配慮した相続税評価額をそのまま適用することは適切ではなく、通常の取引価額に相当する金額によって評価するのが相当である。②本件通達の適用の有無は、取引時の不動産状況、すなわち、通常の取引価額に占める相続税評価額の割合のみによって判断すべきものではなく、個々の取引の事情等を総合勘案し、社会通念に従い実質的に贈与を受けたと認められるか否かにより、本件通達の適用の有無を判断すべきである。③低額譲受けに該当する場合の贈与により取得したものとみなされる金額は、譲受けの対価とその不動産の通常の取引価額との差額によるべきである。

　したがって、請求人らの主張にはいずれも理由がなく、本件譲受けは、取引の事情、取引当事者間の関係等を総合勘案すると、本件規定の著しく低い価額の対価で財産の譲渡を受けた場合に該当することから、本件譲受けについて、本件規定を適用してされた原処分は適法である。

> （第三者間で土地を低額で譲渡）
>
> ## 2　みなし贈与の規定を第三者間取引でも適用した事例
>
> 平成17年1月12日　さいたま地裁判決（確定）

内容に入る前に

　第三者間で不動産の売買が行われる場合、一般的には当事者の合意価額により取引が成立し、その際、当事者間には贈与の意思はないものと思われます。しかし、相続税法第7条の規定は、事例1（13ページ）でも触れたように親族間、第三者間を問いません。

　以下に、判決内容をご紹介しますが、第三者間の取引であっても「著しく低い価額の対価」で財産の譲渡があった場合は、時価との差額を贈与により取得したものとみなされます。

　相続税法第7条では、次のように規定されています。

> **（贈与又は遺贈により取得したものとみなす場合）**
>
> **第7条**　著しく低い価額の対価で財産の譲渡を受けた場合においては、当該財産の譲渡があつた時において、当該財産の譲渡を受けた者が、当該対価と当該譲渡があつた時における当該財産の時価（当該財産の評価について第3章に特別の定めがある場合には、その規定により評価した価額）との差額に相当する金額を当該財産を譲渡した者から贈与（当該財産の譲渡が遺言によりなされた場合には、遺贈）により取得したものとみなす。(以下略)

　判決では、相続税評価額による売買は「著しく低い価額」か否かについての判断はしていませんが、売買価額との差額を贈与とみなす

「時価」については、事例１（13ページ）と同様に相続税評価額ではなく、通常の取引価額であるとしています。

1　事案の概要・結果

　売主と買主との間には親族関係はありません。知人であるという関係はあります。売主は身内に病気の者がおり、その治療費、入院費等の都合をつけるために本件土地の売却に至った経緯があります。

　当初は、売主が買主に購入者を探すことを依頼していましたが、適当な購入者希望者がなく、最終的に買主が購入することとなりました。

　売買価額の査定には専門家等は介在していません。買主の提示した価額について売主が合意しました。なお、本件土地は区画整理中の土地でした。

　裁判所は時価の査定を行い、相続税法第７条を適用しみなし贈与としました。

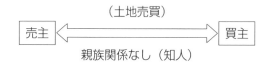

（土地売買）

売主　⟺　買主

親族関係なし（知人）

※売買価額設定については、専門家等の介在なし。

2　原告・被告の主張等

(1)　原告（納税者）の主張

　相続税法第７条は、租税回避防止を目的とし、贈与税が相続税の補完税とすれば親族が対象である。独立した第三者間における取引は、利害が対立する者の間における取引であるから、特別な理由が無い限

り、そこで決定された価格は適正と推定されるものであり、贈与とみなすべき合理的理由が存在しない。本件は複数の不動産業者に購入依頼をしたが買い手がつかなかったものであり、当事者間の合意価格が時価である。

(2)　被告（課税庁）の主張

　相続税法第7条は、贈与の意思なきものを贈与とみなして課税する規定である。租税回避目的のみではなく、納税者の担保力が増しているのだから課税し、税負担の不公平を是正するものである。原告は、地元業者でない2社の建売業者に購入依頼したのみであり、独立した第三者間の売買価額とは認められない。

(3)　時価の判定

　　○原告………1,500万円（売買価格）※

　　　　　　※その後の裁判では2,050万円の鑑定評価額

　　○被告………7,090万円（取引事例、鑑定評価額）

　　○裁判所……4,513万円（複数の鑑定評価額）

③　判示事項

1　相続税法第7条の趣旨

2　本件において、本件土地の売主が公開された市場と同視できるような状況で買手を誘致していたと認めるに足りる証拠はなく、原告との間に契約された本件売買契約も相続税法基本通達7-2のいう公開された市場において財産を取得した場合に当たらないことは明らかであって、本件土地の譲受は同通達の適用を相当する場合には当たらない。

3　原告の贈与意思又は租税回避の目的を問うことなく相続税法第7条該当性を検討すべきであって、原告が売主と何ら親族関係がないこと又は原告に贈与意思や租税回避の目的がないことをもって本件には相続税法第7条が適用される前提を欠くとする原告の主張は理由がなく、採用できない。

4　本件土地の時価判断について、被告援用のＡ鑑定及び原告援用のＢ鑑定ともに本件土地区画整理事業区域内の更地取引の実例が少ないことから、建物付宅地の取引事例及び規準地の価格から建物付宅地の標準的画地の価格を求め、そこから本件土地の個別的要因及び本件土地が仮換地指定され建物用敷地として使用できるまでの間の減価を考慮して本件宅地の価格を算定する手法が最も規範性が高く相当であるとしているところ、本件土地が土地区画整理事業区域内にあり、いまだ仮換地指定はなされず、通常仮換地指定・仮換地使用収益開始までに相当期間が予想されること等に照らすと、上記のような評価方法を中心とすることが相当と考えられる。

5　本件土地の具体的な算定方法としては、本件売買契約時から仮換地指定後・使用収益開始後の建物の敷地として利用できるまでの期間（割引期間）と通常の宅地として使用・収益ができないことによる割引率を求め、複利現価計算をして本件土地の時価を算定するのが相当である。

6　本件の場合、割引率については、当裁判所としては年５％（平成8年当時の地価公示制度において収益価格算定のため最も一般的な利回り率・平成8年以前の過去５年の長期プライムレート平均）を採用するのが相当と判断する。

7　平成8年8月21日の売買契約当時、仮換地指定・使用収益開始がなされるまでの期間をいつ頃と考えていたかは明確な証拠はないが、

土地区画整理事業の進捗状況等から、平成16年3月31日までの施行期間延長に止まらずさらに10年程度の延長があり得ると普通に考えられていたとしても不自然ではなく、評価の安全性と課税の公平の見地からすると、割引期間を18年と解するのが相当である。

8　相続税法第7条の趣旨に鑑みれば、同条にいう「著しく低い価額の対価」に該当するかどうかは、当該財産の譲受の状況、当該譲受の対価、当該財産の性質、当該譲受に係る財産の市場価格等を勘案して社会通念に従い判断すべきものと解するのが相当である。

9　本件においては、土地の時価は4,513万円と評価されるところ代金1,500万円で売買しているものであり、原告主張の売買経緯を考慮してもなお「著しく低い価額の対価」に当たるというべきである。したがって、相続税法第7条により、本件土地の売買価額と本件売買契約当時の時価との差額に相当する金額3,013万円を原告は贈与によって取得したものとみなされることになる。

10　本件決定処分（基礎控除額控除後の課税価格5,530万7,000円・税額3,004万9,500円）のうち、原告の基礎控除額控除後の課税価格2,953万円及び納付すべき税額1,381万8,000円を超える部分は違法である。

ポイントの整理

Point 1▶　判示事項2において、本件は、相続税法基本通達7-2に規定するような状況には該当しないとしています。同通達内容は以下のとおりです。

（公開の市場等で著しく低い価額で財産を取得した場合）
7-2　不特定多数の者の競争により財産を取得する等公開された市場において財産を取得したような場合においては、たとえ、当該取得

価額が当該財産と同種の財産に通常付けられるべき価額に比べて著しく低いと認められる価額であっても、課税上弊害があると認められる場合を除き、法第7条の規定を適用しないことに取り扱うものとする。

　なお、上記通達について相続税法基本通達逐条解説（大蔵財務協会）では、「しかしながら、そのような原則にのっとって財産の取引がされた場合においても、その財産の取得価額がその財産と同種の財産に通常付けられるべき価額に比べて著しく低い価額と認められるときがある。例えば、強制換価手続による競売が行われた場合の競落価格がその典型的なものといえよう。

　このような場合であっても、形式的には相続税法第7条の規定は適用されることになるが、不特定多数の者の競争により当事者の恣意性を排除して決められた価額が、一般の取引価額よりも著しく低額だからといってその差額に対して贈与税を課税することは適当でない」と解説しています。

Point 2▶　　判示事項3にもあるように、親族関係があるかどうか、贈与の意思等があるかどうかは問わないとしており、これは事例1（13ページ）と共通しています。

Point 3▶　　親族関係のない者間の売買のケースでも、不動産業者等の時価査定を行うことが望まれます。

（親族間でアパートとその敷地を売買するときの価額）

3　土地建物の譲受価額が相続税法第7条に規定する「著しく低い価額の対価」に当たるものとしてなされた贈与税の課税処分が取り消された事例　　平成15年6月19日　裁決

内容に入る前に

　この裁決は、事例1（13ページ）と同様に親族間での売買の時価が問題となったケースです。

　裁決では、売買価額の合計額（土地及び建物）が相続税評価額の合計額（土地及び建物）を上回っていること等、総合勘案し、相続税法第7条は適用すべきではないとしました。

　相続税法第7条では、次のように規定されています。

（贈与又は遺贈により取得したものとみなす場合）

第7条　著しく低い価額の対価で財産の譲渡を受けた場合においては、当該財産の譲渡があつた時において、当該財産の譲渡を受けた者が、当該対価と当該譲渡があつた時における当該財産の時価（当該財産の評価について第3章に特別の定めがある場合には、その規定により評価した価額）との差額に相当する金額を当該財産を譲渡した者から贈与（当該財産の譲渡が遺言によりなされた場合には、遺贈）により取得したものとみなす。（以下略）

1 事案の概要

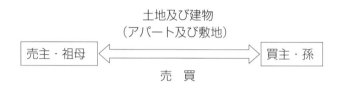

土地及び建物
（アパート及び敷地）

売主・祖母 ⟸⟹ 買主・孫

売　買

① 請求人（納税者）の主張する時価

・土地……52,000,000円（鑑定評価額）⎫
　　　　　　　　　　　　　　　　　　　⎬総額　71,950,000円
・建物……19,950,000円　　　　　　　　⎭

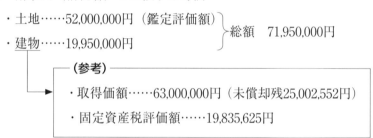

（参考）

・取得価額……63,000,000円（未償却残25,002,552円）

・固定資産税評価額……19,835,625円

② 原処分庁の主張する時価

・鑑定評価額不適切

・公示価格ベースで申告すべき……65,538,867円（土地）

③ 請求人の売買金額と相続税評価（貸家及びその敷地）の比較

・売買金額　　　71,950,000円

・相続税評価額　69,236,309円

2 裁決の要旨

　原処分庁は、本件土地の譲受けは、相続税法第7条にいう「著しく

低い価額の対価で財産の譲渡を受けた場合」に該当すると主張するが、譲渡人（請求人の祖母）は高齢となり、借入金を弁済するために譲渡したものであり、一方、請求人は自身の将来のことを考えて金融機関から取得資金を借り入れて本件土地を取得したものであること、売買価額は固定資産税評価額を参考に、利用形態を考慮して決定したこと、譲渡人は本件土地を相続により取得し、長期間保有していたものであること、④建物の譲受対価の額と本件土地の譲受対価の合計額は、これらの不動産の相続税評価額の合計額を上回っていることを総合勘案すると、本件土地の譲受は相続税法第7条に規定する「著しく低い価額の対価」による譲受けには該当しないとするのが相当である。

ポイントの整理

Point 1▶ **裁決の要旨**にもあるように、土地及び建物の合計売買価額が、同土地及び建物の相続税評価額(注)の合計を超えていること等から、みなし贈与の規定を適用しないのが相当としています。これは事例1（13ページ）の内容とも共通するところがあります。

> (注)　建物が貸し付けられていたため、貸家及び貸家建付地の評価となっています。

Point 2▶ 事例1では、親族間で行った売買の譲渡損を他の所得と損益通算したことについても論点となりました。一方、本件は長期所有の土地建物であり事例1のような論点はありません。

4 請求人が譲り受けた土地の時価について審判所が調査を行い 時価を算定し、それによりみなし贈与とした事例

平成21年5月22日 裁決

内容に入る前に

　この裁決は、事例１（13ページ）、事例３（27ページ）と同様に親族間での売買の時価が問題となったものです。

　裁決では、請求人の主張する時価（路線価）は時価ではなく、時価は通常の取引価額であるとしています。この点は、事例１、事例２、事例３とも共通しています。

　その上で、原処分庁の時価にも問題があるとして、審判所が本件土地の近隣地域に存し、地積、形状等の画地条件の格差が少ない取引事例及び公示地を調査し、時点修正、事情補正等を行い時価を算定し、それによりみなし贈与課税の一部を取り消しました。

　関連する相続税法第７条では、次のように規定されています。

（贈与又は遺贈により取得したものとみなす場合）

第７条 著しく低い価額の対価で財産の譲渡を受けた場合においては、当該財産の譲渡があつた時において、当該財産の譲渡を受けた者が、当該対価と当該譲渡があつた時における当該財産の時価（当該財産の評価について第３章に特別の定めがある場合には、その規定により評価した価額）との差額に相当する金額を当該財産を譲渡した者から贈与（当該財産の譲渡が遺言によりなされた場合には、遺贈）により取得したものとみなす。（以下略）

裁決内容

1　事案の概要・結果

土　地
請求人（納税者）←──────────→父
売買（請求人が取得・H18.5.8）

①　請求人と父の売買価額　　12,531,274円

②　原処分庁の時価　　　　　17,632,485円

③　審判所の算定時価　　　　16,347,708円

> (注)　売買された土地は、使用貸借されており、請求人の売買価額はその状況を考慮し、30％の減額がされている。
> 　一方、原処分庁及び審判所の時価算定については、使用借権は零として考慮していない。

(1)　原処分庁は①と②の差額について相続税法第7条を適用

(2)　審判所は②と③との差額についての相続税法第7条の適用を取り消し

※　この裁決では、相続税法第7条に規定する「著しく低い価額」については判断していない。

2　裁決の要旨

1　負担付贈与又は対価を伴う取引の場合には、双方の合意に基づいて財産の移転ができることから、通常の取引価額を認識した上での売買行為と同一視できるものである。そこで、本件通達（平成元年3月29日直評5）は、負担付贈与又は対価を伴う取引により取得し

た土地等及び家屋等の価額については、通常の取引価額に相当する金額によって評価することとしたものと解される。そうすると、本件通達は、相続税法第7条の趣旨に沿う合理的なものと、同条に規定する時価の解釈として、当審判所においても相当と認められる。

2 　請求人の主張する本件土地の平成18年分の路線価相当額46,000円は、本件土地の路線価46,000円と同額であり、請求人が主張する本件土地の平成18年分の路線価相当額を基に算定する方法は、本件土地の路線価を基に算定する方法と何ら変わらないことは明らかである。そうすると、路線価は、評価基本通達13に定める路線価方式による評価の基になる価額であり、対価を伴う取引により取得した土地の価額について、路線価方式に基づく相続税評価額にかかわらず、通常の取引価額に相当する金額、すなわち客観的な交換価値によって評価することが相当であることから、請求人の主張する時価は、本件土地の適正な時価を表しているとは認められない。

3 　原処分庁は、本件土地の時価について、本件公示価格及び本件基準地に係る標準価格を基に土地価格比準表に準じて、時点修正及び個別的要因の格差補正を行って算定した価格が本件土地の時価である旨主張する。しかしながら、原処分庁は、①本件土地の近隣には、比準すべき取引事例が存在しているにもかかわらず、これらの取引事例を比準していないこと、②本件公示価格及び本件基準地の標準価格をもって本件土地の時価の算定の基礎としていること、③個別的要因の格差補正を行っているが、格差率の適用根拠は不明確であることから、原処分庁が主張する本件土地の時価は、適正な時価を表しているとは認められないので、採用できない。

4 　土地の時価（客観的な交換価値）を認定する方法としては、不動産鑑定士による鑑定評価額のほか、評価対象地に関して、時間的、

場所的、物件的及び用途的同一性等の点で可能な限り類似する取引事例に依拠し、それを比準して価格を算定する取引事例比較法があり、取引事例比較法は、市場性を反映した価格が算定されていることから合理性があり、また、相当な方法であると解される。

5　公示価格、標準価格及び相続税法第22条に規定する時価は、いずれも自由な取引が行われるとした場合におけるその取引において通常成立すると認められる価格、すなわち客観的な交換価値をいうものと解することができる。そして、公示価格及び基準地の標準価格は、一般の土地の取引価額に対しての指標、不動産鑑定士の鑑定評価及び公共事業の買収価格等の規準とされるものであるから、評価対象地の近隣に公示地がある場合、それを選択することは、合理性があると解される。

6　本件土地の存する地域（近隣地域）に存し、本件土地と地積、形状等の画地条件の格差が最小限となるような取引事例及び公示地を調査し、当審判所においても相当と認められる基準である土地価格比準表に準じて、時点修正、事情補正及び格差補正などを行って、請求人が本件土地を譲り受けたと認められる平成18年5月8日における本件土地の時価を算定すると、16,347,708円となるから、本件通知処分は違法なものであり、その一部を取り消すべきである。

（別表1）　本件土地の時価（請求人主張額）

区　　　分		金額等
本件土地の路線価相当額	①	46,000円／㎡
面積（地積）	②	435.37㎡
がけ地部分の面積	③	46.2㎡

借地権相当額（借地権割合）	④	30%
本件土地の時価 （①×（②－③）×（100%－④））	⑤	12,531,274円

（注） がけ地部分の評価については、次のとおり、土留め費用から計算した場合の金額と同額となる。
・土留め費用：32,200円×16.5m×4m＝2,125,200円
・（（①の金額×②の面積）－2,125,200円）×（100%－④）＝12,531,274円
（本件土地の時価）

（別表2） 本件土地の時価（原処分庁主張額）

区　　　分		金額等
更地としての1㎡当たりの価額 （別表4（略）の③更地価格）	①	40,500円
面積（地積）	②	435.37㎡
本件土地の時価（①×②）	③	17,632,485円

ポイントの整理

Point 1▶ **裁決の要旨1**にあるように、審判所は、請求人の主張する時価（路線価）は時価ではなく、時価は通常の取引価額であるとしています。また、相続税法第7条の時価の解釈として負担付贈与通達を引用しています。

前述したように、相続税法第7条に規定する時価は、相続税評価額ではないということは、各判決、裁決ともに共通しています。

Point 2▶ Point1を踏まえた上で、その先に「著しく低い価額」により財産を譲受けたかどうかの判断は、本裁決では明確にはされ

ていません。ただし、実際の売買価額と審判所の算定時価には大き
な差があり、「著しく低い価額」であることには違いないものと思
われます。

Point 3▶　売買価額の算定の際、請求人は使用借権を30%として
更地価額から控除しています。現行の相続税の財産評価においては
使用借権をゼロとして評価するため、原処分庁や審判所の算定時価
と大きく異なったものと思われます。

　仮に、この使用借権をゼロとして売買価額を算定すると、
原処分庁の算定時価とほぼ同じになります。

5　会社の代表取締役が会社に対し時価の2分の1未満で土地を譲渡したことについて、みなし譲渡の規定が適用された事例

平成3年4月26日 東京地裁判決（確定）

内容に入る前に ▎▎▎▎

　会社の代表者が自己の主宰する法人に土地を譲渡するようなケースがあります。これは、個人から法人への譲渡であるため、仮に譲渡価額が時価の2分の1未満の場合は、時価に引き上げて譲渡所得課税が行われます（所法59①二、所令169）。

　所得税法第59条及び所得税法施行令169条では、次のように規定されています。

┌─ **所得税法** ──────────────────────────┐

（贈与等の場合の譲渡所得等の特例）

第59条　次に掲げる事由により居住者の有する山林（事業所得の基因となるものを除く。）又は譲渡所得の基因となる資産の移転があつた場合には、その者の山林所得の金額、譲渡所得の金額又は雑所得の金額の計算については、その事由が生じた時に、その時における価額に相当する金額により、これらの資産の譲渡があつたものとみなす。

　一　贈与（法人に対するものに限る。）又は相続（限定承認に係るものに限る。）若しくは遺贈（法人に対するもの及び個人に対する包括遺贈のうち限定承認に係るものに限る。）

　二　著しく低い価額の対価として 政令 で定める額による譲渡（法人に対するものに限る。）　　　　　　　　　　　　　　　　　（以下略）

└─────────────────────────────────────┘

所得税法施行令第169条

所得税法施行令

（時価による譲渡とみなす低額譲渡の範囲）

第169条　法第59条第１項第２号（贈与等の場合の譲渡所得等の特例）に
規定する政令で定める額は、同項に規定する山林又は譲渡所得の基因と
なる資産の譲渡の時における価額の２分の１に満たない金額とする。

　また、所得税法第59条では課税されないのですが、時価の２分の
１以上の対価での譲渡であっても、所得税法第157条の同族会社等
の行為計算否認に該当すると、時価まで引き上げられての課税となり
ます（所基通59-3）。

　なお、法人が譲受者の場合、時価の２分の１未満か否かに関わらず、
時価より低い価額で譲受けたとき、時価との差額は受贈益とされ法人
税が課税されます（法法22）。

判決内容

1　事案の概要・結果

　A社の代表取締役がA社に対して土地を取得価額を下回る金額で譲
渡しました。A社はその土地を、代表取締役から取得後まもなく第三
者に譲渡しました。

　A社が第三者に譲渡した金額に比較し、代表取締役が会社に譲渡し
た金額は２分の１未満であったことから、代表取締役に対し所得税法
第59条を適用し更正処分が行われました。

　裁判所は、被告（税務署）の更正処分の内容を適法と認め支持しま
した。

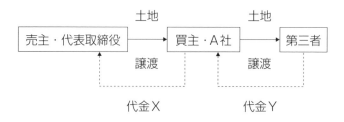

※代金Xは代金Yの2分の1未満

② 事実の内容

1　原告は、昭和61年3月31日、自己の所有する群馬県○○郡△△町××所在の土地合計568.24平方メートルを原告が代表取締役となっているA社に売り渡した。

2　本件売買契約においては、売買代金額に関する定めとして、その契約書の第1条に、「売買価格」と題して、「売主は末尾記載の物件（本件土地）を代金金770万円也と第12条の約定にて買主に売り渡す」との定めが置かれ、また、第12条に、「特約条項」と題して、「買主は売買に係る一切の経費およびこの売買物件の譲渡によって売主が納付することとなる譲渡所得税相当額の全額を負担する」との定めが置かれている（当該事実は、土地売買契約書から明らかである。）。

3　なお、本件土地の原告による取得価額は、770万5,690円であり、また、本件土地は、A社が原告から取得した直後の同年4月3日に、Bに対して、1,800万円で売却されている。また、本件売買契約に係る経費は零円であった（これらの事実も、当事者間に争いがない。）。

③ 判示内容

A社は、本件売買契約の僅か3日後に、本件土地をBに対して1,800

万円で売り渡していることからすれば、本件売買契約時における本件土地の時価も、同様に1,800万円あったものと認めるのが相当である。そうすると、本件土地の売買代金額は時価の2分の1に満たないこととなるから、被告が、所得税法第59条第1項第2号、所得税法施行令第169条の各規定を適用して、本件土地の譲渡額を1,800万円とみなして原告の分離短期譲渡所得を算出してした本件更正は適法であり、これを前提としてした本件決定もまた適法なものというべきこととなる。

ポイントの整理

Point ▶ 本件では、会社が代表取締役から土地を約770万円で取得後直ぐに第三者に1,800万円で譲渡しています。裁判所もその第三者への売却代金をもって時価と判断し、代表取締役に対して所得税法第59条の適用は妥当と判断しました。仮に第三者に譲渡していないようなケースでは、その時点での時価算定が必要となります。

　また、本件は時価の2分の1未満であるということで所得税法第59条が適用されましたが、時価の2分の1以上の場合は所得税法第59条の適用はありません。ただ、同族会社の行為計算否認に該当する場合は、時価まで引き上げて譲渡所得の課税が行われます（所基通59-3）。

　なお、判決文からは明らかではありませんが、A社には受贈益の課税があるものと予想されます（法法22）。

6　個人から会社に不動産を譲渡した価額が、時価の２分の１以上としてしみなし譲渡が取り消された事例

令和２年10月23日東京地裁判決（控訴）

内容に入る前に ▌▌▌▌

　この判決は、事例５（36ページ）と同様に個人が法人に対して不動産を譲渡したところ、時価の２分の１未満であるとして、課税庁は、譲渡所得税の課税をしました（所法59①二、所令169）。

　一方、裁判所の判断は、譲渡価額は時価の２分の１以上であるとして、課税庁の処分を取消しました。本事案は控訴中ですが、参考となるため掲載しています。

┌─ 所得税法 ┐

（贈与等の場合の譲渡所得等の特例）

第59条　次に掲げる事由により居住者の有する山林（事業所得の基因となるものを除く。）又は譲渡所得の基因となる資産の移転があつた場合には、その者の山林所得の金額、譲渡所得の金額又は雑所得の金額の計算については、その事由が生じた時に、その時における価額に相当する金額により、これらの資産の譲渡があつたものとみなす。

一　贈与（法人に対するものに限る。）又は相続（限定承認に係るものに限る。）若しくは遺贈（法人に対するもの及び個人に対する包括遺贈のうち限定承認に係るものに限る。）

二　著しく低い価額の対価として 政令 で定める額による譲渡（法人に対するものに限る。）　　　　　　　　　　　　　　　　　　　（以下略）

所得税法施行令第169条

所得税法施行令

（時価による譲渡とみなす低額譲渡の範囲）

第169条　法第59条第1項第2号（贈与等の場合の譲渡所得等の特例）に規定する政令で定める額は、同項に規定する山林又は<u>譲渡所得の基因となる資産の譲渡の時における価額の2分の1に満たない金額とする</u>。

判決内容

1　事案の概要・結果

　本件は、被相続人Dが生前にC社に不動産を譲渡したところ、税務署長は、低額譲渡として所得税の更正処分等を行った事案です。被相続人Dの相続人である原告A、Bがその処分の取消しを求めました。

　被相続人Dは、C社に対し、不動産を1億2,000万円で譲渡しましたが、税務署長は4億840万円と評価しました。

　裁判所は、時価を2億3,489万円とし、譲渡価額はその時価の2分の1（1億1,744万円）以上であるとして、処分を取消しました。

【売買内容】

※　譲渡者の被相続人Dは譲渡後、同年中に死亡（原告は相続人のA、B）

○　被告・税務署の認定した時価……4億840万円

○　裁判所が判断した時価…………2億3,489万円

〔譲渡直前の土地の状況・イメージ〕

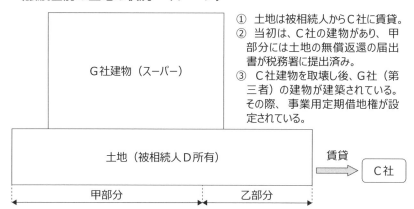

① 土地は被相続人からC社に賃貸。
② 当初は、C社の建物があり、甲部分には土地の無償返還の届出書が税務署に提出済み。
③ C社建物を取壊し後、G社（第三者）の建物が建築されている。その際、事業用定期借地権が設定されている。

なお、譲渡された土地は複数の利用区分に分かれていましたが、その中心は上図の土地（判決文では、土地１）のため上図の土地に絞って記載します。

② 当事者の主張

【被告・税務署の主張】（本件土地について）

1 甲部分について

(1) 無償返還の届出の効力が継続しているため、借地権は控除せずに評価するべきである。また、更地価額で評価すべきである。

(2) 「相当の地代を支払っている場合の借地権等についての相続税及び贈与税の取扱いについて」（昭和60年６月５日直資２−58ほか。以下、「土地評価個別通達」という。）は、相続財産の評価に当たり、相続人が第三者である借地人により何らかの利用上の制限を受けているという事実を考慮し、自用地としての価額から20％を控除して評価しているが、本件甲部分は、もともと無償返還を前提としていたところ、賃貸人である被相続人Ｄから賃借人であるＣ社が本件譲

渡によって取得した土地であって、Ｃ社が本件甲部分のＧに賃貸している状況に変化はなく、自ら本件甲部分を再有効利用することが可能なのであるから、更地価額の20％を控除する実質的な根拠は存在しない。

(3)　したがって、所得税法59条１項の「その時における価額」を算定するに当たり、本件甲部分について、相当地代通達８や土地評価個別通達の適用はなく、自用地としての価額から20％を控除する理由はない。

> **【参考（相当地代通達８一部抜粋）】**
> 　借地権が設定されている土地について、無償返還届出書が提出されている場合の当該土地に係る貸宅地の価額は、当該土地の自用地としての価額の100分の80に相当する金額によって評価する。……

2　乙部分について

　本件無償返還の届出の効力は及ばないため、評価通達25に基づき、貸宅地として借地権50％として算定した借地権価額を控除し評価すべきである。

3　広大地の補正の必要性について

　広大地評価の補正は必要ではない。

【原告の主張】（本件土地について）

1　甲部分について

(1)　本件甲部分については、平成23年契約に基づきＣ社の借地権が設定されているのであるから、自用地としての価額の50％の借地権減

額を行うべきである。

(2) 被告の主張を前提としても、本件甲部分は、建物所有目的でGに
転貸されているのであって、被相続人D及び原告会社とは異なる第
三者の借地権が付着しているのであるから、相当地代8に基づき、
少なくとも更地価額から20%を控除した金額を評価額とすべきであ
る。

2　乙部分について

本件無償返還の届出の効力は及ばないため、評価通達25に基づき、
貸宅地として借地権50%として算定した借地権価額を控除し評価すべ
きである。

3　広大地の補正の必要性について

本件スーパー敷地等の所在する地域における標準的な宅地の地積は
1,000㎡程度であり、本件土地の宅地の地積は7,280.58㎡と標準的な宅
地の地積に比して著しく広大であり、標準的な宅地の地積規模で開発
する場合、国道との間に水路が存在していることから、道路を設置し
なければ接道義務を満たすことはできず、公共公益的施設用地の負担
が必要な土地であるから、評価通達24−4を適用して広大地補正をす
べきである。

【裁判所の判断】（本件土地について）

1　甲部分について

(1) 本件無償返還届出書に係る権利関係に変動がなかったこと（平成
23年契約は平成6年契約の契約内容の変更であり、本件無償返還届
出の効力は存続していたこと）を推認させる。

(2)　平成23年契約は平成6年契約の契約内容の変更したものであるから、平成6年契約に基づいて本件甲部分について提出されていた本件無償返還届出書の効力は本件譲渡時においても存続しており、相当地代通達5により、本件甲部分に関する借地権の価額はゼロと評価するのが相当である。

> **【参考（相当地代通達5一部抜粋）】**
> 　借地権が設定されている土地について、……「土地の無償返還に関する届出書」……が提出されている場合の当該土地に係る借地権の価額は、零として取り扱う。

2　乙部分について

(1)　平成23年契約によりC社の借地権が設定され、本件無償返還届出書に対象地として記載されていないことから、本件無償返還届出の効力は及ばない。

　　したがって、評価通達25(1)、27に基づき、自用地としての価額の50％の借地権価額を控除して評価する。

3　評価通達24-4（広大地補正）の適用の有無

(1)　本件1画地の地積は、7276.64㎡であり、「その地域における標準的な宅地の地積」よりも大きく、その地域における標準的使用とはいえない。

　　そうすると、本件1画地が既に開発を了し、宅地として利用されており、それが不動産鑑定評価基準でいう有効利用であったとしても、その地域における標準的使用とはいえないから、「広大地」から除外される「有効利用」には当たらないと解するのが相当である。

⑵　また、本件 1 画地は、「公共公益的施設用地の負担が必要と認められるもの」に当たり、広大地補正の必要な土地と認められる。

4　時価の算定について

　本件譲渡が所得税法59条 1 項 2 号の低額譲渡に該当するか否かの判断に当たり、本件各不動産の時価を評価する必要があるところ、その評価方法は、評価通達に定める路線価方式に基づいて算出された評価額を0.8で割り戻し、これに時点修正を加えて評価額を算定する方式（評価通達を準用した方法）によるのが相当である。

　そうすると、本件各不動産の譲渡時点における時価は 2 億3,489万円余となる。

5　所得税法59条の適用について

　本件譲渡に係る売買代金 1 億2,000万円は、本件各不動産の評価額 2 億3,489万円余の 2 分の 1 （ 1 億1,744万円余）に満たない金額とは言えないから、本件譲渡に所得税法59条 1 項 2 号を適用することはできない。

【参考：売却前の本件不動産（土地）の賃貸借の経緯】

　被相続人（D）が所有する土地を本件法人（C社）が賃借し、その後、別法人（G社）に転貸

① 　本件法人は、平成 5 年10月13日に、本件不動産の一部に店舗建物を建築している。

② 　本件被相続人は、平成 6 年 1 月 1 日付で、本件法人との間で、建物所有及び駐車場使用目的として賃貸借契約を締結した（本件平成 6 年契約）。

※ 　賃貸借期間は、平成 5 年 4 月30日から20年間。本件被相続人は、契約に基づき、将来、本件法人から無償で土地の返還を受ける旨の記載

あり。

③　所轄税務署に土地の無償返還の届出書提出（H6.5.13）

④　本件法人は、平成22年5月27日に、スーパーマーケットを経営する法人（G社）との間で、「事業用借地権設定契約に関する覚書」（平成22年覚書という。）と題する書面を取り交わした。なお、平成22年覚書には、次のとおり記載がある。

　※　平成22年覚書は、本件法人が本件被相続人から賃借している本件不動産の各土地について、本件法人を転貸人、スーパーマーケットを経営する法人を転借人として、借地借家法第23条《事業用定期借地権等》第1項に基づく事業用定期借地権設定契約を締結するため、本件法人とスーパーマーケットを経営する法人との間で取り交わすものである。転貸借期間は、店舗を開店した日から30年間とする。

　　　本件法人は、平成22年覚書における合意内容の履行のため、本件被相続人から書面により転貸の承諾を得る。

⑤　本件旧建物（上記①の建物）は、平成22年6月30日に取り壊された。

⑥　本件被相続人は、平成23年3月17日に、本件法人との間で、上記の各土地を賃貸する旨の賃貸借契約を締結した（平成23年契約）。なお、平成23年契約の契約書には、次のとおり記載がある。

　・　本件法人は、上記各土地をスーパーマーケットを経営する法人に転貸する目的で賃借する。

　・　本件法人は、賃料として年額8,000,000円を支払う。

⑦　本件法人は、平成23年3月30日に、スーパーマーケットを経営する法人との間で、上記各土地について、借地借家法第23条第1項の規定に基づく事業用定期借地権設定契約を締結した（以下、この契約を「本件事業用定期借地権設定契約」といい、本件事業用定期借地権設定契約に係る公正証書を「本件公正証書」という。）。なお、本件公正証書には、賃貸借期間を平成23年4月21日から平成53年4月20日までの30年間とする旨記載されていた。

ポイントの整理

Point 1 ▶ 事例5では、個人から法人に不動産を譲渡し、時価の2分の1未満として時価で譲渡したものとみなし、譲渡所得税が課税されました。一方、本事案では、課税庁が時価の2分の1未満としてみなし譲渡所得課税したものに対し、裁判所は、時価の2分の1以上の譲渡であると判断しました。その結果として、課税庁の処分が取消されています。

Point 2 ▶ 課税庁と裁判所の主な相違は時価を判断する場合の広大地評価の有無です。裁判所は原告が主張した広大地評価を認めています（標準的な宅地に比して著しく広大で、宅地開発を行う場合に公共公益的施設の負担が生じる土地と判断。）。

※　裁判所の時価判定においては、路線価評価額を0.8で割り戻し、公示地価ベースに置き換えたものを基礎としています。

Point 3 ▶ また、裁判所と原告との納税者との時価の相違についてですが、原告が主張した甲部分についての20%の減額は認めていません。この点、裁判所は、課税庁と一致しています。土地を賃借している者（会社）が、土地を購入したことから、20%減額の必要性はないとの判断でした。

Point 4 ▶ なお、所得税基本通達59－3（同族会社等に対する低額譲渡）㈲の適用については、判決文中特に記載はありませんでした。

> ㈲　同族会社等の行為計算否認に該当する場合のみなし譲渡課税（時価の2分の1以上のケースでのみなし譲渡課税）。

48

（個人から会社が低額で不動産を譲受けた場合の株主に対する贈
与（株価上昇）及び会社への贈与）

**7　個人から会社に低額で不動産を譲渡したところ、株式価値
が上昇し株主に相続税（相続開始前３年以内の贈与）、会社に
は法人税が課された事例（事例７と同一事案）。**

令和２年10月23日東京地裁判決（控訴）

内容に入る前に

　会社の代表者が自己の主宰する法人に土地を低額で譲渡するような
ケースがあります。

　このような場合、法人の株主が所有する株価が上昇するような場合
は、低額で譲渡した者から株主に対して贈与があったものとみなされ
て、贈与税が課税されることになります（相法９、相基通９−２）。

　一方、買受者である法人は、時価より低い価額で土地を購入してい
ますので、時価と取引価額との差は受贈益とされ法人税が課税されま
す（法法22）。

【参考：相続税法基本通達（一部抜粋）】

（株式又は出資の価額が増加した場合）

９−２　同族会社（法人税法（昭和40年法律第34号）第２条第10号に規定
する同族会社をいう。以下同じ。）の株式又は出資の価額が、例えば、次
に掲げる場合に該当して増加したときにおいては、その株主又は社員が
当該株式又は出資の価額のうち増加した部分に相当する金額を、それぞ
れ次に掲げる者から贈与によって取得したものとして取り扱うものとす
る。この場合における贈与による財産の取得の時期は、財産の提供があ
った時、債務の免除があった時又は財産の譲渡があった時によるものと

する。

　　・・・

(4)　会社に対し時価より著しく低い価額の対価で財産の譲渡をした場合　当該財産の譲渡をした者

　なお、**第2編**の**事例16**（299ページ）も類似する事例ですので合わせて参照ください。

判決内容

1　事案の概要・結果

　本件は、被相続人DがC社に対し不動産の譲渡をした際、当該譲渡は低額譲渡であったとして、税務署長から、相続人A、Bに対し相続税（株価の上昇、相続開始前3年以内の相続人に対する贈与）、C社に対し法人税等の更正処分等をしたところ、相続人A、B、C社が処分の取消しを求めた事案です。

【売買内容】

※　被相続人Dは譲渡後、同年中に死亡（原告はC社の他、相続人のA、B）

○　被告・税務署の認定した時価……4億840万円

○　裁判所が判断した時価……2億3,489万円

○　C社の株価……不動産売却前（純資産価額73,220円、類似業種比準価額163,600円、両者併用価額95,815円（類似業

　　　　　　種比準価額割合0.25）

　　　　……不動産売却後（純資産価額617,990円、類似業種

　　　　　　比準価額184,200円、両者併用価額<u>401,095円</u>（類

　　　　　　似業種比準価額割合0.5）

　※　不動産の前後を通じ、本件株式の1株当たりの<u>増加益は327,875円</u>

② 当事者の主張

【被告・税務署の主張】

　時価での取引であるため、相続税及び法人税等の課税は認められない。

【原告の主張】

　時価より著しく低い価額での取引であり、相続税（相続開始前3年以内の相続人に対する贈与）及び法人税等の課税は相当である。

③ 裁判所の判断

1 株主の相続税について

(1)　相続税法基本通達9－2(4)の規定からすると、本件譲渡が「時価より著しく低い価額の対価で財産を譲渡した場合」に該当する場合には、本件譲渡による原告保有の原告会社株式の増加益は、原告が被相続人Ｄから贈与により取得したものとみなして相続税の課税価格に加算されることとなる。

(2)　「評価通達を準用した方法」により算定した時価（公示価格水準）の80％程度あれば、「著しく低い価額の対価」とはいえないと解されるが、本件譲渡の対価は1億2,000万円であり、本件各不動産の評価額2億3,489万4,496円の約51.1％であるから、所得税法とは異

なり、相続税法9条の関係においては、「著しく低い価額の対価」で利益を受けさせたものに当たると解するのが相当である。

(3) 本件譲渡により、本件株式の1株当たりの増加益は32万7,875円である。本件譲渡時点で原告が保有する本件株式は40株であるから、増加益は合計13,115,000円となり、この額が、原告（相続人）が被相続人Dから贈与により取得したものとみなして相続税の課税価格に加算すべき額となる。

2 譲受法人の受贈益課税について

本件譲渡は、内国法人である原告C社が、本件各不動産の譲渡時の時価である2億3,489万4,496円に比して低い1億2,000万円で各不動産の譲渡を受けたものであるから、差額の1億1,489万4,496円については被相続人Dから実質的に無償で経済的利益の供与を受けたものとして、原告C社に受贈益が発生する。これを本件事業年度の益金に加算すべきである。

ポイントの整理

Point 1 ▶ **事例6**（40ページ）では、所得税法59条の適用（みなし譲渡の適用）の可否であったため、「著しく低い価額」に該当せず、課税庁の処分が取り消されました。

Point 2 ▶ 一方、相続税法9条の関係においては、不動産評価額の51.1%の譲渡であることから、裁判所は、著ししく低い価額の譲渡であると判断し、不動産の譲渡前後の株価上昇額について贈与税の対象としました。

なお、裁判所は、相続税法9条の適用において、評価通達の価額（公示価格水準の80%程度）であれば、著しく低いとはいえないと

しています。

Point 3▶　買受人である法人については、時価との差額が受贈益とされています（時価の2分の1未満や著しく低いといった判断はありません。）。

内容に入る前に

　会社代表者が会社に土地を低額で譲渡する際、事例5、6のように譲渡者のみなし譲渡の問題もありますが、買受者である会社の受贈益の問題もあります。

　本事例は、買受者である会社が受贈益の認定を受けたものです。

　受贈益の計上について、法人税法では下記のように規定しています。

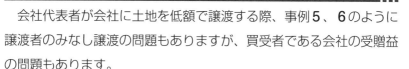

法人税法

（各事業年度の所得の金額の計算）

第22条

1　内国法人の各事業年度の所得の金額は、当該事業年度の益金の額から当該事業年度の損金の額を控除した金額とする。

2　内国法人の各事業年度の所得の金額の計算上当該事業年度の益金の額に算入すべき金額は、別段の定めがあるものを除き、資産の販売、有償又は無償による資産の譲渡又は役務の提供、無償による資産の譲受けその他の取引で資本等取引以外のものに係る当該事業年度の収益の額とする。

　法人税法第22条第2項は、各事業年度の益金の額に算入すべき金額として、無償による資産の譲受けを含む旨規定しています。これは

無償で資産を譲り受けた際の受贈益を益金に算入する旨の規定ですが、受贈されたものの取得価額は適正な時価であるとすると解されています。そうすると、時価よりも低額で資産を譲り受けた場合には、支払った対価を超える部分が実質的に贈与を受けたものと同様であると解されます。

　そのため、法人が土地を時価よりも低い価額で譲り受けた場合、取得価額を適正な時価で算定し、低額で譲り受けた取引価額と時価との差額は受贈益として益金の額に算入されることになります。

【取引状況】

判決内容

① 事案の概要・結果

①　本件売買（底地）……原告の代表取締役から原告（法人）へ譲渡

②　本件売買価額……9,871,523円（売買契約日：昭和58年8月11日）

③　裁判所の判断した時価（更地）……30,298,000円

④　裁決（審判所）で判断された時価（更地）は29,420,580円（A）

　・借地権割合40％（鑑定評価）

　・底地17,652,348円（A ×60％（底地割合））

　・受贈益7,780,825円（⑤17,652,348円 − 9,871,523円）……裁決で判断された金額

② 判示内容

(1) 本件土地の建付地価額及び借地権割合について、原告会社の提出鑑定書は、その取引事例の選定方法において合理性を認めることができず、信用性に疑問があり、これに対し、課税庁提出の鑑定書は、鑑定評価の基礎となる資料の収集、評価の過程ないし方法に特段不合理な点は認められず、その決定した価格及び借地権割合は相当性を有する。

(2) 原告会社が代表者らから買受けた本件土地の譲受価額が、本件土地の時価よりも低額であつたとして、譲受価額と時価との差額を原告会社の受贈益と認定してなされた課税処分について適法である。

ポイントの整理

Point 1▶ 本事例では、鑑定により借地権割合を判定していますが、実務上、土地の時価を算定する際、貸地（又は借地権）の場合、借地権割合は、一般的には路線価図（又は評価倍率表）記載の割合を基に算定するケースが多いと考えられます。

Point 2▶ 代表取締役について、譲渡価額（9,871,523円）が時価（30,298,000円×60%又は29,420,580円×60%）の2分の1以上であるため、所得税法第59条第1項第2号の適用はありませんが、所得税基本通達59-3《同族会社等に対する低額譲渡》の規定が適用されたか否かは確認できませんでした。

5 その他の参考裁決・判決

譲渡者個人・譲受人個人のケース

（親族間で著しく低い価額で売買）
　親族間での譲渡価額が著しく低いとして相続税法第7条に規定するみなし贈与に該当するとされた事例

平成24年8月31日 裁決
※13ページのH19.8.23　東京地裁判決を参考とするもの

【取引状況】

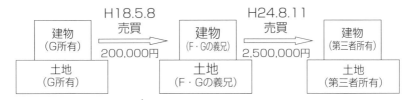

【事案の概要・結果】

① 本件売買……GからF（Gの義兄）（請求人）へ譲渡

② 本件売買価額……200,000円（売買契約日：平成18年5月8日）

③ 本件売買時の時価（原処分庁の処分額：裁決内容からは詳細は不明であるも売買価額の10倍以上と予想される。）

④ 審判所の判断した時価（裁決内容からは詳細は不明であるも売買価額の10倍以上と予想される。原処分庁の処分価額よりは少額。）

　※土地（鑑定価額）、建物（固定資産税評価額）

⑤ 審判所の判断した時価と売買価額との差額が贈与税の課税対象とされた。

（参考）　Fが第三者へ売却した際の価額……2,500,000円（H24.8.11）

（売出価額は4,600,000円）

　請求人がその親族から本件土地及び本件建物を譲り受けたこと（本件譲
受け）について、請求人は、本件譲受けの価額が時価であるから、本件譲
受けは相続税法第７条《贈与又は遺贈により取得したものとみなす場合》
に規定する「著しく低い対価」での譲受けに該当しない旨主張し、原処分
庁は、本件土地及び本件建物の時価は、原処分庁の依頼に基づく鑑定評価
額（原処分庁鑑定額）であり、原処分庁鑑定額と本件譲受けの価額を比較
すると、本件譲受けは、同条に規定する「著しく低い対価」での譲受けに
該当する旨主張する。

　しかしながら、原処分庁鑑定額は、合理的に鑑定されたものとは認めら
れないから、これを本件土地及び本件建物の時価と認めることはできない。
他方、当審判所の依頼に基づく本件土地の鑑定評価額は合理的に鑑定され
たものと認められるからこれを時価と認めるのが相当であり、また、本件
建物については、一般的に合理性が認められる固定資産評価基準に従って
算定された固定資産税価格が適正な時価と認められる。したがって、本件
土地及び本件建物の時価はこれらの合計額であると認められ、当該合計額
は原処分庁鑑定額を下回るものの、当該合計額と本件譲受けの価額とを比
較すると、本件譲受けは、相続税法第７条に規定する「著しく低い対価」
での譲受けに該当すると認めるのが相当である。

ポイントの整理

Point ▶ 13ページで紹介した平成19年８月23日の東京地裁判決が、
売買価額が時価より著しく低いと判断されなかったために、贈与税の課
税がなかったのに比較し、本件は、時価より著しく低いと判断され時価
と売買価額との差額が贈与税の対象とされました。

　相続税法第７条が適用になるのは、時価より「著しく低い場合」で

あり、本事例はそれに該当するものと考えられます。ここで、贈与税の対象となるのは時価（相続税評価ではない・通常の取引価額）と売買価額との差異となります。

なお、審判所は建物の固定資産税評価額を時価と判断しています。

（親子間で著しく低い価額で土地の譲渡があった場合の贈与税の課税）
請求人は、母から、相続税法第７条に規定する「著しく低い価額の対価」で土地持分を譲り受けたものと認められるとして贈与税が課税された事例　　　　平成24年11月13日　裁決

【取引状況】

　　　　　・土地持分１（宅地842.71㎡の内24/50）
　　　　　・売却（H21.12.28）（売買代金5,000,000円）

【事案の概要・結果】
① 　本件売買……請求人の母から請求人に対して土地持分１を譲渡
② 　本件売買価額……5,000,000円（売買契約日：平成21年12月28日）
　※ 　土地持分２、３については、請求人の母が同族法人に対して譲渡したところ著しく低い価額の譲渡であり請求人の保有する同族法人の株価が上昇したとして請求人に贈与税が課税されています。詳しくは**第２編の299ページ**を参照してください。
③ 　本件売買時の時価（裁決内容からは詳細は不明。時価算定の参考とした公示地価を基にすると売買価額の９倍程度。時価に比較すると本件売買価額は著しく低いものと予想されます。）
④ 　請求人は売買価額を、原処分庁は処分価額を時価と主張しましたが、審判所が売買実例等を基に新たに時価を算定しました。

〔裁決・審判所時価算定部分（一部抜粋）〕

⑴　平成19年１月１日を評価時点とする本件公示地の公示価格（以下「平成19年公示価格」という。）は112,000円であった。

⑵　本件土地１の用途地域は第二種中高層住居専用地域であるのに対し、本件公示地の用途地域は第一種中高層住居専用地域であり、本件土地１と本件公示地は用途地域に相違が認められるものの、第一種中高層住居専用地域と第二種中高層住居専用地域とは、第二種中高層住居専用地域においては一定の条件を満たす店舗等及び事務所等などにつき用途が緩和されているという違いがあるにすぎず、都市計画法第９条第３項及び第４項によりいずれも中高層住宅に係る良好な住居の環境を保護するため定める地域とされており、建ぺい率及び容積率にも違いがないことからすると、第一種中高層住居専用地域であるか第二種中高層住居専用地域であるかという用途地域の相違は、住宅地としての土地の価格形成要因に大きな影響を及ぼす事情ではないと認められる。

⑶　審判所において、平成19年公示価格及び本件売買実例１ないし本件売買実例４の１㎡当たりの取引価格を基礎として、これらに本件公示地の公示価格に係る地価変動を基にした本件持分１の譲受けの時までの時点修正率を乗じた上で、当審判所においても相当と認められる基準である土地価格比準表（昭和50年１月20日付国土地第４号国土庁土地局地価調査課長通達「国土利用計画法の施行に伴う土地価格の評価等について」）に準じて、本件土地１、本件公示地及び本件売買実例地１ないし本件売買実例地４について、地積、街路条件、交通・接近条件、環境条件、画地条件及び行政的条件による個別的要因の格差補正を行い、本件土地１の１㎡当たりの価額を算定したところ、○○円と比較すると、本件譲受けは、相続税法第７条に規定する「著しく低い対価」での譲受けに該当すると認めるのが相当である。

ポイントの整理

Point ▶ 本件では、負担付贈与通達（70ページ参照）についての
解釈についても争われましたが、請求人が、本件個別通達は、通常の
取引価額と相続税評価額との開きに着目した贈与税の負担回避行為に
対して税負担の公平を図るために定められたものであるから、通常の
取引価額が下落している状況の下では、本件のように対価を伴う取引
の場合にも贈与を受けた場合と同様に相続税評価額が時価として認め
られるべきである旨主張したのに対し、審判所は、対価を伴う取引は、
自由な経済的取引として行われるもので、通常の取引価額を認識した
上での通常の売買行為と同一視できるものであって、対価を伴う取引
により取得した土地等の価額については、評価上の安全性に配慮した
相続税評価額をそのまま適用することは適切ではなく、通常の取引価
額によって評価することが相当であり、このことは、地価の変動状況
に左右されるものではないと判断しました。

　その他、**親子間で著しく低い価額で売買したケース**として、「請求
人（子）が父から購入した土地及び建物の時価算定について、審判所
が採用した評価方法によって算定した価額を時価として認定し、みな
し贈与とされた事例**（平成18年4月12日裁決）**」などがあります。

（注）　審判所は、公示価格及び取引事例を比較法によって求められた価
　　額を時価としました。また、請求人の算定した時価は、審判所の算
　　定した時価の3割未満でした。

　個人から法人に土地を低額で譲渡したケースとしては、以下のようなものがあります。

○　個人から法人への土地の譲渡について所得税法第59条を適用し、みなし譲渡とされた事例（**平成５年10月15日東京地裁判決／平成６年８月30日東京高裁判決／平成９年１月27日最高裁判決**）

○　個人から法人に譲渡された土地の譲渡価額は、時価（審判所鑑定評価額）の２分の１に満たないので、本件譲渡は低額譲渡に該当するとした事例（**平成22年３月17日、平成22年３月29日裁決**）

> (注)　請求人は、建物の利用権が賃借権であるとも想定され、本件土地の減価要因になると主張しましたが、審判所は、本件建物の利用関係については、土地の譲渡の日までの間、賃貸借契約が成立していたとは認めることができず、使用貸借と認められるとしました。

○　個人から法人に対して譲渡された土地の時価は、時価の２分の１未満であり、所得税法第59条を適用された事例（**平成16年３月８日裁決**）

譲渡者法人・譲受者法人のケース

（建物の低額譲受け・建物等の価額の算定）

　請求人（法人）が関連法人から譲り受けた建物等について、再建築見積価額が適正ではないとして固定資産税評価額を基礎として適正価額を計算し、低額譲受けに該当すると判断された事例

平成24年8月16日　裁決

【裁決の趣旨】

1　本件は、審査請求人が請求人の関連法人が所有していた建物等を譲り受けたことについて、原処分庁が、当該建物等の譲受価額は適正な価額に比して低額であるから、請求人に譲受価額と適正な価額との差額相当額の受贈益が生じているとして法人税の更正処分等を行ったのに対し、請求人が、当該建物等の譲受価額は適正であるとして、更正処分の全部の取消し等を求めた事案である。

2　法人税法には、法人が所有する建物等を譲渡した場合及び他の法人から建物等を譲り受けた場合における当該建物等の適正な価額を評価する方法に関する具体的な規定がないことから、適正な価額すなわち客観的交換価値を求めるに当たっては、建物等の譲渡又は譲受け時点における建物等の現況を考慮し、合理的かつ適切な評価方法によって求めるのが相当である。建物等の適正な価額を求めるための合理的かつ適切な評価方法としては、一般に、①建物等の再調達原価を基礎とした原価法、②建物等の取引実例を基礎とした取引事例比較法、③賃料等の建物等が将来生み出すであろうと期待される収益を基礎とした収益還元法の手法がある。

3　請求人及び原処分庁は、再調達原価を基礎とした原価法と同様の方法を採用し、本件再建築見積価額を基礎としてそれぞれ建物等の積算価格を求め、これに基づき訂正後建物等各価額又は原処分庁建物等各価額を

63

それぞれ算出している。しかしながら、本件見積書を作成した一級建築士は、当審判所に対し、本件見積書は内容の正否についての検証は行っていない旨、また、見積書の作成に際し、費用的に多くの人手を費やすことができず時間的な余裕もなかったことから建物等の部材や数量について詳細な確認をしていない旨答述していることを総合すると、見積書の内容は、建物等の現状の仕様と一致するものではなく、また、その見積額の算出も適正さを欠くものであると認めるのが相当であり、そうすると、見積書に記載された再建築見積価額を基礎として譲受けの時における建物等の適正な価額を求めることはできないというべきである。したがって、本件再建築見積価額を基礎として、建物等の適正な価額とは認められない。

4　地方税法第341条は、固定資産税における価格とは適正な時価をいう旨規定しており、本件建物等のように再建築見積価額を再調達原価として評価する方法によって適正な価額が算出できない場合には、固定資産税評価額をもって建物等の適正な価額とすることも、合理性があると認められる。なお、固定資産税評価額は、3年に一度の評価替えであるため、その評価替えを行った年度以外に譲受けが行われた場合は、直近の時期における固定資産税評価額を基に、時の経過に伴う所要の補正をし、補正後の固定資産税評価額相当額をもって建物等の適正な価額とすることが相当である。

5　本件譲受けの時における建物等の適正な価額を基礎として譲受けに係る各売買価額を算出すると、「審判所認定額」欄記載の各金額のとおりとなる。本件合意があったのは平成23年4月26日であり、本件各事業年度経過後であるから、合意に伴い何らかの税務上の調整を要する場合には、当該調整は、同日の属する事業年度に行うべきであって、本件各事業年度に遡って行うべきではない。したがって、各譲受けに係る建物等の譲受けが資産の低額譲受けに該当するか否かは、当初建物等各価額と審判所認定各売買価額とを比較して判断すべきであるところ、両者を比較す

64

ると、いずれも当初建物等各価額は審判所認定各売買価額を下回るから、本件各譲受けに係る建物等の譲受けは資産の低額譲受けに該当するというべきである。

■ 相続税法

（贈与又は遺贈により取得したものとみなす場合）

第7条　著しく低い価額の対価で財産の譲渡を受けた場合においては、当該財産の譲渡があつた時において、当該財産の譲渡を受けた者が、当該対価と当該譲渡があつた時における当該財産の時価（当該財産の評価について第3章に特別の定めがある場合には、その規定により評価した価額）との差額に相当する金額を当該財産を譲渡した者から贈与（当該財産の譲渡が遺言によりなされた場合には、遺贈）により取得したものとみなす。ただし、当該財産の譲渡が、その譲渡を受ける者が資力を喪失して債務を弁済することが困難である場合において、その者の扶養義務者から当該債務の弁済に充てるためになされたものであるときは、その贈与又は遺贈により取得したものとみなされた金額のうちその債務を弁済することが困難である部分の金額については、この限りでない。

（その他の利益の享受）

第9条　第5条から前条まで及び次節に規定する場合を除くほか、対価を支払わないで、又は著しく低い価額の対価で利益を受けた場合においては、当該利益を受けた時において、当該利益を受けた者が、当該利益を受けた時における当該利益の価額に相当する金額（対価の支払があつた場合には、その価額を控除した金額）を当該利益を受けさせた者から贈与（当該行為が遺言によりなされた場合には、遺贈）により取得したものとみなす。ただし、当該行為が、当該利益を受ける者が資力を喪失して債務を弁済することが困難である場合において、その者の扶養義務者から当該債務の弁済に充てるためになされたものであるときは、その贈与又は遺贈により取得したものとみなされた金額のうちその

債務を弁済することが困難である部分の金額については、この限りでない。

（評価の原則）

第22条　この章で特別の定めのあるものを除くほか、相続、遺贈又は贈与により取得した財産の価額は、当該財産の取得の時における時価により、当該財産の価額から控除すべき債務の金額は、その時の現況による。

■ 所得税法

（収入金額）

第36条　その年分の各種所得の金額の計算上収入金額とすべき金額又は総収入金額に算入すべき金額は、別段の定めがあるものを除き、その年において収入すべき金額（金銭以外の物又は権利その他経済的な利益をもつて収入する場合には、その金銭以外の物又は権利その他経済的な利益の価額）とする。

2　前項の金銭以外の物又は権利その他経済的な利益の価額は、当該物若しくは権利を取得し、又は当該利益を享受する時における価額とする。

3　無記名の公社債の利子、無記名の株式（無記名の公募公社債等運用投資信託以外の公社債等運用投資信託の受益証券及び無記名の社債的受益権に係る受益証券を含む。第169条第2号（分離課税に係る所得税の課税標準）、第224条第1項及び第2項（利子、配当等の受領者の告知）並びに第225条第1項及び第2項（支払調書及び支払通知書）において「無記名株式等」という。）の剰余金の配当（第24条第1項（配当所得）に規定する剰余金の配当をいう。）又は無記名の貸付信託、投資信託若しくは特定受益証券発行信託の受益証券に係る収益の分配については、その年分の利子所得の金額又は配当所得の金額の計算上収入金額とすべき金額は、第1項の規定にかかわらず、その年において支払を受けた金額とする。

（贈与等の場合の譲渡所得等の特例）

第59条 次に掲げる事由により居住者の有する山林（事業所得の基因となるものを除く。）又は譲渡所得の基因となる資産の移転があつた場合には、その者の山林所得の金額、譲渡所得の金額又は雑所得の金額の計算については、その事由が生じた時に、その時における価額に相当する金額により、これらの資産の譲渡があつたものとみなす。

一　贈与（法人に対するものに限る。）又は相続（限定承認に係るものに限る。）若しくは遺贈（法人に対するもの及び個人に対する包括遺贈のうち限定承認に係るものに限る。）

二　著しく低い価額の対価として政令で定める額による譲渡（法人に対するものに限る。）

2　居住者が前項に規定する資産を個人に対し同項第2号に規定する対価の額により譲渡した場合において、当該対価の額が当該資産の譲渡に係る山林所得の金額、譲渡所得の金額又は雑所得の金額の計算上控除する必要経費又は取得費及び譲渡に要した費用の額の合計額に満たないときは、その不足額は、その山林所得の金額、譲渡所得の金額又は雑所得の金額の計算上、なかつたものとみなす。

■ 所得税法施行令

（時価による譲渡とみなす低額譲渡の範囲）

第169条 法第59条第1項第2号（贈与等の場合の譲渡所得等の特例）に規定する政令で定める額は、同項に規定する山林又は譲渡所得の基因となる資産の譲渡の時における価額の2分の1に満たない金額とする。

■ 相続税法基本通達

（公開の市場等で著しく低い価額で財産を取得した場合）

7-2 不特定多数の者の競争により財産を取得する等公開された市場において

財産を取得したような場合においては、たとえ、当該取得価額が当該財産と同種の財産に通常付けられるべき価額に比べて著しく低いと認められる価額であっても、課税上弊害があると認められる場合を除き、法第7条の規定を適用しないことに取り扱うものとする。

■ 所得税基本通達

（交換資産の時価）

58-12　固定資産の交換があった場合において、交換当事者間において合意されたその資産の価額が交換をするに至った事情等に照らし合理的に算定されていると認められるものであるときは、その合意された価額が通常の取引価額と異なるときであっても、法第58条の規定の適用上、これらの資産の価額は当該当事者間において合意されたところによるものとする。（昭56直資3－2、直所3－3追加）

（同族会社等に対する低額譲渡）

59-3　山林（事業所得の基因となるものを除く。）又は譲渡所得の基因となる資産を法人に対し時価の2分の1以上の対価で譲渡した場合には、法第59条第1項第2号の規定の適用はないが、時価の2分の1以上の対価による法人に対する譲渡であっても、その譲渡が法第157条《同族会社等の行為又は計算の否認》の規定に該当する場合には、同条の規定により、税務署長の認めるところによって、当該資産の時価に相当する金額により山林所得の金額、譲渡所得の金額又は雑所得の金額を計算することができる。（昭50直資3－11、直所3－19追加）

■ 相続税個別通達

直評 5
直資 2 -204
平成元年 3 月29日
［改正］
課資 2 -49（例規）
課評 2 - 5
徴管 5 -20
平成 3 年12月18日

国税局長　殿
沖縄国税事務所長　殿

国税庁長官

負担付贈与又は対価を伴う取引により取得した土地等及び家屋等に係る評価並びに相続税法第7条及び第9条の規定の適用について

　標題のことについては、昭和39年4月25日付直資56、直審(資)17「財産評価基本通達」（以下「評価基本通達」という。）第2章から第4章までの定めにかかわらず、下記により取り扱うこととしたから、平成元年4月1日以後に取得したものの評価並びに相続税法第7条及び第9条の規定の適用については、これによられたい。

（趣旨）

　最近における土地、家屋等の不動産の通常の取引価額と相続税評価額との開きに着目しての贈与税の税負担回避行為に対して、税負担の公平を図るため、所要の措置を講じるものである。

記

1　土地及び土地の上に存する権利（以下「土地等」という。）並びに家屋及び

その附属設備又は構築物（以下「家屋等」という。）のうち、負担付贈与又は個人間の対価を伴う取引により取得したものの価額は、当該取得時における通常の取引価額に相当する金額によって評価する。

　ただし、贈与者又は譲渡者が取得又は新築した当該土地等又は当該家屋等に係る取得価額が当該課税時期における通常の取引価額に相当すると認められる場合には、当該取得価額に相当する金額によって評価することができる。

(注)　「取得価額」とは、当該財産の取得に要した金額並びに改良費及び設備費の額の合計額をいい、家屋等については、当該合計金額から、評価基本通達130《償却費の額等の計算》の定めによって計算した当該取得の時から課税時期までの期間の償却費の額の合計額又は減価の額を控除した金額をいう。

2　1の対価を伴う取引による土地等又は家屋等の取得が相続税法第7条に規定する「著しく低い価額の対価で財産の譲渡を受けた場合」又は相続税法第9条に規定する「著しく低い価額の対価で利益を受けた場合」に当たるかどうかは、個々の取引について取引の事情、取引当事者間の関係等を総合勘案し、実質的に贈与を受けたと認められる金額があるかどうかにより判定するのであるから留意する。

(注)　その取引における対価の額が当該取引に係る土地等又は家屋等の取得価額を下回る場合には、当該土地等又は家屋等の価額が下落したことなど合理的な理由があると認められるときを除き、「著しく低い価額の対価で財産の譲渡を受けた場合」又は「著しく低い価額の対価で利益を受けた場合」に当たるものとする。

建物の標準的な建築価額表 （単位：千円／㎡）

（出典：国税庁ホームページ）

建築年 ＼ 構造	木造・木骨モルタル	鉄骨鉄筋コンクリート	鉄筋コンクリート	鉄骨
昭和40年	16.8	45.0	30.3	17.9
41年	18.2	42.4	30.6	17.8
42年	19.9	43.6	33.7	19.6
43年	22.2	48.6	36.2	21.7
44年	24.9	50.9	39.0	23.6
45年	28.0	54.3	42.9	26.1
46年	31.2	61.2	47.2	30.3
47年	34.2	61.6	50.2	32.4
48年	45.3	77.6	64.3	42.2
49年	61.8	113.0	90.1	55.7
50年	67.7	126.4	97.4	60.5
51年	70.3	114.6	98.2	62.1
52年	74.1	121.8	102.0	65.3
53年	77.9	122.4	105.9	70.1
54年	82.5	128.9	114.3	75.4

建築年 ＼ 構造	木造・木骨モルタル	鉄骨鉄筋コンクリート	鉄筋コンクリート	鉄骨
昭和55年	92.5	149.4	129.7	84.1
56年	98.3	161.8	138.7	91.7
57年	101.3	170.9	143.0	93.9
58年	102.2	168.0	143.8	94.3
59年	102.8	161.2	141.7	95.3
60年	104.2	172.2	144.5	96.9
61年	106.2	181.9	149.5	102.6
62年	110.0	191.8	156.6	108.4
63年	116.5	203.6	175.0	117.3
平成元年	123.1	237.3	193.3	128.4
2年	131.7	286.7	222.9	147.4
3年	137.6	329.8	246.8	158.7
4年	143.5	333.7	245.6	162.4
5年	150.9	300.3	227.5	159.2
6年	156.6	262.9	212.8	148.4

建築年 ＼ 構造	木造・木骨モルタル	鉄骨鉄筋コンクリート	鉄筋コンクリート	鉄骨
平成7年	158.3	228.8	199.0	143.2
8年	161.0	229.7	198.0	143.6
9年	160.5	223.0	201.0	141.0
10年	158.6	225.6	203.8	138.7
11年	159.3	220.9	197.9	139.4
12年	159.0	204.3	182.6	132.3
13年	157.2	186.1	177.8	136.4
14年	153.6	195.2	180.5	135.0
15年	152.7	187.3	179.5	131.4
16年	152.1	190.1	176.1	130.6
17年	151.9	185.7	171.5	132.8
18年	152.9	170.5	178.6	133.7
19年	153.6	182.5	185.8	135.6
20年	156.0	229.1	206.1	158.3
21年	156.6	265.2	219.0	169.5
22年	156.5	226.4	205.9	163.0
23年	156.8	238.4	197.0	158.9
24年	157.6	223.3	193.9	155.6
25年	159.9	256.0	203.8	164.3
26年	163.0	276.2	228.0	176.4
27年	165.4	262.2	240.2	197.3

建築年 ＼ 構造	木造・木骨モルタル	鉄骨鉄筋コンクリート	鉄筋コンクリート	鉄骨
平成28年	165.9	308.3	254.2	204.1
29年	166.7	350.4	265.5	214.6
30年	168.5	304.2	263.1	214.1
令和元年	170.1	363.3	285.6	228.8

(注) 「建築統計年報（国土交通省）」の「構造別：建築物の数、床面積の合計、工事費予定額」表を基に、1㎡当たりの工事費予定額を算出（工事費予定額÷床面積の合計）したものです。

第2編

非上場株式関係

非上場株式の売買時等の時価
（税務上の時価）

非上場株式の売買時等の時価（税務上の時価）

　親族間や会社も含めた同族関係者間、会社と役員、従業員、取引先、その他の間で非上場株式を売買した場合、その価額の決定の仕方や売買に伴い発生する課税関係の判断の仕方には、迷うところが多々あります。

　また、親族間や会社と役員間等においては、価額の決め方について恣意性が介入するおそれがあり、時価に比べて低額で取引されるケースも多く見受けられます。

　以下においては、非上場株式の時価について、前段となる各通達の規定内容を確認し、その後、株式の時価が問題となるケースを個人間並びに法人が結んだ場合の売買時の課税関係を整理しながら、関連する裁決や判決を引き合いに条文の解釈及び通達上の取扱いを順に見ていこうと思います。

1　各通達での規定内容等

(1)　相続税法（財産評価基本通達）での規定内容

①　非上場株式の評価については、財産評価基本通達に規定されているところですが、評価しようとするその株式の発行会社の規模に応じ類似業種比準価額方式（大会社）、類似業種比準価額方式と純資産価額方式の併用方式（中会社、小会社）、純資産価額方式（小会社）に分類されます（評基通178、179）。これらを原則的評価方式といいます。

②　同族株主以外の株主等が取得した株式については、上記①とは別に特例的評価方式（配当還元方式）により評価されます（評基

74

通188、188-2)。

③　財産評価基本通達の規定は、当然のことながら、相続贈与時の財産評価に適用するものです。

> **財産評価基本通達**
>
> **(取引相場のない株式の評価上の区分)**
>
> 178　取引相場のない株式の価額は、評価しようとするその株式の発行会社(以下「評価会社」という。)が次の表の大会社、中会社又は小会社のいずれに該当するかに応じて、それぞれ次項の定めによって評価する。ただし、同族株主以外の株主等が取得した株式又は特定の評価会社の株式の価額は、それぞれ188《同族株主以外の株主等が取得した株式》又は189《特定の評価会社の株式》の定めによって評価する。(以下略)

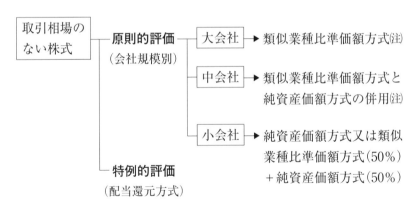

㊟　純資産価額方式で評価した金額を選択することも可能。

財産評価基本通達

（取引相場のない株式の評価の原則）

179 前項により区分された大会社、中会社及び小会社の株式の価額は、それぞれ次による。

⑴ 大会社の株式の価額は、類似業種比準価額によって評価する。ただし、納税義務者の選択により、1株当たりの純資産価額（相続税評価額によって計算した金額）によって評価することができる。

⑵ 中会社の株式の価額は、次の算式により計算した金額によって評価する。ただし、納税義務者の選択により、算式中の類似業種比準価額を1株当たりの純資産価額（相続税評価額によって計算した金額）によって計算することができる。

類似業種比準価額×L＋1株当たりの純資産価額（相続税評価額によって計算した金額）×（1－L）

上の算式中の「L」は、評価会社の前項に定める総資産価額（帳簿価額によって計算した金額）及び従業員数又は直前期末以前1年間における取引金額に応じて、それぞれ次に定める割合のうちいずれか大きい方の割合とする。（以下略）

⑶ 小会社の株式の価額は、1株当たりの純資産価額（相続税評価額によって計算した金額）によって評価する。ただし、納税義務者の選択により、Lを0.50として⑵の算式により計算した金額によって評価することができる。

特例的評価関係

┌─ **財産評価基本通達** ─┐

（同族株主以外の株主等が取得した株式）

188　178《取引相場のない株式の評価上の区分》の「同族株主以外の株主
等が取得した株式」は、次のいずれかに該当する株式をいい、その株式
の価額は、次項の定めによる。

⑴　同族株主のいる会社の株式のうち、同族株主以外の株主の取得した
株式

この場合における「同族株主」とは、課税時期における評価会社の
株主のうち、株主の１人及びその同族関係者（法人税法施行令第４条
《同族関係者の範囲》に規定する特殊の関係のある個人又は法人をいう。
以下同じ。）の有する議決権の合計数がその会社の議決権総数の30%以
上（その評価会社の株主のうち、株主の１人及びその同族関係者の有
する議決権の合計数が最も多いグループの有する議決権の合計数が、
その会社の議決権総数の50%超である会社にあっては、50%超）であ
る場合におけるその株主及びその同族関係者をいう。（以下略）

┈┈▶ （458ページ参照）

┌─ **財産評価基本通達** ─┐

（同族株主以外の株主等が取得した株式の評価）

188-2　前項の株式の価額は、その株式に係る年配当金額（183《評価会
社の１株当たりの配当金額等の計算》の⑴に定める１株当たりの配当金
額をいう。ただし、その金額が２円50銭未満のもの及び無配のものにあ
っては２円50銭とする。）を基として、次の算式により計算した金額によ
って評価する。ただし、その金額がその株式を179《取引相場のない株
式の評価の原則》の定めにより評価するものとして計算した金額を超え
る場合には、179《取引相場のない株式の評価の原則》の定めにより計

算した金額によって評価する。

$$\frac{その株式に係る年配当金額}{10\%} \times \frac{その株式の1株当たりの資本金等の額}{50円}$$

(2) 所得税法（所得税基本通達）での規定内容とポイント

① 財産評価基本通達の規定は、相続又は贈与時の評価として用いられますが、課税上弊害がない限り、売買時の価額を決定する上で準用できます（調整項目はあります。）。

② 売買時の価額に関しては、所得税基本通達（所基通23〜35共-9、59-6）に規定されています。

　　実務上、個人から法人への譲渡の場合は、所得税基本通達59-6を考慮して株価を算定するケースが多いのですが、それらの解釈について困難を伴う場面があります。

所得税基本通達

（株式等を取得する権利の価額）

23〜35共-9 令第84条第2項第1号から第4号までに掲げる権利の行使の日又は同項第5号に掲げる権利に基づく払込み又は給付の期日（払込み又は給付の期間の定めがある場合には、当該払込み又は給付をした日。以下この項において「権利行使日等」という。）における同項本文の株式の価額は、次に掲げる場合に応じ、それぞれ次による。（以下略）

⑷ ⑴から⑶までに掲げる場合以外の場合　次に掲げる区分に応じ、それぞれ次に定める価額とする。

イ　売買実例のあるもの　最近において売買の行われたもののうち適正と認められる価額

ロ　公開途上にある株式（以下略）

八　売買実例のないものでその株式の発行法人と事業の種類、規模、収
　　益の状況等が類似する他の法人の株式の価額があるもの　当該価額に
　　比準して推定した価額

ニ　イからハまでに該当しないもの　権利行使日等又は権利行使日等に
　　最も近い日におけるその株式の発行法人の１株又は１口当たりの純資
　　産価額等を参酌して通常取引されると認められる価額

実務的には個人から法人への譲渡の場合、所基通59‐6での判定が多い

所得税基本通達

（株式等を贈与等した場合の「その時における価額」）

59‐6　法第59条第１項の規定の適用に当たって、譲渡所得の基因となる
　　資産が株式（株主又は投資主となる権利、株式の割当てを受ける権利、
　　新株予約権（新投資口予約権を含む。以下この項において同じ。）及び新
　　株予約権の割当てを受ける権利を含む。以下この項において同じ。）であ
　　る場合の同項に規定する「その時における価額」は、23〜35共‐９に準
　　じて算定した価額による。この場合、23〜35共‐９の(4)ニに定める「１
　　株又は１口当たりの純資産価額等を参酌して通常取引されると認められ
　　る価額」については、原則として、次によることを条件に、昭和39年４
　　月25日付直資56・直審（資）17「財産評価基本通達」（法令解釈通達）
　　の178から189‐７まで《取引相場のない株式の評価》の例により算定し
　　た価額とする。

⑴　財産評価基本通達178、188、188‐６、189‐２、189‐３及び
　　189‐４中「取得した株式」とあるのは「譲渡又は贈与した株式」と、
　　同通達185、189‐２、189‐３及び189‐４中「株式の取得者」とあ
　　るのは「株式を譲渡又は贈与した個人」と、同通達188中「株式取得
　　後」とあるのは「株式の譲渡又は贈与直前」とそれぞれ読み替えるほか、
　　読み替えた後の同通達185ただし書、189‐２、189‐３又は189‐４

において株式を譲渡又は贈与した個人とその同族関係者の有する議決権の合計数が評価する会社の議決権総数の50％以下である場合に該当するかどうか及び読み替えた後の同通達188の(1)から(4)までに定める株式に該当するかどうかは、株式の譲渡又は贈与直前の議決権の数により判定すること。

【参考（筆者記載）：上記(1)記載通達番号の内容／中心は188】

178………取引相場のない株式の評価上の区分（大、中、小の区分。同族株主以外は188、特定の評価会社は189で評価）

188………同族株主以外の株主等が取得した株式（同族株主、中心的同族株主、同族株主のいない会社の株主、中心的株主の規定含む）

188－6…投資育成会社が株主である場合の同族株主等

189－2…比準要素1の会社の株式の評価

189－3…株式保有特定会社の株式の評価

189－4…土地保有特定会社の株式又は開業後3年未満の会社等の株式の評価

185………純資産価額

---

(2)　当該株式の価額につき財産評価基本通達179の例により算定する場合（同通達189－3の(1)において同通達179に準じて算定する場合を含む。）において、当該株式を譲渡又は贈与した個人が当該譲渡又は贈与直前に当該株式の発行会社にとって同通達188の(2)に定める「中心的な同族株主」に該当するときは、当該発行会社は常に同通達178に定める「小会社」に該当するものとしてその例によること。

(3)　当該株式の発行会社が土地（土地の上に存する権利を含む。）又は金融商品取引所に上場されている有価証券を有しているときは、財産評価基本通達185の本文に定める「1株当たりの純資産価額（相続税評価額によって計算した金額）」の計算に当たり、これらの資産については、

当該譲渡又は贈与の時における価額によること。

(4)　財産評価基本通達185の本文に定める「１株当たりの純資産価額（相続税評価額によって計算した金額）」の計算に当たり、同通達186-2により計算した評価差額に対する法人税額等に相当する金額は控除しないこと。

所得税基本通達59-6のポイント

Point 1▶ 同族株主に該当する場合は、基本的に原則的評価となり、該当しない場合は特例的評価となります。この同族株主に該当するかどうかの判断時期は、譲渡時（譲渡直前）の議決権数により判定することとされています。そのため、例えば従業員等の少数株主が法人（発行法人を含む。）に株式を譲渡する場合は、特例的評価（配当還元方式）が時価とされます。

Point 2▶ 譲渡者が発行法人の中心的同族株主（447ページ参照）である場合は、発行会社は小会社としての評価となるため、純資産価額方式の価額か類似業種比準価額方式の価額（50%）と純資産価額方式の価額（50%）の合計額との選択となります。

Point 3▶ 発行法人が土地や上場有価証券を保有しているときは、それらの財産は譲渡時の時価とされます（相続税評価額そのものではありません。）。

Point 4▶ 純資産価額の計算では、相続税評価額と帳簿価額との差額に相当する法人税等の控除はしないことになります。

Point 5▶ 通達本文の７行目にもあるように、原則的な扱いとされています。

Point 6▶ 純然たる第三者間の売買価額については、以下の参考を

81

参照してください。

(3) 法人税法（法人税基本通達）での規定内容とポイント

① 財産評価基本通達の規定は、相続又は贈与時の評価として用いられますが、課税上弊害がない限り、売買時の価額を決定する上で準用できます（調整項目はあります。）。

② 売買時の価額に関しては、法人税基本通達（法基通9-1-13、9-1-14）に規定されています。実務上、上記法人税基本通達9-1-14を考慮して株価を算定するケースが多いのですが、それらの解釈について困難を伴う場面があります。

法人税基本通達

（上場有価証券等以外の株式の価額）

9-1-13 上場有価証券等以外の株式につき法第33条第2項《資産の評価換えによる評価損の損金算入》の規定を適用する場合の当該株式の価額は、次の区分に応じ、次による。

(1) 売買実例のあるもの　　当該事業年度終了の日前6月間において売

買の行われたもののうち適正と認められるものの価額

(2)　公開途上にある株式……

(3)　売買実例のないものでその株式を発行する法人と事業の種類、規模、収益の状況等が類似する他の法人の株式の価額があるもの（(2)に該当するものを除く。）　当該価額に比準して推定した価額

(4)　(1)から(3)までに該当しないもの　当該事業年度終了の日又は同日に最も近い日におけるその<u>株式の発行法人の事業年度終了の時における１株当たりの純資産価額等を参酌して通常取引されると認められる価額</u>

↓

実務的には法基通9‒1‒14での判定が多い

法人税基本通達

（上場有価証券等以外の株式の価額の特例）

9‒1‒14　法人が、上場有価証券等以外の株式（9‒1‒13の(1)及び(2)に該当するものを除く。）について法第33条第2項《資産の評価換えによる評価損の損金算入》の規定を適用する場合において、事業年度終了の時における当該株式の価額につき昭和39年4月25日付直資56・直審（資）17「財産評価基本通達」（以下9‒1‒14において「財産評価基本通達」という。）の178から189‒7まで《取引相場のない株式の評価》の例によって算定した価額によっているときは、<u>課税上弊害がない限り</u>、次によることを条件としてこれを認める。

(1)　当該株式の価額につき財産評価基本通達179の例により算定する場合（同通達189‒3の(1)において同通達179に準じて算定する場合を含む。）において、当該法人が当該株式の発行会社にとって同通達188の(2)に定める「中心的な同族株主」に該当するときは、当該発行会社は常に同通達178に定める「小会社」に該当するものとしてその

83

例によること。

⑵ 当該株式の発行会社が土地（土地の上に存する権利を含む。）又は金融商品取引所に上場されている有価証券を有しているときは、財産評価基本通達185の本文に定める「１株当たりの純資産価額（相続税評価額によって計算した金額）」の計算に当たり、これらの資産については当該事業年度終了の時における価額によること。

⑶ 財産評価基本通達185の本文に定める「１株当たりの純資産価額（相続税評価額によって計算した金額）」の計算に当たり、同通達186－2により計算した評価差額に対する法人税額等に相当する金額は控除しないこと。

法人税基本通達９－１－14のポイント

Point 1▶ 所得税基本通達59－６のように、同族株主に該当するかどうかの判断時期については、規定されていません。これは、元々本通達が有価証券の評価損に関する通達であり、株式を所有していることを前提としているためと考えられます。その前提からは、売買の場合、譲受者の立場に立った通達と考えられます。

なお、譲渡者の立場に立った所得税基本通達59－６に類似する通達は、法人税基本通達２－３－４《低額譲渡等の場合の譲渡に係る対価の額》（453ページ参照）ですが、結果的にそこでも９－１－14を準用しています㈜。

㈜ 法基通２－３－４で準用する法基通４－１－６の株式評価の内容は法基通９－１－14と同様です。

Point 2▶ 譲渡者が発行法人の中心的同族株主（447ページ参照）

である場合は、発行会社は小会社としての評価となるため、純資産価額方式の価額か類似業種比準価額方式の価額（50％）と純資産価額方式の価額（50％）の合計額との選択となります。

Point 3▶ 発行法人が土地や上場有価証券を保有しているときは、それらの財産は譲渡時の時価とされます（相続税評価額そのものではありません。）。

Point 4▶ 純資産価額の計算では、相続税評価額と帳簿価額との差額に相当する法人税等の控除はしないことになります。

Point 5▶ 通達本文の7行目にもあるように、課税上弊害がない場合の扱いとされています。

Point 6▶ 純然たる第三者間の売買価額については、以下の参考を参照してください。

参　考

〔『法人税基本通達逐条解説』（税務研究会）抜粋〕

（前略）なお、本通達は、気配相場の無い株式について評価損を計上する場合の期末時価の算定という形で定められているが、関係会社間等においても気配相場のない株式の売買を行う場合の適正取引価額の判定に当たっても、準用されることになろう。

　ただし、純然たる第三者間において種々の経済性を考慮して定められた取引価額は、たとえ上記したところの異なる価額であっても、一般的に合理的なものとして是認されることになろう。（以下略）

⑷ 所得税基本通達59-6、法人税基本通達9-1-14の純然たる第三者の考え方

　所得税基本通達59-6、法人税基本通達9-1-14ともにほぼ同様の解説となっていますが、ここでの純然たる第三者の範囲は特に明確にはなっていません。ただ、以下101ページ以降で紹介する裁決、判決の内容から判断するとかなり限定的なケースと思われます。例えば、会社のM＆A時に算定される株価等が良い例かと思います。

　なお、当事者間の合意価額（合意した売買価額）が時価と判断できるのは、売買当事者間において合意されたその株式の価額が売買をするに至った事情等に照らし合理的に算定されていると認められる（正常な取引条件に従って行われたものであると認められる。）といった前提がある場合であると考えられます。言い換えれば、純然たる第三者間では、このような合理的な価額決定が行われることが想定されているものと考えられますので、価額決定の仕方が重要となります。

　また、下記の所得税、法人税の通達は固定資産の時価についての考え方ですが、基本的に非上場株式についても同様と考えられますので参考になります。

┌─── **所得税基本通達** ───────────────────

　（交換資産の時価）

　58-12　固定資産の交換があった場合において、交換当事者間において合意されたその資産の価額が交換をするに至った事情等に照らし合理的に算定されていると認められるものであるときは、その合意された価額が通常の取引価額と異なるときであっても、法第58条の規定の適用上、これらの資産の価額は当該当事者間において合意されたところによるものとする。

法人税基本通達

（交換資産の時価）

10-6-5の2　例えば交換の当事者が通常の取引価額が異なる2以上の固定資産を相互に等価であるものとして交換した場合においても、その交換がその交換をするに至った事情に照らし正常な取引条件に従って行われたものであると認められるときは、法第50条《交換により取得した資産の圧縮額の損金算入》の規定の適用上、これらの資産の価額は当該当事者間において合意されたところによるものとする。

⑸　**租税特別措置法通達の規定（参考：法人が自己株式を取得する場合の時価）**

　措置法通達37の10・37の11共-22では、その注意書で株式の発行法人が自己株式を取得する場合も、所得税基本通達59-6が適用される旨を規定しています。

　なお、株式の発行法人に対する低額譲渡については、自己株式の論点（403ページ）を参照ください。

租税特別措置法通達

（法人が自己の株式又は出資を個人から取得する場合の所得税法第59条の適用）

37の10・37の11共-22　法人がその株主等から措置法第37条の10第3項第5号の規定に該当する自己の株式又は出資の取得を行う場合において、その株主等が個人であるときには、同項及び措置法第37条の11第3項の規定により、当該株主等が交付を受ける金銭等（所得税法第25条第1項《配当等とみなす金額》の規定に該当する部分の金額（以下この項において「みなし配当額」という。）を除く。）は一般株式等に係る譲渡所得等

又は上場株式等に係る譲渡所得等に係る収入金額とみなされるが、この場合における同法第59条第1項第2号《贈与等の場合の譲渡所得等の特例》の規定の適用については、次による。

(1) 所得税法第59条第1項第2号の規定に該当するかどうかの判定

法人が当該自己の株式又は出資を取得した時における当該自己の株式又は出資の価額（以下この項において「当該自己株式等の時価」という。）に対して、当該株主等に交付された金銭等の額が、同号に規定する著しく低い価額の対価であるかどうかにより判定する。

(2) 所得税法第59条第1項第2号の規定に該当する場合の一般株式等に係る譲渡所得等又は上場株式等に係る譲渡所得等の収入金額とみなされる金額

当該自己株式等の時価に相当する金額から、みなし配当額に相当する金額を控除した金額による。

(注) 「当該自己株式等の時価」は、所基通59－6《株式等を贈与等した場合の「その時における価額」》により算定するものとする。

(6) 株式の時価が問題となる場面

　株式を売買する場合（発行法人の自己株式の取得含みます。）、その時価を財産評価基本通達を準用し算定が可能か、仮に可能な場合、原則的評価（純資産価額、類似業種比準価額、類似業種比準価額と純資産価額との併用した価額）となるか特例的評価（配当還元価額）となるかの判定が必要となります。

　それらの判定結果の違いによって、売買価額と時価に差が生じ、様々な課税関係が発生します。実務上は、特に売買価額が時価に比較し低額かどうかといった問題が多くあります。

2　個人間売買時の課税と法人が絡んだ売買時の課税関係

(1)　個人間の場合

原則的取扱い

①　譲渡者に対し譲渡所得課税（措法37の10）。

②　譲受者については、課税なし。

低額譲渡の場合

譲受者に贈与税が課税される可能性があります（相法7）。

相続税法第7条では、以下のように規定しています。

相続税法

（贈与又は遺贈により取得したものとみなす場合）

第7条　著しく低い価額の対価で財産の譲渡を受けた場合においては、当該財産の譲渡があつた時において、当該財産の譲渡を受けた者が、当該対価と当該譲渡があつた時における当該財産の時価（当該財産の評価について第3章に特別の定めがある場合には、その規定により評価した価額）との差額に相当する金額を当該財産を譲渡した者から贈与（当該財産の譲渡が遺言によりなされた場合には、遺贈）により取得したものとみなす。(以下略)

ここでポイントとなるのは、アンダーラインの「**著しく低い価額**」と「**時価**」です。「著しく低価額」で譲渡があった場合、その場合は、それらの価額と時価との差が贈与とみなされ、贈与税の対象となります。

　「著しく低い価額」の判断については、非上場株式の売買に関する過去の裁決、判決からは明確なものは見当たりませんが、相続税評価額未満であれば「著しく低い価額」になると思われます(注)。

> (注)　**第1編**の事例1（13ページ参照）においては、相続税評価額による売買は原則として「著しく低い価額」とは言えないとしており、参考になります。
> 　また、後述する平成17年10月12日の東京地裁判決では、「特別の事情がない限り、評価通達に定められた合理的と認められる評価方法によって評価された価額と同額か、又はこれを上回る対価をもって行われた財産の譲渡は、相続税法7条にいう「著しく低い価額の対価で財産の譲渡を受けた場合」に該当しないものというべきである。」と判示しています（140ページ参照）。
> 　なお、昭和53年5月11日大阪地裁判決では、株式の時価（相続税評価額ではなく鑑定評価額）の4分の3未満の場合は著しく低いと認められるとしていますが、根拠が明確ではありません。

　非上場株式の時価の考え方については、所得税基本通達23〜35共－9（78ページ参照）に規定があります。ここでは、売買実例がない場合等については、「その株式の発行法人の1株又は1口当たりの純資産価額等を斟酌して通常取引されると認められる価額」と規定しています（所基通23〜35共－9(4)ニ）。

　ここで、個人から法人への譲渡の場合は、上記通達を踏まえ更に詳細な所得税基本通達59-6の規定がありますが、個人間のものはありません。

　個人間の譲渡の場合、非上場株式の時価は、所得税基本通達23～35共－9⑷ニ（場合によっては所得税基本通達59-6の規定を準用）とも考えられますが、基本的にこれらは所得税を課税する場合の規定です。

　一方、著しく低い価額でも譲渡があった場合、時価と実際の売買価額との差額についてみなし贈与とするは贈与税の規定（相法7）です。確かに時価を所得税の規定と合わせて贈与税を課税することも考えられなくはありませんが、実務上は相続税評価額と実際の売買価額との差額について贈与税が課税されているものと考えられます（この点、不動産のケースとは異なっています。）。後述する各裁決、判決でも同様な課税となっています。

> (注)　法人から個人が非上場株式を低額で譲り受けた際に、一時所得が課税された事例では、純資産価額等を斟酌して時価を算定しています（所基通23～35共－9⑷ニを適用）（151ページ参照）。

⑵　個人法人間の場合（譲渡者：個人、譲受者：法人）

原則的取扱い

　①　譲渡者に対し譲渡所得課税（措法37）。

　②　譲受者については、課税なし。

低額譲渡の場合

【譲渡者】……時価の2分の1未満の譲渡の場合は、時価に引上げて

譲渡所得課税が行われます（所法59①二、所令169）。

　なお、時価の２分の１以上でも同族会社の行為計算否認に該当する場合は同様に課税されます（所基通59-3）。

所得税法

（贈与等の場合の譲渡所得等の特例）

第59条　次に掲げる事由により居住者の有する山林（事業所得の基因となるものを除く。）又は譲渡所得の基因となる資産の移転があつた場合には、その者の山林所得の金額、譲渡所得の金額又は雑所得の金額の計算については、その事由が生じた時に、<u>その時における価額に相当する金額により、これらの資産の譲渡があつたものとみなす。</u>

　一　贈与（法人に対するものに限る。）又は相続（限定承認に係るものに限る。）若しくは遺贈（法人に対するもの及び個人に対する包括遺贈のうち限定承認に係るものに限る。）

　二　<u>著しく低い価額の対価として</u>政令<u>で定める額による譲渡（法人に対するものに限る。）</u>

　（以下略）

所得税法施行令第169条

所得税法施行令

（時価による譲渡とみなす低額譲渡の範囲）

第169条　法第59条第１項第２号（贈与等の場合の譲渡所得等の特例）に規定する政令で定める額は、同項に規定する<u>山林又は譲渡所得の基因となる資産の譲渡の時における価額の２分の１に満たない金額</u>とする。

┌─────────────────────┐
│　　**所得税基本通達**　│
└─────────────────────┘

（同族会社等に対する低額譲渡）

59-3　山林（事業所得の基因となるものを除く。）又は譲渡所得の基因と
　　なる資産を法人に対し時価の２分の１以上の対価で譲渡した場合には、
　　法第59条第１項第２号の規定の適用はないが、時価の２分の１以上の対
　　価による法人に対する譲渡であっても、その譲渡が法第157条《同族会
　　社等の行為又は計算の否認》の規定に該当する場合には、同条の規定に
　　より、税務署長の認めるところによって、当該資産の時価に相当する金
　　額により山林所得の金額、譲渡所得の金額又は雑所得の金額を計算する
　　ことができる。

【譲受者】……時価より低い価額で譲受けた場合は、受贈益課税（法
　　　　　　法22）。

　また、「時価」については、通常の取引価額（客観的交換価値）と
していますが、非上場の株式の場合、一般的な取引市場がないため、
通常の取引価額の算定は非常に困難であり、結果として財産評価基本
通達を準用する方法（所基通23～35共-9、59-6、法基通9-1-13、
9-1-14）の合理性を認めその価額を時価と判断する裁決、判決は多
くあります(注)。

(注)　**第１編**の事例１（13ページ参照）においては、売買価額との差額
　　を贈与とみなす「時価」については、相続税評価額ではなく、通常
　　の取引価額であると判示しています。不動産と非上場の株式との取
　　引市場の差異が見受けられます。

⑶　個人法人間の場合（譲渡者：法人、譲受者：個人）

原則的取扱い ▌▌▌

①　譲渡者に対し法人税が課税（法法22）。

②　譲受者については、課税なし。

低額譲渡の場合 ▌▌▌

【譲渡者】……譲受者との関係から、寄附金（法法37）、賞与（法法34）等。

【譲受者】……譲渡者との関係から、一時所得（所法34）、給与（所法28）等。

⑷　法人法人間の場合（譲渡者：法人、譲受者：法人）

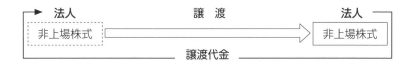

原則的取扱い ▌▌▌

①　譲渡者に対し法人税が課税（法法22）。

②　譲受者については、課税なし。

低額譲渡の場合

【譲渡者】……寄附金課税（法法37）。

【譲受者】……受贈益課税（法法22）。無償だけでなく低額譲受けも
同様（266ページ参照）。

法人税法

（各事業年度の所得の金額の計算）

第22条

1　内国法人の各事業年度の所得の金額は、当該事業年度の益金の額から
当該事業年度の損金の額を控除した金額とする。

2　内国法人の各事業年度の所得の金額の計算上当該事業年度の益金の額に
算入すべき金額は、別段の定めがあるものを除き、資産の販売、有償又は
無償による資産の譲渡又は役務の提供、無償による資産の譲受けその他の
取引で資本等取引以外のものに係る当該事業年度の収益の額とする。

法人税法

（寄附金の損金不算入）

第37条　内国法人が各事業年度において支出した寄附金の額（次項の規定
の適用を受ける寄附金の額を除く。）の合計額のうち、その内国法人の当
該事業年度終了の時の資本金等の額又は当該事業年度の所得の金額を基
礎として政令で定めるところにより計算した金額を超える部分の金額は、
当該内国法人の各事業年度の所得の金額の計算上、損金の額に算入しない。
（以下略）

8　内国法人が資産の譲渡又は経済的な利益の供与をした場合において、
その譲渡又は供与の対価の額が当該資産のその譲渡の時における価額又
は当該経済的な利益のその供与の時における価額に比して低いときは、
当該対価の額と当該価額との差額のうち実質的に贈与又は無償の供与を
したと認められる金額は、前項の寄附金の額に含まれるものとする。（以
下略）

⑴ 裁決・判決まとめ（譲渡関係部分）

　各裁決・判決の概要をまとめると次のようになります。

事例番号	裁決・判決概要	売主	買主	実際の売買価額	時価の判断	関連条文等	課税の有無
1	・H19.1.31東京地裁判決 第三者から低額で非上場株式を譲り受けた場合にも贈与税が課税された事例（P.101）	個人（同族株主外）	個人（同族株主）	額面価額の約2.5倍	原則的評価額（財産評価基本通達）	相続税法第7条	買主有（贈与税）・売主無
2	・H3.11.12仙台地裁判決 従業員株主から支配株主が額面で株式を取得したところ贈与税が課税された事例（P.121）	個人（同族株主外・従業員）	個人（同族株主）	額面金額	原則的評価額（財産評価基本通達）	相続税法第7条	買主有（贈与税）・売主無
3	・H17.10.12東京地裁判決 同族会社の役員から非同族株主に同社の譲渡があったところ贈与税の課税処分がなされたが、取消された事例（P.134）	個人（同族株主）	個人（同族株主外）	配当還元価額より大(原則的評価額よりは小)	配当還元価額（財産評価基本通達）	相続税法第7条	無
4	・H15.11.20裁決 非上場株式について、純資産価額（相続税評価額）を参酌した価額と取引価額との差額に対応する金額を経済的利益として一時所得と認定した事例（P.151）	法人（同族株主外）	個人（同族株主）	額面金額	純資産価額（所基通23〜35共9・財産評価基本通達）	所得税法第34条	買主有（所得税）・売主（寄附金課税無と考えられる）
5	・H11.2.8裁決 請求人（法人）が非上場株式を関係会社の代表者に対して額面金額で譲渡した価額は、通常の取引価額に比べ低額であることから、その価額と譲渡価額との差額は寄附金であると認定した事例（P.160）	法人（同族株主）	個人（同族株主）	配当還元価額	原則的評価価（財産評価基本通達準用・法基通9-1-14)	法人税法第37条	売主有（寄附金課税）・買主（不明であるも所得税課税相当）

事例番号	裁決・判決概要	売主	買主	実際の売買価額	時価の判断	関連条文等	課税の有無
6	・H13.9.25大分地裁判決 同族会社の株式を保有する会社に対し、同族会社の役員がその同族会社の株式を譲渡したところ、価額が低額として純資産価額と類似業種比準価額との併用で計算すべきと更正処分がされたが、その処分が取り消された事例（P.174）	個人（同族株主）	法人（同族株主外）	取引事例（配当還元価額より大、原則的評価（財産評価基本通達準用・所基通59-6）より小）	配当還元価額（財産評価基本通達）	所得税法第59条㈶所基通59-6創設前の譲渡	無
7	・H17.12.27福岡高裁判決 被相続人が、自己が取締役である同族会社に株式を売却する際、類似業種比準価額の約70%で譲渡したところ、純資産価額と類似業種比準価額との併用で計算すべきとされた事例（P.193）	個人（同族株主）	法人（同族株主）	類似業種比準価額の70%	原則的評価（財産評価基本通達準用・所基通59-6）	所得税法第59条	売主有（みなし譲渡課税）・買主（受贈益課税一部課税漏れ）
8	・H25.10.22東京地裁 売買実例の採用の可否、会社所有不動産の評価等が問題となったが、みなし譲渡の規定が適用された事例（P.220）	個人（同族株主）	法人（同族株主）	原則的評価額の12分の1程度	原則的評価（財産評価基本通達準用・所基通59-6）	所得税法第59条	売主有（みなし譲渡課税）・買主（受贈益課税）
9	・R4.2.14東京地裁 個人から発行法人に株式を譲渡したところみなし譲渡の規定が適用された事例（P.247）	個人（同族株主）	発行法人	原則的評価額の10分の1程度	原則的評価（財産評価基本通達準用・所基通59-6）	所得税法第59条	有
10	・R4.2.14東京地裁 株式の発行会社から株式を低額で取得（自己株式の処分）した際に給与所得課税された事例（事例19と同一事案）（P.257）	法人（同族株主）	個人（同族株主）	原則的評価額の10分の1程度	原則的評価（財産評価基本通達準用・所基通59-6）	所得税法第28条	買主有（給与所得課税）

事例番号	裁決・判決概要	売主	買主	実際の売買価額	時価の判断	関連条文等	課税の有無
11	・H22.9.1裁決 関係会社間で株式を譲渡したところ時価より低額であるとして受贈益が認定された事例（P.266） ※同日に寄附金認定（売受会社）の裁決もあり。	法人（同族株主）	法人（同族株主）	通常の取引価額（客観的交換価値／鑑定価額で算定）	原則的評価（財産評価基本通達準用・法通9-1-14	法人税法第22条	買主有（受贈益課税）・売主（寄附金課税）

(2) 課税関係を判断する上でのポイント

① 売主にとっての時価と買主にとっての時価はいくらかを見極める必要があります（各者にとっての時価より低い金額で売買した場合には利益を受けたことになり、基本的に課税関係が生じます。）。

② 個人間の売買の場合に買主の課税関係、法人が絡んだ場合は売主と買主の両方の課税関係を確認する必要があります（個人間の場合は、買主の贈与税課税の有無に注目。法人が絡んだ場合は、売主及び買主の課税関係に注目。）。

(3) 同族株主にとっての時価とそれ以外の者（少数株主）にとっての時価

① 同族株主にとっての時価

同族株主にとっての時価は、財産評価基本通達の原則的評価に所得税基本通達59-6、法人税基本通達9-1-14の調整を加えたものが時価になると考えられます。

② 同族株主以外の者にとっての時価

同族株主以外にとっての時価は、財産評価基本通達に規定する特例的評価（配当還元方式による評価）になると考えられます。

(注)　上記は、個人法人間の売買のケースです。個人間の時価の考え方も共通する点があると思われますが、低額譲渡によるみなし贈与課税の場面を考えた場合、財産評価基本通達に規定する評価（所基通59-6、法基通9-1-14の調整はありません。）で、課税上は問題がないと思われます。つまり、同族株主であれば、会社の規模に応じ類似業種比準価額方式、純資産価額方式、両方式の併用方式のいずれかになり、また、同族株主以外の者の場合は、配当還元方式でよいものと考えられます。

⑷　裁判所・審判所の時価についての考え方

　時価については、通常の取引価額、すなわち客観的交換価値としています。しかし、非上場株式の売買については、その市場性がないことから、個人法人間や法人間の売買については、財産評価基本通達に規定する評価額に調整（所基通59-6、法基通9-1-14）を加えたものを時価と考えるのが妥当としています。

　なお、少数ですが取引事例があるものを時価と認めたケースもあります（判決6）。また、それらを認めなかったケース（判決3）もあります。

　一方、個人間の売買における時価は、著しく低い価額での譲渡によるみなし贈与（相法7）の適用場面において、財産評価基本通達により算定した価額が合理的としています（市場性が無いことを基礎としています。）。

⑸　第三者間の売買でもみなし贈与の規定が適用

　相続税法第7条では、「著しく低い価額の対価で財産の譲渡を受けた場合においては当該財産の譲渡があつた時において、当該財産の譲渡を受けた者が、当該対価と当該譲渡があつた時における当該財産の

時価（当該財産の評価について第3章に特別の定めがある場合にはその規定により評価した価額）との差額に相当する金額を当該財産を譲渡した者から贈与（当該財産の譲渡が遺言によりなされた場合には、遺贈）により取得したものとみなす。……」としており、第三者間の譲渡か否かで区別してはいません。また、贈与と「みなす」といった規定のため、当事者間の贈与の意思は必要ありません。

判決1では、このみなし贈与の規定が適用されました。

(6) 低額譲渡による株式価値の移転の問題等

個人が法人に対して資産を低額で譲渡することにより、法人株主の株価が増加し、課税関係（贈与税）が生じるといった問題があります。これらの内容については、どのように贈与税の課税価格を計算するのかを含め事例16（299ページ）、17（311ページ）で、また、関連する法人の受贈益の課税については事例18（335ページ）でそれぞれ解説しています。

(7) その他の論点

売買だけでなく、旧額面価額で会社が株式を買取る規定を置いている場合、増資時の課税問題、自己株式を取得時の時価等の論点がありますが、これらについては各事例中で解説致します。

4　裁決・判決紹介

（代表取締役が少数株主から株式を低額で譲受け）

1　第三者から低額で非上場株式を譲り受けた場合にも相続税法第7条が適用され贈与税が課税された事例

平成19年1月31日 東京地裁判決（確定）

内容に入る前に

　第三者との売買であれば、当事者間での合意価額であれば時価とも考えられそうですが、この判決では認められませんでした。類似するものとして**第1編**の事例2があります（21ページ参照）。

　関連する相続税法第7条では、次のように規定されています。

（贈与又は遺贈により取得したものとみなす場合）

第7条　著しく低い価額の対価で財産の譲渡を受けた場合においては、当該財産の譲渡があつた時において、当該財産の譲渡を受けた者が、当該対価と当該譲渡があつた時における当該財産の時価（当該財産の評価について第3章に特別の定めがある場合には、その規定により評価した価額）との差額に相当する金額を当該財産を譲渡した者から贈与（当該財産の譲渡が遺言によりなされた場合には、遺贈）により取得したものとみなす。（以下略）

　ここでポイントとなるのは、アンダーラインの「**著しく低い価額**」と「**時価**」の考え方及び最後の「**みなす**」のところです。

(1)　「著しく低い価額」の判断については、前述したように相続税評

価額の譲渡は「著しく低い価額」には該当しないと考えられます。ここで相続税評価額は、譲受者が同族株主であれば原則的評価方式（類似業種比準価額方式、純資産価額方式）となり、同族株主以外であれば特例的評価方式（配当還元方式）となります。

(2) 「時価」については通常の取引価額（客観的交換価値）となりますが、非上場の株式の場合、一般的な取引市場がないため、通常の取引価額の算定は非常に困難であり、結果として財産評価基本通達の合理性を認めその価額を時価と判断する裁決、判決は多くあります。

> (注) 個人法人間の譲渡の場合は、財産評価基本通達を準用する方法（所基通23〜35共－9、59－6、法基通9－1－13、9－1－14）の合理性を認めその価額を時価と判断する裁決、判決は多くあります。

(3) 相続税法第7条は贈与と「みなす」規定ですので、当事者間の贈与の意思は必要はなく、また、第三者間の譲渡か否かは問いません。

判決内容 ||||

1 事案の概要・結果

　本件は、株式会社A社の代表取締役である原告が、A社の複数の株主からA社の株式を買い受けたところ、所轄税務署長が、上記株式の売買は相続税法第7条の「著しく低い価額の対価で財産の譲渡を受けた場合」に当たるとして、上記株式の譲渡対価と当該譲渡があった時の時価との差額に相当する金額を、原告が贈与により取得したとみなし、贈与税の決定処分等をしたものです。

　原告は、第三者間での取引であり時価での売買であるとして、上記

処分の取消しを求めました。

　裁判所は、Ａ社株式の取引価額は、通常の取引価額ではないとして原告の主張は認めませんでした。

【売買内容】

| 原告（Ａ社代表取締役） | ← | 株主（計116人） |

Ａ社株式買取
（平成10年２月18日～11年２月24日）

※株主と原告は同族関係はない。

┌─**売買価額**─────────────────────────┐

・116名中３名……１株当たり850円

・同111名……同1,250円　・同１名……同1,866円　・同１名……同1,728円
└──────────────────────────────────┘

【原告Ａ社（７月決算）取締役の所有株数】

① 　平成９年７月31日の時点……発行済株式33万7,729株のうち、
　　　　　　　　　　　　　　　　　約39.1％（13万1,919株）

② 　平成10年７月31日の時点……発行済株式33万7,729株のうち、
　　　　　　　　　　　　　　　　　約67.2％（22万6,852株）

【被告（所轄税務署長）の処分】

　所轄税務署長は、相続税法７条に該当するものとして贈与税の決定処分及び無申告加算税の賦課決定処分をしました。

┌──────────────────────────────────┐
(注)　時価は財産評価基本通達に規定する原則的評価額（約10,000円程
　　度）としました。
└──────────────────────────────────┘

【原告の対応】

上記各決定処分及び各賦課決定処分の取消しを求めました。

【原告の主張：時価について】

> ① 本件各株式売買は、A社の社長と株主という以外には何の関係も持たない原告と本件各譲渡人との間で行われたものであって、取引当事者間に特別な身分関係は存在せず、独立第三者間取引に当たる。
>
> ② 独立第三者間取引においては、取引当事者がし意的な価格設定を行った場合でない限り、実際の取引価額が真実の取引価値すなわち時価であると認識され、取引当事者間に実質的には贈与があったということはできない。
>
> ③ 事実関係から判断すれば、本件各株式売買において、原告と本件各譲渡人がし意的な価格設定を行ったとはいえないから、実際の取引価額である本件各譲受価額が本件各株式の時価である。

 事実関係の判断の差異

（客観的交換価値を表しているか）

【被告の主張：時価について】

> ① 評価通達によらない価額をもって相続税法第7条にいう「時価」というためには、取引相場のない株式においても、

　　　その価額が、取引当事者間の主観的事情に左右されず、株
　　　式の客観的交換価値を正当に反映した価額であることが必
　　　要である。

②　　事実関係から判断すれば、本件各譲受価額は、取引当事
　　　者間の主観的事情に左右されず、株式の客観的交換価値を
　　　正当に反映した価額であるとはいえず、同条にいう「時
　　　価」には当たらない。

⑴　原告（買主）が売主に宛てた通知では、買取価額が既に印字
　　され、また、買取りに応じない場合、以後、買取らないといっ
　　た記載があった。売主は原告と仕事上の関係がある者が多く、
　　その関係を維持する目的等で売買に応じたものが多い（株式の
　　時価はもっと高いと認識していた者が多い）。

【裁判所の判断】

　　各株式譲渡者及び原告の申述等をもとに、株式の売買価額
　は売買日における客観的交換価値を正当に評価したものとは
　いえない。

② 判示要旨

1　相続税法第7条は、著しく低い価額の対価で財産の譲渡を受けた
　場合においては、当該財産の譲渡があった時において、当該財産の
　譲渡を受けた者が、当該対価と当該譲渡があった時における当該財
　産の時価との差額に相当する金額を当該財産を譲渡した者から贈与

により取得したものとみなす旨規定している。

2　同条の趣旨は、法律的にみて贈与契約によって財産を取得したのではないが、経済的にみて当該財産の取得が著しく低い価額の対価によって行われた場合に、その対価と時価との差額については実質的には贈与があったとみることができることから、この経済的実質に着目して、税負担の公平の見地から課税上はこれを贈与とみなすというものである。

3　そして、同条は、財産の譲渡人と譲受人との関係について特段の要件を定めておらず、また、譲渡人あるいは譲受人の意図あるいは目的等といった主観的要件についても特段の規定を設けていない。このような同条の趣旨及び規定の仕方に照らすと、著しく低い価額の対価で財産の譲渡が行われた場合には、それによりその対価と時価との差額に担税力が認められるのであるから、税負担の公平という見地から同条が適用されるというべきであり、租税回避の問題が生じるような特殊な関係にあるか否かといった取引当事者間の関係及び主観面を問わないものと解するのが相当である。

4　相続税法7条は、著しく低い価額の対価で財産の譲渡を受けた者の担税力の増加に着目し、それ自体に課税するものであるから、取引当事者間の関係及び主観面を問わないものと解すべきであるし、独立第三者間取引において同条が適用されるからといって、そのことにより、直ちに一般市場における取引価額が評価通達に定められた価額に拘束され、価額設定の自由が奪われるというものではない。

5　相続税法第7条にいう「時価」とは、課税時期における客観的交換価値、すなわち課税時期において、それぞれの財産の現況に応じ、不特定多数の当事者間で自由な取引が行われた場合に通常成立する価額をいうものと解するのが相当である。しかし、財産の客観的交

換価値は必ずしも一義的に確定されるものではなく、これを個別に評価することとなると、その評価方法及び基礎資料の選択の仕方等により異なった評価額が生じることが避け難く、また、課税庁の事務負担が重くなり、迅速な課税処理が困難となるおそれがあることから、課税実務上は、財産評価の一般的基準が評価通達によって定められ、これに定められた評価方法によって画一的に評価する方法が執られている。このような扱いは、納税者間の公平、納税者の便宜及び徴税費用の節減という見地からみて合理的であり、一般的には、すべての財産についてこのような評価を行うことは、租税負担の実質的公平を実現することができ、租税平等主義にかなうものである。

6　したがって、<u>評価通達に定められた評価方法を画一的あるいは形式的に適用することによって、かえって実質的な租税負担の公平を著しく害し、相続税法あるいは評価通達自体の趣旨に反するような結果を招くというような特別な事情が認められない限り、評価通達に定められた評価方法によって画一的に時価を評価することができるというべきである。</u>

7　本件各譲受価額が取引当事者間の主観的事情に影響されたものでないことをうかがわせる特段の事情が存在するとはいえず、本件各譲受価額は本件各株式の本件各譲受日における客観的交換価値を正当に評価したものとはいえないため、本件において、評価通達に定められた評価方法を画一的あるいは形式的に適用することによって、かえって実質的な租税負担の公平を著しく害し、相続税法あるいは評価通達自体の趣旨に反するような結果を招くというような特別な事情は認められない。

8　したがって、本件各譲受日における本件各株式の時価は、原則ど

おり、評価通達の定める方法によって評価すべきものである。

③ 争点

　本件の争点は、本件各譲受けが相続税法7条にいう「著しく低い価
額の対価で財産の譲渡を受けた場合」に当たるか否かであり、具体的
には、

- ①　同条は、取引当事者が、租税回避の問題が生じるような特殊な
  関係にある場合に限り適用されるものであるか
- ②　同条にいう「時価」の意義及び財産評価基本通達（以下「評価
  通達」という。）の採る株式評価方法の合理性

である。

④ 争点に対する当事者の主張

(1)　相続税法第7条は、取引当事者が、租税回避の問題が生じるよう
　な特殊な関係にある場合に限り適用されるものであるか（争点①）
　について

【原告の主張】

ア　相続税法第7条は、生前贈与を利用した相続税の租税回避が横行
　したことから、相続税の補完税として贈与税が創設された際、低額
　譲渡を行う方法により贈与税を回避することを防止する目的から設
　けられたものである。

イ　仮に、取引当事者間に特別の関係がない独立第三者間取引につい
　て、取引当事者がし意的にでなく設定した価額と評価通達に定める
　価額との間に差があるとして、相続税法第7条を適用して贈与税を
　課すということになると、取引価額は評価通達に拘束され、私的自

治の原則に基づいた価額設定の自由が奪われることになり、自由市場における需要と供給のバランスに従って市場価額が形成されるとする資本主義経済取引を否定することになる。

　そのような不都合を避けるため、同条を適用する際には、本来の立法目的に従い、取引当事者間に贈与税の租税回避の意図があることを主観的要件とするか、又は、取引当事者間に特別な身分関係が存在しない独立第三者間取引においては、取引価額を当事者がし意的に設定したものでない限り、「著しく低い価額の対価で財産の譲渡を受けた場合」に当たらないというべきである。

【被告の主張】

ア　相続税法第7条は、著しく低い価額の対価で財産の譲渡を受けた場合について、当該財産の譲渡を受けた者が、当該財産の譲渡があった時に、当該対価と当該財産の時価との差額に相当する金額を、当該財産を譲渡した者から贈与により取得したとみなす規定である。

　同条の趣旨は、財産の譲渡が贈与という法律行為に該当すれば贈与税が課税されることを予想して、有償で、しかもわずかな対価をもって財産の移転を図ることによって贈与税の課税回避を図ることを防止することにあり、著しく低い価額の対価で財産の譲渡を受けた場合、それは実質的には贈与に該当するものであって、そのような譲渡に課税がないとすれば課税の公平を失する結果となることから、対価と時価との差額について贈与があったものとみなして贈与税を課すということにある。そこで、同条によって課される贈与税は、譲渡された財産の対価と時価との差額、すなわち著しく低い価額での譲受けにより享受することになった経済的利益に担税力を認めたものである。

イ　相続税法第7条が譲渡人と譲受人との関係について特段の要件を定めていないこと及び同条の前記のような趣旨に照らせば、著しく低い価額の対価で財産の譲渡を受けた場合であれば、これに対して課税がされないと税負担の公平を損なうような事実がある限り、租税回避を目的とする場合に限定されることなく、また、当事者の関係や譲渡の具体的な意図及び目的を問わずに同条の適用があるというべきである。

(2)　相続税法第7条にいう「時価」の意義及び評価通達の採る株式評価方法の合理性（争点②）について

【原告の主張】

ア　被告は、相続税法第7条にいう「時価」と同法第22条にいう「時価」を同様に理解し、本件各譲受けにおける本件各株式の1株当たりの価額（以下「本件各譲受価額」という。）が評価通達により算定した本件各株式の1株当たりの価額の5.7%ないし21.8%にすぎないことから、同条にいう「著しく低い価額の対価で財産の譲渡を受けた場合」に当たる旨主張する。

　　しかし、所得課税の規定である相続税法第7条にいう「時価」は、不完全競争市場において売主と買主とが交渉により定めた客観的主観的価値である。他方、相続課税の規定である同法第22条にいう「時価」は、主観的価格設定行為を前提としない完全競争市場における客観的交換価値である。したがって、前者を後者に置き換えて理解することはできない。

イ　本件各譲受けは、A社の社長と株主という以外には何の関係も持たない原告と本件各譲渡人との間で行われたものであって、取引当

事者間に特別な身分関係は存在せず、独立第三者間取引に当たる。

　そして、独立第三者間取引においては、取引当事者がし意的な価格設定を行った場合でない限り、実際の取引価額が真実の取引価値すなわち時価であると認識され、取引当事者間に実質的には贈与があったということはできない。

　そして、以下の各事実に照らすと、本件各譲受けにおいて、原告と本件各譲渡人がし意的な価格設定を行ったとはいえないから、実際の取引価額である本件各譲受価額が本件各株式の時価である。

(ア)　任意の売却

　　原告は、本件各譲渡人に対し、本件各株式の譲渡を強制したことはない。そのため、本件各譲渡人は、本件各株式を原告に対して譲渡するか、それとも、その保有を続けるかを独自に判断することができたのであり、実際に原告による株式買取りの申出に応じなかった株主も多数存在する。したがって、本件各譲受価額は、原告と本件各譲渡人との間で任意に決められたものである。

(イ)　譲渡価額の合理性

　　株式の額面の250％という価額は、A社の配当額（1年当たり額面の10％）の25年分に相当する。本件各譲渡人は、本件各譲受け当時、既に出資金額の90％に相当する額の配当を受けていたことから、本件各譲受けにより、出資金額の240％に相当する額の利益を受けた。本件各譲受けが行われる前である平成9年当時における金融機関の定期預金金利が年0.3％以下であったことからすると、出資金額の2倍を超える利益を得ることは、投資家である株主にとって異例のリターンをもたらす結果となった。

　　本件各譲受けにおける1株当たりの価額は、850円というものから、1,250円よりも高額なものまであり、原告が提示した買取

価額を基に、原告と本件各譲渡人との間のせめぎ合いにより形成された価額である（原告が提示した買取価額に不満がある株主は、自己の保有するＡ社の株式を第三者に売却するそぶりを見せ、原告と価額交渉を行った。）。そして、従来のＡ社の配当実績、当時の金融機関の金利動向、急成長を始めていた当時のＡ社の企業価値、Ａ社が新たに海外に事業展開を始めることに伴うリスク、Ａ社が安全な投資先だとして投資した株主の立場及び企業防衛を迫られた原告の立場などのＡ社を取り巻く経済環境及び法律的環境を考慮すると、本件各譲受価額は合理的な価額であった。

ウ　Ａ社の元監査役であり、経営方針に関して原告と対立していた株主である乙は、弁護士を介在させることにより、原告に対し、所有していたＡ社の株式すべてを１株当たり1,728円で譲渡した。弁護士に処理を依頼した敵対的な株主でさえ原告に対して１株当たり1,728円で本件各株式を譲渡したということは、当時のＡ社の株式の客観的な評価額が、被告の主張する評価通達に定める方法により算定した評価額と大きく異なっていたことを示すものである。

　原告からの株式買取りの申出に応じなかった株主の１人である丙は、東京地方裁判所における株式買取価格決定の商事非訟事件の手続において、原告から１株当たり1,250円での買取りの申出があったことを知らず、仮に知っていればその価額で売却していた旨説明していた。このことからも、当時のＡ社の株式の１株当たりの価額が1,250円であるとの認識が一般的であったと考えられる。

エ　このように、本件各譲受価額は、本件各譲受日における本件各株式の時価であるから、本件各譲受けにおいて、原告には、相続税法７条に定める担税力の根拠となる所得は発生していない。したがって、本件各譲受けについて、同条は適用されるべきではない。

【被告の主張】

ア(ア)　相続税法第22条は、贈与により取得した財産の価額は、当該財産の取得の時における時価により評価する旨規定しているところ、同条にいう「時価」とは、課税時期における当該財産の客観的交換価値をいい、客観的交換価値とは、課税時期において、不特定多数の当事者間で自由な取引が行われた場合に通常成立する価額である。

そして、同条にいう「時価」については、納税者間の公平、納税者の便宜及び徴税費用の節減という観点から、課税実務上、評価通達に定められた画一的な評価方法によって算定することとされている。

したがって、評価通達に定められた評価方法を画一的に適用するという形式的な公平を貫くことによって、かえって実質的な租税負担の公平を著しく害することが明らかであるなど、評価通達によらないことが正当として是認されるような特別な事情がある場合を除き、公平の観点から、評価通達に定められた評価方法により画一的に評価することが相当である。

そして、同法第7条にいう「時価」も、同法第22条にいう「時価」と同じ内容をいうから、同法第7条にいう「時価」も、評価通達に定められた評価方法によらないことが正当と是認されるような特別な事情がある場合を除き、評価通達に定められた評価方法により算定すべきものである。

(イ)　評価通達は、取引相場のない株式について、株式の発行会社が大会社、中会社又は小会社のいずれに該当するかに応じて、評価方法を異にしている。これは、一口に取引相場のない株式といっても、様々な規模の会社の株式があることから、それらの株式の

113

実態に応じた合理的な評価方法を用いるためである。

　A社は、評価通達にいう大会社に該当するところ、評価通達によると、大会社の株式の評価は、類似業種比準価額によって評価する類似業種比準方式又は1株当たりの純資産価額によって評価する純資産価額方式によることとされる。前者は、現実に市場取引が行われている上場会社の株価に比準した株式の評価額が得られる点で、後者は、支配株主の有する株式の最低限の価値を把握することができる点で、いずれも合理的な評価方法である。

イ　本件においては、本件各株式の時価の算定に当たり、評価通達に定められた評価方法によらないことが正当として是認されるような特別な事情は認められないから、本件各株式は、評価通達の定めにより評価されるべきである。そして、評価通達の定めに基づいて算定した本件各譲受日における本件各株式の1株当たりの評価額は、類似業種比準方式により算定した価額（以下「本件各類似業種比準価額」という。）又は純資産価額方式により算定した価額（以下「本件各純資産価額」という。）のうち、いずれか低い方の金額になる。そして、算定の結果、いずれの場合においても、本件各純資産価額が本件各類似業種比準価額を下回ることから、本件各純資産価額が本件各株式の時価となる。

　本件各譲受価額と本件各純資産価額を比較すると、本件各譲受価額は、いずれも、本件各純資産価額の5.7％ないし21.8％にすぎないから、本件各譲受けが、相続税法7条に規定された「著しく低い価額の対価で財産の譲渡を受けた場合」に該当することは明らかである。

ウ(ア)　原告は、本件各譲受価額は、本件各譲渡人116名のうち3名につき1株当たり850円、同111名につき1,250円、同1名につき同

1,866円及び同1名につき同1,728円であるところ、本件各譲受価額は取引当事者が合理的に形成した売買価額であるとして、本件各譲受価額が本件各譲受日における本件各株式の時価である旨主張する。

　しかし、評価通達によらない価額をもって相続税法第7条にいう「時価」というためには、取引相場のない株式においても、その価額が、取引当事者間の主観的事情に左右されず、株式の客観的交換価値を正当に反映した価額であることが必要である。

　そして、以下の各事実に照らせば、本件各譲受価額は、取引当事者間の主観的事情に左右されず、株式の客観的交換価値を正当に反映した価額であるとはいえず、同条にいう「時価」には当たらない。

a　本件各譲受けは、A社の企業防衛のため、原告自身がA社の発行済株式総数の3分の2以上の株式を保有することを目的として行われたものである。そして、上記目的を達成するため、原告の主導で、本件各株主に対し、本件各株式の買取りの申出がされている。

b　原告は、上記申出において提示した本件各株式の買取価額を決める際に、公認会計士又は税理士等に相談したことはなく、また、1株当たりの利益金額又は純資産価額等を参考にしたこともない。

c　上記申出をする際にA社が株主に送付した各書面における各切取り線以下に記載された額面金額欄及び売却金額欄の各金額は、いずれも原告自身があらかじめ記入したものである。

d　原告作成に係る「株式についてのQ&A」と題する書面（以下「本件Q&A」という。）及び「A社株券売買のご案内」と

題する各書面（以下、同書面のうち、平成10年３月９日付けの
ものを「本件案内①」といい、同月30日付けのものを「本件案
内②」という。）には、本件各株式の買取りは原告が引き受け
ている旨、本件各株式は、実質的には原告の承認がなければ譲
渡できない旨、Ａ社は将来も株式上場をしない旨及び今後は額
面どおりの買上げ以外はしない旨等が記載されている。また、
実際に、原告の承認がなければ本件各譲渡人は本件各株式の売
却はできなかったし、Ａ社には、株式上場の予定はなかった。

　(イ)　上記各事実に照らすと、本件各譲受価額は、算定根拠のないま
まに、原告において、あらかじめ一方的に決定した価額であって、
当事者間に交渉の余地はなかったといえる。その上、Ａ社の定款
において株式譲渡制限があることから、本件各株式につき原告以
外の者が譲受人となる余地はなかった。

　　　そうすると、本件各譲受価額は、不特定多数の当事者間で自由
な取引が行われた場合に通常成立する価額とはいえず、相続税法
７条にいう時価とは認められない。

　5　裁判所の判断

　　以下の、各株式譲渡者及び原告の申述等をもとに、株式の売買価額
は売買日における客観的交換価値を正当に評価したものとはいえない
とした。

　(1)ア　丁は、東京国税局職員に対し、平成15年３月19日の税務調査の
　　　際、昭和52年１月に原告から増資の知らせが送られてきた際、原
　　　告の考え方に感銘を受け、協力しようと思ったことなどからＡ社
　　　に出資をした旨、Ａ社の役に立てればという気持ちが強く、投資

目的ではなかったので、出資することに不安はなかった旨、平成10年３月頃に原告からＡ社の株式買取りの案内（本件案内②）が送られてきた時、所有していたＡ社の株式5,359株を売ることにした旨、売買金額は1,000万円であったが、１株当たりの価額の算定根拠は特にない旨、本件案内②には、買取価額は株式の額面の250％と記載されていたが、時価はもっと高いと思った旨、本件Ｑ＆Ａ及び本件案内②等の内容から、原告以外の相手にＡ社の株式を売ることはできず、買取価額はＡ社により決められていることから、その価額以上では売れないと思ったが、時価は額面の250％よりも高いのではないかということ及び売却金額はＡ社に任せることを記載して、切取り線以下の売却申込書をＡ社に送付した旨、その後、Ａ社側から連絡があり、売却金額は額面の250％より高くなると説明されたが、その時に具体的な金額の確認はしなかった旨、具体的な金額を確認しなかったのは、株券を既にＡ社に送っていたことから、代金がもらえないかもしれないという不安があったからである旨、売却代金の送金前にＡ社からの連絡はなかった旨並びにＡ社の株主の知り合いはいないので、Ａ社の株式の売却について誰にも相談しなかった旨等を申述した。

イ　乙は、東京国税局職員に対し、平成15年６月12日の税務調査の際、以前Ａ社の監査役になっていたが、名目だけであり、実務は何もやっていなかった旨、同９年頃、原告に対してＡ社の経営について文書で提言した際、原告からものすごい剣幕で抗議を受けた旨、そのため、原告に反省を促すために、自己が所有していたＡ社の株式を他の者に譲渡しようと、原告に対して株式譲渡承認請求書を送付したところ、原告から、譲渡の相手が原告でなければ承認しないという内容の回答書が送られてきた旨、その後、弁

護士を介して原告とＡ社の株式の売却交渉をしたが、同年7月期の決算書の資産状況に照らすと、1株1万円前後はすると思ったので、原告の提案した1株当たり850円又は1,250円という額は安すぎると思った旨、特に具体的な根拠はなかったが、総額2,000万円であれば売却してもよいと弁護士に伝えた旨、もっと高く売却できたかもしれないが、原告ともめたくなく、また、Ａ社の株式に未練はなかったことから、ある程度妥協した旨、交渉の過程で、原告から脅しに近いような文書が送られてきた旨及びＡ社の株主総会に出席したことはない旨等を申述した。

ウ　戊は、東京国税局職員に対し、平成15年4月10日及び同月17日の税務調査の際、Ａ社から送られてきた本件案内①に、将来とも株式上場はしないこと、他への譲渡は自由にできないこと及び今後は額面どおりの買取りはしないこと等が記載されていたことから、この時に売らないと損をすると思い、Ａ社の株式を原告に対して売却する決心をした旨、Ａ社の株式は上場株式ではなく、株の知識もなかったため、Ａ社側の言い値であった額面金額の250％で売却した旨並びにＡ社側に買取価額について質問はしていない旨等を申述した。

エ　乙は、東京国税局職員に対し、平成15年3月24日の税務調査の際、Ａ社から送られてきた本件案内①に、原告以外の者にはＡ社の株式を譲渡できないこと及び今後は額面価額でしか買わないことが記載されていたことから、額面金額の250％でも仕方ないと思って、原告に対してＡ社の株式を売却した旨、買取期限がすぐだったので、急いで切取り線以下の次項を記入し、Ａ社の株券と一緒にＡ社に郵送した旨、株の知識はほとんどなく、詳しいことは分からなかったが、Ａ社が提示した額は率が良いと思った旨並

びに他の者に売却価額について相談したことはない旨等を申述した。

オ　庚は、東京国税局職員に対し、平成15年3月31日の税務調査の際、昭和53年にA社から通信教育の資料をもらっていた頃、出資をしてほしいという話があり、A社の株主となった旨、A社の株式を購入したのは投資目的ではなかったので、原告に協力してあげようと思い、また、A社から送付された本件案内②に、A社の株式上場しないこと、原告以外の者へ譲渡できないこと及び今後は額面どおりの価額での買取り以外はしないこと等が記載されていたことから、売却した方がよいと思ったので、A社の株式を原告に対して売却した旨並びにA社の株式の購入は投資目的ではなく、上場株式でもないので、1株当たりの価額1,250円は本件案内②に記入されていた原告の言い値どおりの価額であり、原告にその価額について聞いていない旨等を申述した。

(2)ア　原告は、東京国税局職員に対し、平成14年11月22日の税務調査の際、平成10年頃にA社の各株主に対してA社の株式を額面の250％で買うと文書で案内し、それに応じた株主からA社の株式を買った旨及び250％という数字は原告が大体の感覚で決めたものであり、税理士等に価額を相談したことはなく、また、類似業種比準方式及び純資産価額方式に基づく算定根拠がある訳ではない旨等を申述した。

イ　原告は、本件訴訟において、本件案内①及び本件案内②の切取り線以下の額面金額及び売却金額は、原告自身が記入したものである旨並びに本件お知らせに記載した買受価額である株式の額面の170％という数字は、公認会計士や税理士に相談したものでも、1株当たりの利益金額や純資産額というものを指標にしたもので

もなく、「この程度だったら売ってくれるのかな」という原告の考えで決めたものである旨等を供述した。（原告本人）

(3) その他の争点の判断については、②判示要旨の内容参照。

ポイントの整理

Point 1 ▶ 株主116人からの買取りで、一部には売買金額の違う者もいましたが、価額の決定過程に問題がある（合理的な価額決定のしかたではない。）として通常の取引価額とは認められませんでした。第三者間での合意価額が通常の取引価額であると認められる（86ページ参照）のは、かなり難しいものと考えられます。

なお、時価は財産評価基本通達の合理性を認め、相続税評価額とされました。

Point 2 ▶ 譲受人の代表取締役は同族株主ですので、原則的評価方式による株価となりました。本件ではＡ社が大会社に該当したため類似業種比準価額と純資産価額を比較し、純資産価額の方が低かったため純資産価額となりました。

> (注) 仮に同族株主以外の者が譲受者の場合は、特例的評価方式（配当還元方式）との判断になると考えられます。

Point 3 ▶ 相続税法第7条は租税回避の問題が生じるような場合に適用になるかどうか、といったところも論点となりましたが、同法の規定ぶりからもそのような限定的な場面のみでの適用とは考えられないと判示されています。つまり、同族関係者間ではない第三者間でも適用はあり得るとしています。

（元代表取締役が従業員から株式を低額で譲受け）

2　従業員株主から支配株主が額面で株式を取得したところ贈与税が課税された事例　平成3年11月12日 仙台地裁判決（確定）

内容に入る前に

　大株主である法人代表者が従業員の所有している株式を購入する場合、従業員が購入した時の価額（旧額面金額）で取引をするといったことも一般的にはあり得る話です。

　しかし、このようなケースでは実際の売買価額（旧額面金額）と株式を原則的評価方式で評価した価額（類似業種比準価額、純資産価額）との差額について、法人代表者は経済的利益を受けたことになり、それらの差額は贈与税の対象になると考えられます。なお、原則的評価額が売買価額（旧額面金額）以下のような場合は、一般的に課税関係は生じないものと考えられます。

　関連する相続税法第7条では、次のように規定しています。

（贈与又は遺贈により取得したものとみなす場合）

第7条　著しく低い価額の対価で財産の譲渡を受けた場合においては、当該財産の譲渡があつた時において、当該財産の譲渡を受けた者が、当該対価と当該譲渡があつた時における当該財産の時価（当該財産の評価について第3章に特別の定めがある場合には、その規定により評価した価額）との差額に相当する金額を当該財産を譲渡した者から贈与（当該財産の譲渡が遺言によりなされた場合には、遺贈）により取得したものとみなす。(以下略)

ここでポイントとなるのは、アンダーラインの「**著しく低い価額**」と「**時価**」の考え方及び最後の「**みなす**」のところです。

(1)　「著しく低い価額」の判断については、前述したように相続税評価額の譲渡は「著しく低い価額」には該当しないと考えられます。ここで相続税評価額は、譲受者が同族株主であれば原則的評価方式（類似業種比準方式、純資産価額方式）となり、同族株主以外であれば特例的評価方式（配当還元方式）となります。当然のことながら、法人の代表者で大株主であれば原則的評価方式となります。

(2)　「時価」については通常の取引価額（客観的交換価値）となりますが、非上場の株式の場合、一般的な取引市場がないため、通常の取引価額の算定は非常に困難であり、結果として財産評価基本通達の合理性を認めその価額を時価と判断する裁決、判決は多くあります。

> (注)　個人法人間の譲渡の場合は、財産評価基本通達を準用する方法（所基通23～35共－9、59－6、法基通9－1－13、9－1－14）の合理性を認め、その価額を時価とする裁決・判決は多くあります。

(3)　相続税法第7条は贈与と「みなす」規定ですので、当事者間の贈与の意思は必要はなく、また、第三者間の譲渡か否かは問いません。

判決内容

1　事案の概要・結果

　本件は、従業員株主から支配株主が額面で株式を取得したところ、相続税法第7条が適用され贈与税が課税された事例です。

【売買内容】

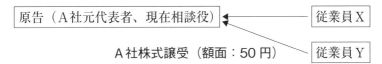

原告（A社元代表者、現在相談役）◀――――従業員X

A社株式譲受（額面：50円）◀―――従業員Y

【原告のA社所有株式数】

昭和62年1月31日現在、発行済株式総数172万8,000株のうちの63万400株を保有する筆頭株主。

【被告：税務署】……譲受価額が低額として原告にみなし贈与課税

評価額は類似業種比準価額＞純資産価額のため、

純資産価額

| 類似……55年（996円）、56年（1,189円） |
| 純資産……55年（693円）、56年（712円） |

㊟　対象会社は大会社に該当

【原告】……約定どおりの額面金額（50円）

【被告の主張：時価について】

①　評価通達によれば、本件株式は、上場株式及び気配相場のある株式のいずれにも該当しないので、取引相場のない株式として評価されることによる。

A社は「大会社」に該当し、かつ、原告は「同族株主」に該当する。したがって、本件株式は、原則的には類似業種比準価額方式により評価されるべきであり、ただ、その

価額が純資産価額方式によって評価した価額を超える場合には、純資産価額方式による価額を採用することもできることになる。

② 　非上場株式の時価評価において、その株式と同様の企業外部の要因が反映された上場株式の価額を基準として、両者の企業内部の要因を比較対照して、比準評価することは合理的であり、かかる見地から評価通達の類似業種比準方式が組み立てられているのであって、この方式には合理性がある。

③ 　純資産価額方式は、個人事業者と同規模の会社の株式もしくは閉鎖性の強い会社の株式で、株式の所有目的が投機や投資を目的としたものではなく、会社支配を目的として所有する株式に適合する評価方法として合理性がある。

【原告の主張：時価について】

① 　本件株式の取得は、A社の従業員持株制度による売戻条件の履行として約定どおりの価額、すなわち1株につき50円で譲り受けたもので、正常な売買であり、その売買価額も当事者間の自由意思によって合意された正常な取引価額そのものであるから、「著しく低い価額の対価」による取得には当たらない。

② 　類似業種比準方式には、取引相場のない株式を上場株式

という基本的に属性の異なる株式の価額に比準させること
には方法上根本的な無理があり、評価通達が評価額に70%
を乗じるという安全係数的なものを導入せざるをえないと
ころにこの評価方法の妥当性の問題点がある。

③　純資産価額方式は、会社解散時における純資産の処分価
値を想定し、それを基準として1株当たりの評価を行うも
のであるが、株式会社においては、会社の解散は容易には
行われないのであるから、この方式にはその前提に問題が
ある。

【裁判所の判断：時価について】

被告の主張する評価方法である類似業種比準方式、純資産
価額方式について、その合理性が認められる。一方、原告の
主張については、株式に譲渡制限があり、従業員は、これを
他に自由に譲渡することはもちろんのこと、A社に売り戻す
場合にも株式の価額を交渉によって決定するということはお
よそ考えられない状況にあったため、認められない。

② 判示要旨

1　相続税法第7条（贈与又は遺贈により取得したものとみなす場合
……低額譲渡）にいう時価とは、当該財産が不特定多数人間で自由
な取引がなされた場合に通常成立すると認められる価額、すなわち
当該財産の客観的交換価値を示す価額をいう。

2　相続税財産評価に関する基本通達が、いわゆる純資産価額方式において、同族株主であるか否かにより異なる評価方法をとることとしていることは、経済的実質に応じて税負担を求めるものであり、公平の原則に反するものではない。

3　相続税法第7条は、相続税の租税回避行為に対する課税を目的としたものであり、そのような意図を持たない本件には適用がない旨の納税者の主張は、同条は著しく低い対価によって財産の取得が行われた場合の実質的贈与に着目して、税負担の公平の見地から贈与とみなす趣旨の規定であり、当事者の具体的な意図、目的を問わずに適用されるのであるから認められない。

4　本件株式の取得は、従業員持株制度による売戻条件の履行として約定どおりの価額（1株50円）で譲り受けたもので、その売買価額も当事者間の自由意思による正常な取引価額であるから、「著しく低い価額の対価」による取得には当たらない旨、納税者は主張するが、A社では、定款に株式を譲渡するには取締役会の承認を要する旨のいわゆる株式の譲渡制限の定めがあったほか、従業員に対する株式の割り当ての際には、これに加えて、1株につき額面額である50円で株式を取得させるとともに、退職する際には1株につき50円でA社に譲り渡すとの約束をさせており、しかも、株式を割り当てられる従業員は、勤務年数10年以上で勤務成績のよい者といった制限がされていたのであるから、A社の株式を取得した従業員は、これを他に自由に譲渡することはもちろんのこと、A社に売り戻す場合にも株式の価額を交渉によって決定するということはおよそ考えられない状況にあったのであり、経済原理的には、価額形成についていえば、およそ売買取引には当たらないというべきである。そうすると、このような状況でなされた取引において、株式の取引価格

126

がみな1株当たり50円であったからといって、このような形態での取引を株価の評価の基準とすべき取引先例であるということはできず、またこのように市場原理に基づかずに形成された価額をもって株式の当時の時価であったということもできない。したがって、原告の主張は認められない。

③　当事者の主張

【被告の主張】

(1)　原告は、昭和55年6月24日Xから、昭和56年1月31日Yから、株式会社A社の株式をそれぞれその額面金額である1株当たり50円で譲り受けた。

(2)　原告の本件株式（Xからの譲受分を以下「昭和55年分」ともいい、Yからの譲受分を以下「昭和56年分」ともいう。）の譲受価額は、次のように、国税庁長官の定めた昭和39年4月25日付直資56直審(資)17「相続税財産評価に関する基本通達」〔昭和56年9月29日付一部改正前のもの（以下「評価通達」という。）〕に基づいて評価算定された価額に比べ著しく低いため、相続税法第7条の規定する場合（贈与又は遺贈により取得したものとみなす場合）に該当し、譲り受けた株式の時価とその譲受価額との差額については、当該譲渡時において各譲渡人から贈与されたものとみなされ、贈与税が課税されるべきものであった。

①　評価通達によれば、本件株式は、上場株式及び気配相場のある株式のいずれにも該当しないので、取引相場のない株式として評価されることになる。そして、昭和55年分については、また昭和56年分については、A社は「大会社」に該当し、かつ、原告は「同族株主」に該当する。したがって、本件株式は、原則的には

類似業種比準価額方式により評価されるべきであり、ただ、その価額が純資産価額方式によって評価した価額を超える場合には、純資産価額方式による価額を採用することもできることになる。

②　類似業種比準価額方式よって、本件株式を評価すると、昭和55年分については、１株当たり996円となり、昭和56年分については１株当たり1,189円となる。

③　純資産価額方式よって、本件株式を評価すると、昭和55年分については１株当たり693円となり、昭和56年分については１株当たり712円となる。

(3)　以上によると、昭和55年分・昭和56年分のいずれについても、純資産価額方式によって評価した場合の方が類似業種比準方式によって評価した場合を下回るので、本件株式の評価は、純資産価額方式によるのが相当である。

【原告の主張・被告主張に対する反論】

(1)　相続税法第７条は、相続税の賦課、納付を回避するために生前に低額で財産の譲渡を受けたり遺贈を受けたりする租税回避行為に対する課税を目的とするものであるが、原告は、従業員持株制度を設けているＡ社の代表取締役であった当時、本件株式を退職した従業員から取得し、次に株式を保有させるべき従業員が決まるまでの間一時的に保有していたにすぎず、本件株式の取得によって利益を得る目的をなんら有していなかったのであるから、本件株式の取得について相続税法第７条の規定の適用はない。

(2)　相続税法第７条にいう「著しく低い価額の対価」に該当するか否かの判断に当たっては、当該財産の譲渡の事情をも考慮する必要があるが、本件株式の取得は、Ａ社の従業員持株制度による売戻条件

の履行として約定どおりの価額、すなわち1株につき50円で譲り受けたもので、正常な売買であり、その売買価額も当事者間の自由意思によって合意された正常な取引価額そのものであるから、「著しく低い価額の対価」による取得には当たらない。

(3)　被告は、本件株式の時価を定めるに当たり、評価通達により、まず、類似業種比準価額方式により評価し、ついで純資産価額方式により評価し、結局後者をもって時価としたが、このような評価方法には、次のような問題があり、右評価額は本件株式の適正な評価とはいえず、これをもって、相続税法第7条、第22条等に規定された時価とはいうことはできない。

①　この価額は、同種事業、同程度の規模・内容の上場企業の株価と比較しても、あまりに高い評価額である。また、A社の事業の地域的範囲は、本社のあるX市とその周辺に限られ、その地域性を無視できないから、本件株式の評価にあたっても、その地域性を加味すべきであるのに、これを考慮していない点でも不当である。さらに、本件株式には取引相場というものがないばかりか、本件株式には譲渡制限があり、流通性はほとんどないし、これまでは例外なく額面額で取引されてきており、評価額で本件株式を換価することは不可能である。また、同一会社の株式について、同族株主か否かにより異なる評価方法をとることは、法の前の平等に反する。

②　類似業種比準方式には、取引相場のない株式を上場株式という基本的に属性の異なる株式の価額に比準させることには方法上根本的な無理があり、評価通達が評価額に70％を乗じるという安全係数的なものを導入せざるをえないところにこの評価方法の妥当性の問題点がある。また、類似業種比準方式においては、配当、

利益及び純資産額を比準要素としているが、市場における株価は、業界の動向、市場占有率、競争力、経営の質、将来の発展性、流動性などによっても決定されるものであるのに、これらの要素は全く反映されていない。さらに、標本会社の選択においても、資産の構成、収益の状況、資本金額、事業規模等の類似性が考慮されていない。

③　純資産価額方式は、会社解散時における純資産の処分価値を想定し、それを基準として1株当たりの評価を行うものであるが、株式会社においては社員の退社ということは法律上認めておらず、会社の解散も容易には行われないのであるから、この方式にはその前提に問題がある。また、株主が会社財産を株主個人の財産と同様に自由に処分し換金できるという考え方に立脚している点でも、問題がある。

(4)　本件株式の1株の額面金額は、昭和22年のA社の設立以来、昭和58年に至るまで50円であり、その売買は、すべて右額面金額を売買代金として取引されてきた。この間、A社では、被告からの株式の移動の照会に対して事実を回答していたが、被告は、A社の株式の右のような取り扱いを問題としたことはなく、このような取引を一貫して是認してきたのであり、しかも、歴代の担当者は再三にわたりそのような取り扱いをするよう行政指導してきた。にもかかわらず、突如として、被告が本件各処分をしたことは、被告の税務行政に対する原告の信頼を裏切るもので、信義則に反する。

【被告の主張・原告の反論に対する再反論】

(1)　原告は、本件株式の取得について相続税法第7条の規定の適用はないと主張するが、相続税法は、同法第7条ないし第9条の規定において、贈与に該当しない財産の取得であっても、実質的に贈与と同様の経済的効果をもたらす行為については贈与とみなすことによって課税の公平な負担をしており、財産を贈与した個人とその贈与により財産を取得した個人の続柄はもとより、その贈与が相続税を回避するものであるか否かにかかわらず、贈与税を課税する旨を規定したものであることは明白である。

(2)　原告は、本件株式の取得は正常な売買によるものであり、その売買価額も当事者間の自由意思によって合意された正常な取引価額そのものであるから、これをもって時価とすべきであるという。しかし、本件株式の売買価額は、A社の役員及び従業員相互間に限定された約定に基づく価額であって、不特定多数の当事者間の自由な取引により形成される価額にはほど遠く、当該株式自体の価値要因等を全く勘案していないものであるから、当該価額をもって本件株式の時価とはいえない。

(3)　原告は、被告の評価方法を適正でないというが、上場株式の価額は収益価値・配当価値・純資産価値といった企業内部の要因と、景気変動、経済政策、国際収支、金融情勢、外国為替の変動、国内政局、国際政局、株式市場の動向などの企業外部の要因とからなるものであるが、これらは非上場株式にも共通するものであることにかんがみれば、非上場株式の時価評価において、その株式と同様の企業外部の要因が反映された上場株式の価額を基準として、両者の企業内部の要因を比較対照して、比準評価することは合理的であり、かかる見地から評価通達の類似業種比準方式が組み立てられている

のであって、この方式には合理性がある。また、純資産価額方式は、個人事業者と同規模の会社の株式もしくは閉鎖性の強い会社の株式で、株式の所有目的が投機や投資を目的としたものではなく、会社支配を目的として所有する株式に適合する評価方法ということができる。

　A社は、土木工事を主体とする建設業者であり、各事業年度とも相当の利益をあげている経営状況の良好な会社である。本件株式の譲渡時期に最も近い事業年度（昭和54年7月1日から同55年6月30日まで）における株主配当は年10割の配当であり、かつ、1株（額面金額50円）当たりの純資産価額は679円となっており、このような莫大な自己資本を有し高率配当を行つている法人はM県内でもきわめて稀であって、その経営内容は上場会社に勝るとも劣るものではない。

　このような会社の株式をその額面金額をもって時価と認識することは適当でない。

④　**裁判所の判断**
前述の**判決内容**参照。

ポイントの整理

Point 1▶ 本判決は、前述の事例1（101ページ参照）と同様に同族関係のない者（本件は従業員）からの買取りでした。本件の株式売買価額は従業員持ち株制度による買戻し条件の履行であり、株式売買価額についても当事者間の自由意思により決定された正常なものであると原告は主張しましたが、裁判所は先例（旧額面での買取り）があったとしても市場原理に基づき形成された価額ではないとして、原告の主張を認めませんでした。

事例1同様、時価の論証には難しいものがあります（86ページ参照）。

なお、時価については財産評価基本通達の合理性が認められ、相続税評価額とされました。

Point 2▶ 譲受人の元代表者は同族株主ですので、原則的評価方式による株価となりました。類似業種比準価額よりも純資産価額が少額であったため、純資産価額とされました。

> (注) 仮に同族株主以外の者が譲受者の場合は、特例的評価方式（配当還元方式）による株価になると考えられます。

Point 3▶ 相続税法第7条は租税回避の問題が生じるような場合に適用になり、本件はそのような意図を持たないため適用とならないといった原告の主張は認められませんでした。

つまり、同法は当事者の具体的な意図、目的は問わないということです。

（会長から同族関係のない者へ株式を譲渡する場合の時価）
3　同族会社の役員から非同族株主に同社株式の譲渡があったところ相続税法第7条を適用し更正処分がなされたが、取り消された事例（売買事例採用の可否含む）

平成17年10月12日　東京地裁判決（確定）

内容に入る前に

　事例1（101ページ参照）、2（121ページ参照）は、同族株主が同族株主以外の株主から株式を取得した事例でしたが、今回の事例はそれとは反対です。

　つまり、同族株主以外の者が同族株主から株式を取得したケースです。

　例えば、会社の大部分の株式を所有している代表取締役から一部の役員、従業員、信頼できる取引先等に株を譲渡し保有してもらうといったケースもあります。このような場合、これらの譲受者が同族株主に該当しないときは、その譲受者にとっての時価の算定は、財産評価基本通達に基づき配当還元方式になるものと考えられます。

　そのため、実際の売買価額がこの配当還元方式の価額を下回る場合（一般的には稀だと思いますが……）は、実際の売買価額と時価（このケースでは配当還元価額）との差額について贈与税が課税されることとなります。

　関連する相続税法第7条では、次のように規定されています。

134

> **（贈与又は遺贈により取得したものとみなす場合）**
>
> **第7条**　<u>著しく低い価額</u>の対価で財産の譲渡を受けた場合においては、当該財産の譲渡があつた時において、当該財産の譲渡を受けた者が、当該対価と当該譲渡があつた時における当該財産の<u>時価</u>（当該財産の評価について第3章に特別の定めがある場合には、その規定により評価した価額）<u>との差額に相当する金額を当該財産を譲渡した者から贈与</u>（当該財産の譲渡が遺言によりなされた場合には、遺贈）<u>により取得したものとみなす。</u>（以下略）

　ここでポイントとなるのは、アンダーラインの「**著しく低い価額**」と「**時価**」の考え方及び最後の「**みなす**」のところです。

⑴　「著しく低い価額」の判断については、前述したように相続税評価額の譲渡は「著しく低い価額」には該当しないと考えられます。ここで相続税評価額は、譲受者が同族株主であれば原則的評価方式（類似業種比準方式、純資産価額方式）となり、同族株主以外であれば特例的評価方式（配当還元方式）となります。

⑵　「時価」については通常の取引価額（客観的交換価値）となりますが、非上場の株式の場合、一般的な取引市場がないため、通常の取引価額の算定は非常に困難であり、結果として、財産評価基本通達の合理性を認め、その価額を時価と判断する裁決・判決は多くあります。

> （注）　個人法人間の譲渡の場合は、財産評価基本通達を準用する方法（所基通23〜35共−9、59−6、法基通9−1−13、9−1−14）の合理性を認め、その価額を時価とする裁決・判決は多くあります。

(3)　相続税法第7条は贈与と「みなす」規定ですので、当事者間の贈与の意思は必要はなく、また、第三者間の譲渡か否かは問いません。

　　　なお、本事例では上記の論点とは別に株式の売買実例価額が認められるか否か（課税庁は売買実例が時価と主張）についても争われました。

判決内容

1　事案の概要・結果

　本件は、同族会社の会長から取引先のオーストラリア人に株式が譲渡されました。売買価額は配当還元価額を上回っていました。

　被告（税務署）は、株式の売買事例（取引先の銀行に対するもの・類似業種比準価額に近似）をもとに更正処分しました。

　裁判所は、上記売買事例を通常の取引価額とは判断せず原告の主張を認めました。

【売買内容】

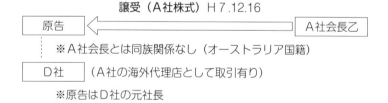

譲受（A社株式）H7.12.16

原告　←　A社会長乙

※A社会長とは同族関係なし（オーストラリア国籍）

D社　（A社の海外代理店として取引有り）

※原告はD社の元社長

○　売買価額……1株100円（総額6,300万円・63万株）

【被告・税務署】……低額譲渡とし原告に対し贈与税の決定処分
　　　　　　　　　　（1株735円と判断）

【原告・納税者】……売買価額1株100円の正当性主張

【被告の主張】

①　本件売買取引により原告が取得した地位は、A社の事業経営に相当の影響力を与え得るものであり、配当還元方式が本来適用を予定している少数株主（同族株主以外の株主）の地位と同視できない。その根拠は、1）原告がA社における譲渡人の地位を裏付けていた株式のほとんどを取得し、同社における個人株主の中で保有株式数の最も多い筆頭株主の地位を得たこと、並びに2）原告が譲渡人及び譲渡人の相続人から借入債務の保証の便宜を受けることにより、実質的な金銭的支出を行うことなく本件株式を取得したことである。

②　本件株式には、他に売買実例がありこの実例におけるA社の株式の売買価額は客観的時価を適切に反映しており、配当還元方式による評価額はこれより著しく低額であるから、このこと自体が配当還元方式によらない特別の事情に当たる。

【原告の主張】

保有株式数を前提とする限り、同族以外の株主と評価されるべきなのであるから、評価通達の定めを適用すると、本件株式の価額は、配当還元方式により評価されるべきこととなる。これにより算出される本件株式の価額は、1株当たり75円と認められるから、上記評価額を上回る1株当たり100円の対価で行われた本件売買取引は、相続税法第7条にいう「著しく低い価額の対価で財産の譲渡を受けた場合」に該当しない。

【裁判所の判断】

① 本件売買取引後のA社における株式の保有割合は、B社、C社、譲渡人及び譲渡人の親族を併せた合計が47.9%とほぼ全体の半分を占めるのに対して、原告はわずか6.6%の割合にすぎず、また、B社及びC社における株式の保有割合をみても、譲渡人ないし譲渡人の親族が合計でそれぞれ75.0%、59.7%であるのに対して、原告はそれぞれ7.5%、25.3%にとどまっているのであるから、このような数値を見る限り、譲渡人の親族でもない原告が、A社の事業経営に実効的な影響力を与え得る地位を得たものとは到底認められない。

② 借入債務の保証についても、金利等のコストの安い日本の銀行から借り入れるための便宜的なものであり、理由がある。

③　本件株式のように取引相場のない株式については、その客観的な取引価格を認定することが困難であるところから、通達においてその価格算定方法を定め、画一的な評価をしようというのが評価通達の趣旨である。そして、他により高額の取引事例が存するからといって、その価額を採用するということになれば、評価通達の趣旨を没却することになることは明らかである。

④　被告の処分を取り消す。

②　前提となる事実

①　原告はオーストラリア国籍、同国に住所。Ａ社会長乙よりＡ社株式を１株100円（総額6,300万円・63万株）を譲受（H7.12.16売買）

②　被告は①の取引を低額譲渡とした（１株735円が時価と判断）

③　売買取引に関連する事実

・　Ａ社の発行株式数は960万株、券面額は50円、資本金４億8,000万円

・　同社の関連会社としてＢ社、Ｃ社（Ｃ社の事務所はオランダ）がある。

・　Ｄ社は原告の祖父が設立、原告はＨ６年まで社長。Ｄ社はＡ社の海外代理店として電子秤を独占的に販売

・　原告は、Ｂ社及びＣ社の株式も譲り受けている。

・　原告は、Ｆ社名義で6,600万円を借り入れ、Ａ社会長である譲渡人はＦ社の債務保証をした。

・　Ａ社会長はＨ６年中に以下のとおりＡ社の株式を売買している。

　㋐　平成６年７月27日付け（受渡日同日）で、Ｈ銀行に対し、Ａ

社の株式8万株を総額6,344万円（1株当たり793円）で売却

　㈦　平成6年7月28日付け（受渡日同年8月2日）で、I社に対し、A社の株式2万5,000株を総額1,990万円（1株当たり796円）で売却

　㈪　平成6年7月28日付け（受渡日同年8月2日）で、J銀行に対し、A社の株式2万5,000株を総額1,990万円（1株当たり796円）で売却

　㈫　平成6年9月19日付け（受渡予定日同月20日）で、E銀行に対し、A社の株式1万6,000株を総額1,268万8,000円（1株当たり793円）で売却

　㈬　平成6年9月20日付け（譲渡年月日同日）で、K社に対し、A社の株式6万4,000株を総額5,075万2,000円（1株当たり793円）で売却

③　判示要旨

1　評価通達に定められた評価方法が合理的なものである限り、これは時価の評価方法として妥当性を有するものと解される。そして、これを相続税法第7条との関係でいえば、評価通達に定められた評価方法を画一的に適用するという形式的な平等を貫くことが実質的な租税負担の公平を著しく害する結果となるなどこの評価方法によらないことが正当と是認されるような特別の事情のない限り、<u>評価通達に定められた合理的と認められる評価方法によって評価された価額と同額か、又はこれを上回る対価をもって行われた財産の譲渡は、相続税法7条にいう「著しく低い価額の対価で財産の譲渡を受けた場合」に該当しないものというべきである。</u>

2　被告は、本件売買取引により原告が取得した地位は、A社の事業

経営に相当の影響力を与え得るものであり、配当還元方式が本来適
用を予定している少数株主（同族株主以外の株主）の地位と同視す
ることはできないと主張する。

　しかし、被告がその主張の根拠とする原告が本件売買取引により
個人株主として筆頭株主の地位を得たことについては、本件売買取
引後のＡ社における原告の株式保有割合はわずか6.6％の割合にす
ぎず、また、Ｂ社及びＣ社における原告の株式保有割合も、それぞ
れ7.5％、25.3％にとどまっているのであるから、このような数値を
見る限り、譲渡人の親族でもない原告が、Ａ社の事業経営に実効的
な影響力を与え得る地位を得たものとは認められない。

3　また、被告は、原告は譲渡人等から借入債務の保証の便宜を受け
ることにより、実質的な金銭的支出を行うことなく本件株式を取得
したことを根拠として主張するが、原告の本件借入れに関する説明
自体に格別不自然、不合理な点もなく、原告がＡ社の事業経営に相
当の影響力を与え得るほどに譲渡人と密接な関係にあったとまでい
うことはできない。したがって、原告は、会社に対する直接の支配
力を有せず、配当の受領以外に経済的利益を享受することのない少
数株主に当たるというべきである。

4　仮に本件売買取引の売買価額が評価通達に定める配当還元方式に
よって決定されたものであったとしても、それが評価通達の原則的
な評価方法である以上、不合理な価額決定の方法ということはでき
ないし、売買契約が譲渡人側の相続・事業承継対策の一環として行
われたということが、本件売買取引が実質的に贈与に等しいとか、
贈与税の負担を免れる意図が存したということには直ちにつながる
ものではない。

5　被告は、本件売買実例におけるＡ社の株式の売買価額は客観的時

価を適切に反映しており、配当還元方式による評価額はこれより著しく低額であるから、このこと自体が特別の事情に当たると主張する。しかしながら、本件株式の評価については、評価通達の定めに従い、配当還元方式に基づいてその価額を算定することに特段不合理といえるような事情が存しないにもかかわらず、他により高額の取引事例が存するからといって、その価額を採用するということになれば、評価通達の趣旨を没却することになることは明らかであり、仮に他の取引事例が存在することを理由に、評価通達の定めとは異なる評価をすることが許される場合があり得るとしても、それは、当該取引事例が、取引相場による取引に匹敵する程度の客観性を備えたものである場合等例外的な場合に限られるものというべきである。

6　本件5件の売買実例は、実質的にみれば、わずか3件の取引事例にすぎず、この程度の取引事例に基づいて、主観的事情を捨象した客観的な取引価格を算定することができるかどうかは、そもそも疑問であるといわざるを得ない

7　以上のとおり、本件株式について評価通達に定められた評価方法によらないことが正当と是認されるような特別の事情があるとはいえず、本件売買取引は、相続税法第7条の「著しく低い価額の対価で財産の譲渡を受けた場合」には該当しない。

④　当事者の主張を踏まえた裁判所の判断

(1)　原告は、その保有株式数を前提とする限り、同族以外の株主と評価されるべきなのであるから、評価通達の定めを適用すると、本件株式の価額は、配当還元方式により評価されるべきこととなり、これにより算出される本件株式の価額は、1株当たり75円と認められ

るから、評価通達に定められた評価方法によらないことが正当と是認されるような特別の事情のない限り、上記評価額を上回る1株当たり100円の対価で行われた本件売買取引は、相続税法7条にいう「著しく低い価額の対価で財産の譲渡を受けた場合」に該当しないことになる。被告は、本件では上記の「特別の事情」があると主張するので、以下、被告の主張に沿って検討する。

(2)　被告は、まず、本件売買取引により原告が取得した地位は、A社の事業経営に相当の影響力を与え得るものであり、配当還元方式が本来適用を予定している少数株主（同族株主以外の株主）の地位と同視できないと主張し、その根拠として、①原告がA社における譲渡人の地位を裏付けていた株式のほとんどを取得し、同社における個人株主の中で保有株式数の最も多い筆頭株主の地位を得たこと、並びに②原告が譲渡人及び譲渡人の相続人から借入債務の保証の便宜を受けることにより、実質的な金銭的支出を行うことなく本件株式を取得したことを挙げる。

　しかしながら、①については、本件売買取引後のA社における株式の保有割合は、B社、C社、譲渡人及び譲渡人の親族を併せた合計が47.9％とほぼ全体の半分を占めるのに対して、原告はわずか6.6％の割合にすぎず、また、B社及びC社における株式の保有割合をみても、譲渡人ないし譲渡人の親族が合計でそれぞれ75.0％、59.7％であるのに対して、原告はそれぞれ7.5％、25.3％にとどまっているのであるから、このような数値を見る限り、譲渡人の親族でもない原告が、A社の事業経営に実効的な影響力を与え得る地位を得たものとは到底認められない。

　また、②についても、原告は、本件借入につき譲渡人の保証を得た経緯について、金利等のコストの安い日本の銀行から借り入れる

ために、日本の銀行と取引のある譲渡人に便宜上保証人になっても
らったものと説明しているところであり、その説明自体に格別不自
然、不合理な点はなく、保証契約に付された約定の内容も、保証契
約書の定型書式の記載内容や銀行取引の実情等に照らして特におか
しいものとはいえず、借入金の利息の返済は原告自らが行っており、
他方保証人である譲渡人ないしその相続人が借入金の一部でも現に
返済したような事情は認められないから、原告が譲渡人及び譲渡人
の相続人から保証の便宜を受けることによって、実質的な金銭的支
出を行うことなく本件株式を取得したとはいえず、またこのような
事実経緯から、原告がＡ社の事業経営に相当の影響力を与え得るほ
どに譲渡人と密接な関係にあったとまでいうことも困難である。

　むしろ、上述した原告のＡ社における株式の保有割合や、Ａ社に
おいては株式の譲渡につき取締役会の承認を要することとされてい
ることに照らせば、原告は、譲渡人及びその親族らのような同族株
主とは異なり、会社に対する直接の支配力を有さず、当面、配当を
受領すること以外に直接の経済的利益を享受することのない少数株
主であり、その取得及び保有する株式の評価につき、評価通達の定
める配当還元方式が本来的に適用されるべき株主に該当するものと
いうべきである。

(3)　次に、被告は、本件売買取引は実質的には贈与に等しく、贈与税
の負担を免れるため評価通達による評価額を上回ればよいとの基準
で価格を定めたものにすぎず、このような場合にまで評価通達を形
式的に適用すると租税負担の実質的な公平を害すると主張し、その
根拠として、①本件売買取引の株価決定経緯に関する原告の説明は
信用できず、異議申立て及び審査請求の際には評価通達に定める配
当還元方式によって決定した旨を明言しており、平成５年12月期の

配当金額10円に評価通達の配当還元方式を適用すると１株当たり100円が算出されること、②A社が高率の利益配当を行っている優良企業であることや、低金利の経済情勢からすると、10％という高い資本還元率が設定されている評価通達どおりの配当還元方式で株価を算定する経済的合理性がないこと、③A社の取引先ないしその関係者であるという本件売買実例に係る金融機関等との共通性からみても、原告に対してのみ著しく低い価格で株式を譲渡する経済的合理性がないこと、④本件売買取引前後の事情として種々の不自然な点が認められること、⑤本件売買取引が譲渡人側の相続・事業承継対策の一環として行われたものであることを挙げる。

　しかしながら、①仮に、本件売買取引の売買価額が評価通達に定める配当還元方式によって決定されたものであったとしても、それが評価通達において同族株主以外の株主が取得した株式についての原則的な評価方法である以上、不合理な価額決定の方法ということはできないし、②個々の非上場会社について当該会社に適用すべき最も適切な資本還元率を個別に設定することは極めて困難なことであって、そのためにこそ、課税実務上は、評価通達において一律に10％という基準を設定しているものと解されるのであるから、A社に適用すべき最も適切な資本還元率についての特段の具体的な立証のない本件において、10％という資本還元率を用いることが直ちに経済的合理性を欠くものということもできず、③同じ株式の売買取引であっても、その取引に向けられた当事者の主観的事情は様々であるから、株式の譲渡価格が買主ごとに異なること自体は何ら不合理なことではない。また、④被告の主張する本件売買取引前後の諸事情は、これに対する原告の主張や前記⑵で本件借入について説示したところに照らすと、直ちに不自然、不合理なものとはいえない

し、⑤売買取引が譲渡人側の相続・事業承継対策の一環として行われたということが、本件売買取引が実質的に贈与に等しいとか、贈与税の負担を免れる意図が存したということに直ちにつながるものではない。

(4)　さらに、被告は、本件売買実例におけるＡ社の株式の売買価額は客観的時価を適切に反映しており、配当還元方式による評価額はこれより著しく低額であるから、このこと自体が特別の事情に当たると主張する。

　　　しかしながら、本件株式のように取引相場のない株式については、その客観的な取引価格を認定することが困難であるところから、通達においてその価格算定方法を定め、画一的な評価をしようというのが評価通達の趣旨であることは前説示のとおりである。そして、本件株式の評価については、評価通達の定めに従い、配当還元方式に基づいてその価額を算定することに特段不合理といえるような事情は存しないことは既に説示したとおりであるにもかかわらず、他により高額の取引事例が存するからといって、その価額を採用するということになれば、評価通達の趣旨を没却することになることは明らかである。したがって、仮に他の取引事例が存在することを理由に、評価通達の定めとは異なる評価をすることが許される場合があり得るとしても、それは、当該取引事例が、取引相場による取引に匹敵する程度の客観性を備えたものである場合等例外的な場合に限られるものというべきである。

　　　そこで検討すると、本件売買実例におけるＥ銀行の購入株価（１株当たり793円。なお、この金額は、Ｈ銀行及びＫ社の購入株価と同額である。）は、評価通達に定める類似業種比準方式に準じて算出された価格により決定されたものであり、Ｊ銀行の購入株価（１

株当たり796円。なお、この金額は、Ｉ社の購入株価と同額である。）
は、評価通達に定める類似業種比準方式に準じて算出された価格
（806円）と純資産価額（資産の額と負債の額との差額）から算出さ
れた価額（796円）とを比較した上で決定されたものであることが
認められるが、Ｋ社はＥ銀行の関連会社であり、Ｉ社はＪ銀行の関
連会社であることを考えると、本件売買実例は、実質的に見れば、
わずか３つの取引事例というのにすぎず、この程度の取引事例に基
づいて、主観的事情を捨象した客観的な取引価格を算定することが
できるかどうかは、そもそも疑問であるといわざるを得ない（なお、
この種の主張は、他の訴訟において課税庁自身がしばしば主張して
いるものであることは当裁判所に顕著である。）。この点につき、被
告は、本件売買実例においては、類似業種比準方式に準ずる方式や
純資産を基準とする方式によって算定された株式価格に基づいて売
買価格が決定されているのであるから、その価格は客観性を有する
という趣旨の主張をしているが、これらの評価方法は、評価通達に
おいて、同族株主以外の株主が取得した株式の評価方法としては必
ずしも適当ではないものとして位置付けられていることは既に指摘
したとおりなのであるから、類似業種比準方式や純資産方式が、株
式評価方法として一般的な合理性を有しているから、それに基づく
価額が、本件株式の価額を決定するに足りる客観性を有するとする
のには論理の飛躍がある。むしろ、ここで問題とされるべきなのは、
本件売買実例には、同族株主以外の株主として、配当収入以外には
期待すべきものがないにもかかわらず、その取得株式を類似業種比
準方式や純資産方式に基づいて算定した価額によって評価すること
が正当化されるほどの客観性が備わっているかどうかという点であ
るところ、この点を肯定するに足りるだけの事情は認められないも

のといわざるを得ない。

　もっとも、同族株主以外の株主という点では、Ｅ銀行、Ｊ銀行及びＨ銀行も原告と異ならないわけであるから、これら３行がなぜ高額な対価によってＡ社の株式を取得したのかについては疑問がないとはいえないので、念のためこの点について検討してみると、Ｊ銀行とその系列のＩ社がＡ社の株式を譲渡人から譲り受けるに際しては、Ａ社がＪ銀行から２億円程度の借入を実施することが株式売買の条件とされており、現に、株式売買後の平成６年９月にはＪ銀行からＡ社に２億円の融資が実行され、当該融資実行当時の利息を基準にすると、Ｊ銀行とＩ社が支払った株式売買代金合計3,980万円は、６年２か月のうちに利息収入によって回収することが可能であったものであり、Ｊ銀行（その後統合された銀行を含む。）のＡ社に対する融資はその後も継続され、平成13年には融資残高が10億4,000万円（Ａ社の借入残高全体のうちの23％）になったことが認められ、他方、Ｅ銀行がＡ社の株式を譲渡人から譲り受けるに際しても、同じころに株式を譲り受けたＨ銀行とともに、その他の銀行との取引を極力両銀行に集約するという了解がＡ社との間に存在し、Ｅ銀行及びＨ銀行（その後統合された銀行を含む。）のＡ社に対する融資残高は、平成６年の株式売買当時は19億円であったものが、平成13年には30億9,000万円となり、Ａ社の借入残高全体に占める割合も、平成６年当時には58％であったものが、平成９年以降は70％前後ないし80％を超える割合となり、借入以外の取引についても、平成８年にＡ社の東京勤務社員の活動費振込口座をＥ銀行ｂ支店に開設するなどの取引が継続して行われていることが認められるから、これらの取引上の見返りに対する銀行側の期待が株価の決定に影響した可能性は十分に考えられるところであるし（なお、被告は、原告も、

D社とA社との取引の継続を期待して本件株式を取得したのである
から、その利益状況は、上記3行と異ならないと主張するかもしれ
ない。しかしながら、D社と上記3行とで期待する経済的利益が同
一であるとは限らないうえ、取引の相手方である法人そのものが株
式を取得した場合と、その代表者等が株式を取得した場合とでもそ
の利益状況は異なるものというべきであるから、上記の主張もその
まま採用することはできないものといわざるを得ない。）、さらに、
株価の決定に当たって法人税の課税処理上の考慮が働いた可能性も
考えられる。被告は、譲渡人側が相続・事業承継対策のために銀行
側に保有株式の買い取りを申し込んだことが本件売買実例に係る売
買取引成立の端緒となったことから、売主側に売却すべき事情があ
ることを知っていた買主があえて通常の取引価格より高い金額で取
引したとは考えられない旨を主張するが、買主の側に上記のような
見返りの期待がある場合には、売買取引の成立を確実なものにする
ために、あえて売主に有利な高い価額を提示することもあり得るこ
とであるから、被告の主張するようには直ちには断定できない。そ
うすると、本件売買実例におけるA社の株式の売買価額が、冒頭で
記載したような意味での客観性を備えたものであるとはいえないか
ら、この点に関する被告の主張は前提において失当である。

(5)　以上のとおりであって、被告の主張をすべて考慮しても、本件株
式について評価通達に定められた評価方法によらないことが正当と
是認されるような特別の事情があるとはいえない。したがって、本
件売買取引は、相続税法第7条の「著しく低い価額の対価で財産の
譲渡を受けた場合」には該当しないから、本件決定処分は違法であ
り、取消しを免れない。

ポイントの整理

Point 1▶ 事例1（101ページ参照）、2（121ページ参照）及び本判決の内容を比較すると明確ですが、同族株主の譲受人としての時価は原則的評価額（類似業種比準価額、純資産価額）であり、同族株主以外の株主の譲受人としての時価は特例的評価額（配当還元価額）として、課税関係が整理されています。

Point 2▶ 被告（税務署）が主張した時価は、取引先の銀行との売買実例でしたが、裁判所は、銀行が高額で株式を取得した理由として、本件A社に対しての融資の増大（貸付金利収入の増大）があり、また、売買事例として件数が少なく通常の取引価額を示すには至らないと判断しました。

Point 3▶ 多くの判決、裁決で共通するところですが、売買事例が時価と認められるケースはほとんど無く、財産評価基本通達の位置付けは非常に重いものとなっています。

（代表取締役が株式を取引先の会社から低額で譲受け）
4　非上場株式について、純資産価額（相続税評価額）を参酌した価額と取引価額との差額に対応する金額を経済的利益として一時所得と認定した事例　　平成15年11月20日　裁決

内容に入る前に

　譲受者は、事例1（101ページ参照）、2（121ページ参照）と同じく同族株主の個人ですが、譲渡者は同族株主以外の法人です。

　会社の代表者が、取引先の会社に保有してもらっていた自社の株式を何らかの理由で買取るケースがあります。

　このような場合、これらの譲受者が同族株主に該当するときは、その譲受者にとっての時価の算定は、本来は、通常の取引価額となるところ、市場性が無いことから、所得税基本通達23〜35共-9に基づき算定するものと考えられます。その際、一般的に売買実例がないことから、同通達(4)二により、純資産価額等を参酌した価額になるものと考えられます。

　そのため、実際の売買価額がこの価額を下回る場合は、実際の売買価額と時価との差額について経済的利益を受けたこととなり、また、法人から受ける利益ですので、基本的には一時所得になると考えられます。

　関連する所得税法第36条第1項、同法第34条第1項では、次のように規定されています。

┌─ 所得税法 ─────────────────────────────────┐

（収入金額）

第36条　その年分の各種所得の金額の計算上収入金額とすべき金額又は総
　　　収入金額に算入すべき金額は、別段の定めがあるものを除き、その年に
　　　おいて収入すべき金額（金銭以外の物又は権利その他経済的な利益をも
　　　つて収入する場合には、その金銭以外の物又は権利その他経済的な利益
　　　の価額）とする。

2　前項の金銭以外の物又は権利その他経済的な利益の価額は、当該物若
　　　しくは権利を取得し、又は当該利益を享受する時における価額とする。
　　　（以下略）

（一時所得）

第34条　一時所得とは、利子所得、配当所得、不動産所得、事業所得、給
　　　与所得、退職所得、山林所得及び譲渡所得以外の所得のうち、営利を目
　　　的とする継続的行為から生じた所得以外の一時の所得で労務その他の役
　　　務又は資産の譲渡の対価としての性質を有しないものをいう。（以下略）

└───────────────────────────────────┘

裁決内容

1　事案の概要・結果

　本件は、Ｅ社の代表取締役（請求人）がＦ社（同族関係なし）から
Ｅ社株式を購入する当たっての株価が時価に比較し低いとして、一時
所得が課税されたものです。

　請求人は第三者間の自由な経済取引であるため、売買価額が時価と
主張しましたが、審判所はそれを認めませんでした。

　株式の時価については、純資産価額（相続税評価額）を参酌した価
額とされました。

② 事実関係とそのポイント

【売買内容】

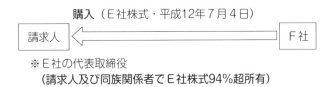

購入（E社株式・平成12年7月4日）

請求人 ⇐══════════════════ F社

※E社の代表取締役
（請求人及び同族関係者でE社株式94%超所有）

① 購入株数……2,400株（1株当たり500円、総額1,200,000円）
② 本件株式の額面金額は500円である。
③ 課税時期において、E社は、資本金4,000万円、発行済株式総数 80,000株の同族会社

【原処分庁の主張】

> ① 請求人は、本件取引において、本件株式の1株当たりの取得価額500円と時価14,593円との差額を経済的利益として享受したことになり、この所得は一時所得に該当する。
>
> ② E社とF社は、両者が株式を持ち合う意図をもってそれぞれの株式を保有していたものであって、請求人は、E社の代表取締役の立場で、本件株式を取得することによって株式の持ち合いを解消し、自社支配を強化するため本件取引を行ったものと認められるから、本件取引は、利害関係のない第三者間の取引とは認められない。

【請求人の主張】

> 本件取引価額が利害関係のない第三者間の自由な経済取引によって成立した価額であり、それが客観的交換価値である時価そのものである。

【審判所】……原処分庁の主張を支持。

③ 裁決要旨

　請求人は、請求人が代表取締役となっているＥ社の株式をＦ社から取得した本件取引は、利害関係のない第三者間の自由な経済取引であり、このような取引において成立した価額は客観的交換価値である時価そのものといえるから、請求人には経済的利益は発生しない旨主張する。

　ところで、所得税法第36条第1項に規定する経済的利益には、資産を低い対価で譲り受けた場合におけるその資産のその時における価額、すなわち時価とその対価の額との差額に相当する利益が含まれると解される。また、時価とは、その時点における客観的交換価値を指すものと解すべきであり、この交換価値とは、それぞれの財産の現況に応じ、不特定多数の当事者間において自由な取引が行われる場合に通常成立すると認められる価額であって、いわゆる市場価格をいうものと解される。

　ところが、E社の株式は、取引相場のない株式であり、かつ、適正と認められる売買実例及び類似法人で株式等の価額がある株式とは認められないので、所得税基本通達23〜35共−9により純資産価額等を参酌して通常取引されると認められる価額を算定するのが相当であり、その価額の具体的な算定に当たっては、財産評価基本通達178以下の例によるのが相当である。

　そして、財産評価基本通達により算定したE社株式の時価と本件取引価額との差額に相当する金額については、経済的利益として享受したものと認められ、この経済的利益に係る所得は、利子所得、配当所得、不動産所得、事業所得、給与所得、退職所得、山林所得及び譲渡所得のいずれにも該当せず、かつ、営利を目的とする継続的な行為から生じた所得以外の一時の所得であって、労務その他の役務又は資産の譲渡の対価としての性質を有しないものであるから、所得税法第34条第1項に規定する一時所得に該当する。

④　当事者の主張

【請求人（納税者）の主張】

　原処分は、次の理由により違法であるから、その全部の取消しを求める。

　㋑　本件取引は、利害関係のない第三者間の自由な経済取引であり、本件取引価額は、このような自由な経済取引によって成立した価額であるから、客観的交換価値である時価そのものといえる。

　　　したがって、請求人に経済的利益は発生していない。

　㋺　これに対して、原処分庁は、本件取引が株式の持ち合いを解消し、自社支配を強化するために行われた取引であって、利害関係のない第三者間における自由な経済取引ではない旨主張するが、

次のとおり、その主張は失当である。

A　F社がE社の株式を保有していたのは、株式の持ち合いにより E社の資産を間接的に支配することを目的とするものではなく、専らE社から支払われる配当金の受領のみを目的とするものである。

また、両者が保有していた株数は持ち合いといえるほどのものではない。

B　さらに、E社の株式は、課税時期において、請求人とその同族関係者が既に94％を超える株式を有しており、法的支配権を強化すべき必要性もなかったものであるから、本件取引は、本件株式の取得により自社支配することを目的で行われたものではない。

本件取引は、F社とE社との間に取引がなかったことから、E社の先代社長であったGの死亡を契機として、単に株式の散逸防止目的で行われたものである。

(ハ)　また、請求人は、平成7年4月に、個人の少数株主からの買取り要請に応じてE社の株式を1株当たり3,000円で取得している。

この取引価額は、創業当時からの様々な条件を加味して決定されたため高めに働いたといえるが、それであっても1株当たり3,000円でしか成立しなかったものである。

原処分庁が時価と主張する1株当たり14,593円は、この取引価額と大きくかい離している。

(ニ)　さらに、本件取引の直前において、F社が保有する本件株式の時価を財産評価基本通達（以下「評価基本通達」という。）に定める配当還元方式に従って算定してみると、本件取引価額と同額になる。

そうすると、Ｆ社にとっては本件株式を時価で譲渡したといえるから、本件取引において、Ｆ社は、取引の相手先に経済的利益を供与した事実がないこととなる。

そうだとすれば、本件取引の相手先である請求人にも経済的利益の享受はなかったとすることが常識的な判断である。

【原処分庁の主張】

原処分は、次の理由により適法であるから、審査請求を棄却するとの裁決を求める。

(イ)　経済的利益の有無

A　取引相場のない株式の時価

「時価」とは、一般的に譲渡資産等の客観的交換価値を指すものと解すべきであるが、取引相場のない株式については、客観的交換価値の把握は極めて困難である。

この場合、売買実例がなく、また、その株式等の発行法人と事業の種類、規模、収益の状況等が類似する他の法人（以下「類似法人」という。）の株式等の価額もないものについては、評価基本通達に定める純資産価額を参酌して評価するのが合理的である。

B　本件株式の時価

(A)　本件株式は、取引相場のない株式であり、本件取引と比較できる売買実例がなく、また、類似法人の株式の価額もないことから、評価基本通達で定める純資産価額を参酌して評価するのが合理的である。

(B)　そうすると、本件株式の時価（課税時期現在の１株当たりの純資産価額（相続税評価額によって計算した金額））は、

　　　　1株当たり14,593円となる。

　Ｃ　経済的利益の享受の有無等

　　　本件株式の１株当たりの取得価額500円は、上記Ｂの(B)で算
　　定した価額の３％程度であるから、請求人は本件株式を時価よ
　　り低価で取得したものと認められる。

　　　そうすると、請求人は、本件取引において、本件株式の１株
　　当たりの取得価額500円と時価14,593円との差額を経済的利益
　　として享受したことになり、この所得は一時所得に該当する。

(ロ)　これに対し、請求人は、本件取引価額が利害関係のない第三者
　　間の自由な経済取引によって成立した価額であり、それが客観的
　　交換価値である時価そのものと主張する。

　　　しかしながら、Ｅ社とＦ社は、両者が株式を持ち合う意図をも
　　ってそれぞれの株式を保有していたものであって、請求人は、Ｅ
　　社の代表取締役の立場で、本件株式を取得することによって株式
　　の持ち合いを解消し、自社支配を強化するため本件取引を行った
　　ものと認められるから、本件取引は、利害関係のない第三者間の
　　取引とは認められない。

(ハ)　また、請求人は、平成７年４月にＥ社の株式を１株当たり
　　3,000円で取得したことをもって、原処分庁が時価と主張する価
　　額が不当である旨主張する。

　　　しかしながら、平成７年４月の取引は本件取引と時期的に隔た
　　りがあることから、本件取引と比較できる売買実例とすることは
　　できない。

(ニ)　一時所得の金額

　　　請求人の総所得金額に算入される一時所得の金額は、次のとお
　　りとなり、原処分の金額を上回ることから本件更正処分は適法で

ある。

$\{(14,593$円（1株当たりの純資産価額）-500円（1株当たりの取引金額））$\times 2,400$株（本件株式数）$-500,000$円（特別控除額）$\}$ $\times$（1÷2）$=16,661,600$円（所得金額算入額）

ポイントの整理

Point 1▶ 事例1（101ページ参照）、2（121ページ参照）と同様に同族株主が利益を受けたものとして課税されました。ただ、事例1、2と相違し譲渡者が法人でしたので、一時所得とされています。

Point 2▶ 株価の時価の算定に当たっては、対象会社は株式保有特定会社に該当し、財産評価基本通達に規定する純資産価額を基に行っています。なお、純資産価額の計算に当たり、法人税相当額の控除はしておりませんが、土地等について時価評価したかどうかまでは、裁決内容から確認できませんでした。

Point 3▶ 請求人は、第三者間の取引として当事者間で成立した価額が時価であると主張しましたが認められませんでした。ここでも、財産評価基本通達による評価方法が重視されています。

Point 4▶ 譲渡人であるＦ社について寄附金課税が行われたか否かについては明らかでありませんが、事例**18**のＰ11社が寄附金課税されていない（336ページ参照）ことから考えると、本件事例でもそれらの課税はなかったものと考えられます。

> （会社が関係会社の代表取締役に株式を低額で譲渡）
>
> **5　請求人（法人）が非上場株式を関係会社の代表者に対して額面金額で譲渡した価額は、通常の取引価額に比べ低額であるから、その価額と譲渡価額との差額は寄附金であると認定した事例**
>
> 　　　　　　　　　　　　　　　　　　　平成11年2月8日 裁決

内容に入る前に

　本事例は、事例1から4（101ページから151ページまで参照）までの事例とは異なり、課税処分を受けたのは法人です。

　本事例のように、親会社が子会社の株式を子会社の代表者に譲渡するようなケースもあります。子会社の代表者も同族関係者です。

　このような場合、親会社が子会社の代表者に時価より低額で子会社の株式を譲渡してしまうと寄附金の問題が生じます。

　このようなケースでは、親会社の譲渡者としての時価は、財産評価基本通達を準用した原則的評価方式（法基通9-1-14）になるものと考えられます。したがって、実際の取引価額と時価との差額が寄附金になると考えられます。

　関連する法人税法条37第1項、第7項、第8項では、次のように規定されています。

> **法人税法**
>
> **（寄附金の損金不算入）**
>
> **第37条**　内国法人が各事業年度において支出した寄附金の額（次項の規定の適用を受ける寄附金の額を除く。）の合計額のうち、その内国法人の当該事業年度終了の時の資本金等の額又は当該事業年度の所得の金額を基

160

礎として政令で定めるところにより計算した金額を超える部分の金額は、当該内国法人の各事業年度の所得の金額の計算上、損金の額に算入しない。（以下略）

7　前各項に規定する寄附金の額は、寄附金、拠出金、見舞金その他いずれの名義をもつてするかを問わず、内国法人が金銭その他の資産又は経済的な利益の贈与又は無償の供与（広告宣伝及び見本品の費用その他これらに類する費用並びに交際費、接待費及び福利厚生費とされるべきものを除く。次項において同じ。）をした場合における当該金銭の額若しくは金銭以外の資産のその贈与の時における価額又は当該経済的な利益のその供与の時における価額によるものとする。（以下略）

8　内国法人が資産の譲渡又は経済的な利益の供与をした場合において、その譲渡又は供与の対価の額が当該資産のその譲渡の時における価額又は当該経済的な利益のその供与の時における価額に比して低いときは、当該対価の額と当該価額との差額のうち実質的に贈与又は無償の供与をしたと認められる金額は、前項の寄附金の額に含まれるものとする。（以下略）

裁決内容

① 事案の概要・結果

本件は、請求人である法人（G社の親会社）がG社の代表取締役であるJに対してG社株式を時価に比較し低い金額で譲渡したとして、請求人に寄附金の課税が行われたものです。

請求人は配当還元価額と純資産価額とを併用した価額が合理的な算定方法と主張しましたが審判所は認めませんでした。

株式の時価については、財産評価基本通達をベースに法人税基本通達9-1-14での調整を加えたものとしました。

【売買の内容】

G社株式（3,000株・1株500円（額面金額））
譲渡（平成5年11月4日）

請求人 ──────────────────→ J（G社代表取締役）

※G社は非上場会社

法人（G社の親会社）

【請求人（納税者）の主張】

① G社の経営の実権は請求人の代表者が握っており、Jの
発言権は皆無に近いのが実情である。さらに、本件譲渡に
より、JのG社の持株割合は40％に増加したが、請求人の
G社の持株割合からみて、請求人はG社に対する支配権を
依然留保しており、Jの持株割合の増加は配当金の受領権
の増加にすぎない。また、G社においては、上記の支配従
属関係が切断されない限り会社解散は考えられないから、
株主に与えられる真の財産は利益配当請求権に他ならない。
② 株価の算定については、将来の配当期待権の価値を資本
還元した価額により評価する方法（以下「配当還元方式」
という。）により評価した価額に重点を置き（ウエイト付
けして）、市場流通性の欠如を考慮した純資産価額方式と
の併用により算出するのが合理的な算定方法である。

【原処分庁の主張】

① 本件株式は、ＪのＧ社における経営責任をより明確にするために譲渡されたものであり、その結果、ＪはＧ社の発行済株式数の40％を占める株主となっており、Ｊが本件株式を取得することによって得る権利は配当期待権にとどまる旨の請求人の主張には理由がない。

② 本件譲渡のように、親会社と子会社の代表者との譲渡で純然たる第三者間の取引ではなく、かつ、その合意価額が合理的に算定されていないと認められる場合には、当事者間の合意があったとしてもその合意価額は客観的交換価値を示すものとは認められない。

③ 当該通達により算定された価額（10,088円）と譲渡価額との差額は寄附金に該当する。

【審判所】……原処分庁の処分を支持。

③　裁決の要旨

　請求人が自己の所有する関係会社の非上場株式を同社の代表取締役に１株当たりの額面金額で譲渡した価額は、法人税基本通達９‐１‐15注を援用し評価通達の例により計算した通常取引価額に比べ低額であるから、その価額と譲渡価額との差額は寄附金であるとした原処分に

163

対し、請求人は、本件株式の通常取引価額を単純に純資産価額方式により算定することは、実態認識を誤るものであり、法人税基本通達の本旨にもとり極めて不合理であるから、本件株式の通常取引価額は、将来の配当期待権の価値を資本還元した価額に重点をおき、市場流通性を考慮した純資産価額方式との併用により算定すべきであると主張する。

しかしながら、請求人の主張する算定方式には合理性が認められず、また、取引相場のない株式の価額を定める評価通達は、当該株式の価額を合理的、かつ、その実態に即して評価し得るものと認められ、実務上定着しているので一般的に妥当性と合理性を有するものであるから、当該通達により算定された通常取引価額と譲渡価額との差額は寄附金に当たるとした原処分は相当である。

> (注) 現法人税基本通達 9 − 1 −14です。なお、旧法人税基本通達 9 − 1 −14は現法人税基本通達 9 − 1 −13です（以下同じ）。

④ 当事者間の主張

【請求人の主張】

原処分は、次の理由により不合理であるから、その一部の取消しを求める。

イ 株主の権限について

G社は、請求人の子会社であり、請求人は取引関係と持株割合によって実質的にW株式会社の支配力に従属するという企業グループの重量的支配関係が形成されていることから、その企業グループの末端の一株主たるJは、株主権行使の機能が大幅に制限されており、

G社は世間一般の個人的同族会社と大きく相違する。

　また、G社の経営の実権は請求人の代表者が握っており、Jの発言権は皆無に近いのが実情である。さらに、本件譲渡により、JのG社の持株割合は40%に増加したが、請求人のG社の持株割合からみて、請求人はG社に対する支配権を依然留保しており、Jの持株割合の増加は配当金の受領権の増加にすぎない。

　なお、会社財産に対する株主の権利は、会社解散という特殊な場合において株主に帰属する権利でもあるが、G社においては、上記の支配従属関係が切断されない限り会社解散は考えられないから、株主に与えられる真の財産は利益配当請求権に他ならない。

ロ　株式の客観的価値において

　株式を譲渡した場合のその株式の客観的価値については、売主と買主の共通認識を尊重すべきである。このことから、本件株式の譲受人であるJは「売買価額が3,000万円を超えるような高額であれば、買取りの意思はなかった」と明言している。

　また、本件株式のように市場流通性のない株式については、流通性の障害要因をある程度ディスカウントして流通すべき価額を求めるのは、至極当然の理である。

八　法人税基本通達の適用について

　非上場株式で、かつ、気配相場のない株式（以下「取引相場のない株式」という。）の評価についての取扱いを定めた法人税基本通達（昭和44年5月1日付直審（法）25の国税庁長官通達をいう。以下同じ。）9-1-14（非上場株式で気配相場のないものの価額）の⑷では、純資産価額その他を参考にして客観的な交換価値により評

価する旨定められており、株式の評価について画一的適用を排除している。

　また、上記通達の特例である法人税基本通達9－1－15（気配相場のない株式の価額の特例）は、課税上弊害がない場合において、評価会社の純資産価額により評価する方法（以下「純資産価額方式」という。）による評価を認めているものであって、本件株式を同通達により純資産価額方式のみの評価とすることは請求人にいわれなき多額の税負担を課すもので課税上弊害があるから、同通達により本件株式を評価することはできない。

二　本件株式の評価額について

　本件株式の評価額は、上記のように企業系列下に組み込まれた末端株主の買取価額であることから、企業清算的な正味分配価値のみを基礎とするよりも、将来の配当期待権の価値を資本還元した価額により評価する方法（以下「配当還元方式」という。）により評価した価額に重点を置き（ウエート付けして）、市場流通性の欠如を考慮した純資産価額方式との併用により算出するのが合理的な算定方式であると考える。

　それにより本件株式を評価すると、次のとおり一株当たり3,219円となり、寄付金の損金不算入額は5,641,999円となるので、これを上回る原処分の一部の取消しを求めるものである。

　　㈠　配当還元価額　　　　　　　　　　　　　　　　657円……Ａ

　　㈡　純資産価額　　　　　　　　　　　　　　　 10,088円……Ｂ

　　㈢　市場流通性欠如による減額後の割合　　　　　　0.7円……Ｃ

　　㈣　本件株式の一株当たりの価額

　Ａ×0.6＋（Ｂ×Ｃ）×0.4＝3,219円（Ａのウエートを6割とする。）

【原処分庁の主張】

　原処分は、次の理由により適法であるから、審査請求を棄却するとの裁決を求める。

イ　通常取引されると認められる価額の算定方法について

　取引相場のない株式の通常取引されると認められる価額（以下「通常取引価額」という。）については、法人税法上、具体的に規定されていないが、資産の評価損を計上する場合の期末の時価については、法人税基本通達においてその取扱いが定められている。すなわち、取引相場のない株式については、①期末前6か月間に売買実例がなく、②公開途上にある株式でもなく、さらに、③発行法人と事業の種類、規模、収益の状況等が類似する他の法人の株式の価額もない場合には、発行法人の事業年度終了の時における一株当たりの純資産価額等を参酌した通常取引価額を時価とし（法人税基本通達9-1-14）、また、客観的な通常取引価額を算定する方法が他にないような場合には、課税上の弊害がない限り、一定の留保条件付で財産評価基本通達（昭和39年4月25日付直資56ほか国税庁長官通達。ただし、平成6年2月15日付課評2-2ほかによる改正前のもの。以下「評価通達」という。）の178から189-6まで（取引相場のない株式の評価）の例により算定した評価額を時価とすることができる（法人税基本通達9-1-15）というものである。

　これらの法人税基本通達の趣旨・目的は、株式はその性格上、価格形成には極めて複雑な要素が絡み合うため、実際問題として株式の時価を算定することは難しく、特に取引相場のない株式については、具体的にその時価を算定することは極めて困難であること並びに相続税及び贈与税における取引相場のない株式の評価については、

評価通達によりその方法が定められ実務に定着していることから、取扱いを統一して、納税者の申告・納税の便に供するとともに、課税の公平を図り、法人がこれらの通達の定めによって取引相場のない株式の期末時価を算定しているときは、法人税の計算においても原則としてこれを認めることとしたものであり、取引相場のない株式の時価の算定についての一つの具体的な基準を示したものと解される。

　そして、この法人税基本通達9-1-15の取扱いは、取引相場のない株式について評価損を計上する場合の期末時価の算定についてのものではあるが、合理的な時価の算定と認められることから、関係会社間等において取引相場のない株式の売買を行う際に他に適当な時価の算定方法がないような場合には、この通達を準用して株式の通常取引価額を算定することが合理的であり相当であると解される。

　ところで、法人税基本通達9-1-15の(1)では、評価通達に定める評価方法を法人税における非上場株式の評価に援用する場合には、評価通達188（同族株主以外の株主等が取得した株式）の(2)に定める「中心的な同族株主」が所有する株式は、常に同通達でいう小会社（以下「小会社」という。）の株式に該当するものとし、原則として純資産価額方式によって評価すべきこととしている。

　これは、相続税又は贈与税に関する取扱いである評価通達を法人税に関してそのまま適用することには問題があることから、法人税の立場から留保条件を加えたものであり、この留保条件は、一般に特定の株主が一人で法人の株式を100％保有するような場合には、その法人の経営形態は法人の規模にかかわらず実質的に個人経営と異ならないと考えられるように、特定の株主及び同人と密接な関係を有する者の持株割合が高ければ高いほどその法人の経営形態は個

人的色彩が強まり、さらに、その特定の株主の持株は法人の財産と
密接に結びついていくと考えられることから付されているものと解
される。

□　株主の権限について

　本件株式は、JのG社における経営責任をより明確にするために
譲渡されたものであり、その結果、JはG社の発行済株式数の40％
を占める株主となっている。

　そもそも株式の所有者たる株主は、法律により付与された様々な
権利（株主権）を行使することができるとともに、その行使につき
何ら制限を受けることはなく、さらに、Jの持株割合40％の株主権
は、株主総会における特別決議等に大きな影響力を持つものである。

　そして、Jは、G社の業務執行において代表者として影響力を持
つ株主で、G社の一切の業務について自ら決定し執行する権限を有
している。

　これに対し請求人は、G社の業務執行の権限は請求人及び請求人
の代表者が有しJは何ら業務執行の権限は有していないと主張する
が、仮にJがG社の業務を請求人の代表者からの指示に基づいて行
ったとしても、その効力と責任は、Jに帰せられるものである。

　また、Jは自らの意思でG社を解散させることは困難であるとし
ても、G社の株式を所有することによってG社の純資産の株主持分
を有することとなるから、Jが本件株式を取得することによって得
る権利は配当期待権にとどまる旨の請求人の主張には理由がない。

八　株式の客観的価値について

　法人税法上、売買取引における取引価額については、それが純然

169

たる第三者間において種々の経済性を考慮して定められた価額であれば、一般には常に合理的なものとして是認されるが、本件譲渡のように、親会社と子会社の代表者との譲渡で純然たる第三者間の取引ではなく、かつ、その合意価額が合理的に算定されていないと認められる場合には、当事者間の合意があったとしてもその合意価額は客観的交換価値を示すものとは認められない。

二　法人税基本通達の適用について

　本件株式は、①証券取引所に上場されていないことはもとより、気配相場もなく、取引の実例もない株式であること、②請求人の関係会社の代表者に譲渡されたもので、通常取引価額の合理的な算定方法が他に見当たらないこと、さらに、③請求人及びＪが評価通達に定める中心的な同族株主に該当することは明らかであるところ、請求人がＧ社の支配権を持つことは請求人が自認するところであり、また、ＪがＧ社の株主として大きな影響力を持ち、Ｇ社の代表者としてＧ社の業務を決定、執行していることは上記ロのとおりであることから、法人税基本通達９-１-15に定める純資産価額方式により通常取引価額を算定することが上記イのとおり、最も妥当と判断されたので当該方式を援用したものである。

　したがって、画一的又は単純に純資産価額方式を適用したものではなく、また、本件株式の通常取引価額を請求人の譲渡価額又は請求人の主張する算定方式による価額とすることは、請求人の税負担を理由なく軽減して他の納税者との衡平を失し、課税上の弊害が生ずることになる。

ホ　本件株式の評価額について

　本件譲渡が、通常取引価額でなされたものとは認められないことから、法人税基本通達9-1-15を援用し評価通達の例により計算した本件株式3,000株の通常取引価額30,264,000円と本件譲渡に係る価額1,500,000円との差額28,764,000円については、請求人がJに寄附をしたものと認められる。

5　審判所の判断

イ　請求人は、本件株式は親会社の支配従属関係にあり市場流通性のない株式であるから、その客観的価値については、配当還元方式により評価した価額に重点を置き純資産価額方式との併用により、流通性の障害要因をある程度ディスカウントして流通すべき価額を求めるのは至極当然の理である旨主張する。

　しかしながら、本件株式は、Jの経営責任をより明確にするために譲渡されたものであり（当時者間に争いのない事実）、その結果、JはG社の発行済株式の40%を占める同族株主となっていることから、いわゆる従業員株主のような零細株主とは異なり、責任と権限を有する株主である。

　このことから、本件譲渡について配当還元方式を採用することは、少なくとも責任と権限を有する株主の保有する株式の評価方法としては妥当ではない。

　また、請求人は、市場流通性のない株式についてはディスカウントすべきであるとして減額計算を主張するが、請求人の主張する減額計算には具体的、合理的な根拠がない。

　したがって、請求人の主張する算定方法には合理性が認められないことから、これを採用することはできない。

ロ　本件株式は、認定事実によれば、取引相場のない株式で売買実例もなく、発行法人と事業の種類、規模、収益の状況等が類似する法人も他にないことから、市場性がなく、その時価が明らかでないため客観的な通常取引価額を算定する方法が他にないことから、原処分庁が法人税基本通達9‐1‐15の評価方式を援用して本件株式の通常取引価額を純資産価額方式により算定したことは、法人税基本通達の定めが上記ハのとおり一般的に合理性を有すると認められる以上、これを不相当とする理由はない。

　　なお、請求人は、法人税基本通達9‐1‐15によって本件株式を評価することはできない旨主張するが、請求人の譲渡価額及び請求人の主張する価額には合理性が認められないことから、原処分庁が現実的な対応として同通達の評価方式を援用し、純資産価額方式により本件株式の通常取引価額を算定したことは、株式が会社資産に対する持分としての性質を有するものであり、また、Ｇ社のように業績が順調に推移している法人の株式の評価については純資産価額方式が最低限の価額を把握する方式であることからすれば、不合理ということはできず、適正である。

ハ　以上を総合して判断すると、請求人の主張はいずれも採用することができず、原処分庁が本件株式の通常取引価額を法人税基本通達9‐1‐15を援用し評価通達の例により算定したことは相当である。

　　そうすると、本件株式の一株当たりの通常取引価額は、10,088円（同表の⑥の金額）となり、当該金額に3,000株を乗じた30,264,000円が本件株式の通常取引価額となる。請求人は、通常取引価額30,264,000円の本件株式をＪに対し1,500,000円で譲渡したことから、この通常取引価額と譲渡価額との差額28,764,000円

は、法人税法第37条第7項の既定により、請求人がJに対し無償
の贈与すなわち寄附をしたものと認められる。

ポイントの整理

Point 1▶ 本事案は法人が譲渡者でしたが、やはり同族関係者間の
での取引の判定については厳しいものがありました。

Point 2▶ 株価の時価の算定に当たっては、財産評価基本通達を基
礎に法人税基本通達9-1-14（旧法基通9-1-15）の調整を加え
たものとしました。譲渡者についての課税判断でしたが、同通達を
適用しています。

Point 3▶ G社の代表取締役Jは同族関係者でしたが、J自身がど
のような課税を受けたかは、本裁決内容からは明確ではありません。
ただ、基本的には、親会社から子会社役員への利益供与ですので、
雇用関係に類似した関係があるとして給与所得とされる可能性があ
ります。

内容に入る前に

　会社の代表者が、会社の持株会社に株式を売却するようなケースがあります。一般的にはこれらの持株会社は同族関係者となりますが、本事例では同族関係者とはならない、役員持株会・従業員持株会といった性格の会社です。

　個人から法人への譲渡であるため、仮に譲渡価額が時価の2分の1未満の場合は、時価に引上げて譲渡所得課税が行われます（所法59①二、所令169）㊟。

> ㊟　時価の2分の1以上でも同族会社の行為計算否認に該当する場合は同様に課税されます（所基通59－3）。

　なお、法人が譲受者の場合、時価の2分の1未満か否かに関わらず、時価より低い価額で譲受けたとき、時価との差額は受贈益とされ法人税が課税されます（法法22）。

　関連する所得税法第59条及び所得税法施行令169条では、次のように規定されています。

174

所得税法

（贈与等の場合の譲渡所得等の特例）

第59条　次に掲げる事由により居住者の有する山林（事業所得の基因となるものを除く。）又は譲渡所得の基因となる資産の移転があつた場合には、その者の山林所得の金額、譲渡所得の金額又は雑所得の金額の計算については、その事由が生じた時に、その時における価額に相当する金額により、これらの資産の譲渡があつたものとみなす。

　一　贈与（法人に対するものに限る。）又は相続（限定承認に係るものに限る。）若しくは遺贈（法人に対するもの及び個人に対する包括遺贈のうち限定承認に係るものに限る。）

　二　著しく低い価額の対価として 政令 で定める額による譲渡（法人に対するものに限る。）

　（以下略）

所得税法施行令第169条

所得税法施行令

（時価による譲渡とみなす低額譲渡の範囲）

第169条　法第59条第１項第２号（贈与等の場合の譲渡所得等の特例）に規定する政令で定める額は、同項に規定する山林又は譲渡所得の基因となる資産の譲渡の時における価額の２分の１に満たない金額とする。

　個人から、法人への譲渡の場合の低額譲渡になるか否かの判断基準として、現在は、所得税基本通達59-6の規定が置かれていますが、本事例は同通達が規定される前のものでした。所得税基本通達59-6では、譲渡時に譲渡者が同族株主に該当すれば、株式の時価は原則的評価方式（財産評価基本通達を準用したもの）で算定し、低額譲渡に該当するか判断されます。本件では、譲渡者は会社の代表取締役で

同族株主でしたが、株式の時価は、原則的評価方式（財産評価基本通達を準用したもの）での算定方法ではありませんでした。

　関連する所得税基本通達59-6では、次のように規定されています。

┌─(**所得税基本通達**)┄┄┄┄┄┄┄┄┄┄┄┄┄┄┄┄┄┄┄┄┄┄┄┄┄┄┄┄┄┄┄┄┄┄┄┄┐

（株式等を贈与等した場合の「その時における価額」）

59-6　法第59条第1項の規定の適用に当たって、譲渡所得の基因となる
　　　資産が株式（株主又は投資主となる権利、株式の割当てを受ける権利、
　　　新株予約権（新投資口予約権を含む。以下この項において同じ。）及び新
　　　株予約権の割当てを受ける権利を含む。以下この項において同じ。）であ
　　　る場合の同項に規定する「その時における価額」は、23〜35共－9に準
　　　じて算定した価額による。<u>この場合、23〜35共－9の(4)ニに定める「1
　　　株又は1口当たりの純資産価額等を参酌して通常取引されると認めら
　　　れる価額」については、原則として、次によることを条件に、昭和39年4
　　　月25日付直資56・直審（資）17「財産評価基本通達」（法令解釈通達）
　　　の178から189－7まで《取引相場のない株式の評価》の例により算定し
　　　た価額とする。</u>

　(1)　財産評価基本通達178、188、188－6、189－2、189－3及び189
　　　－4中「取得した　株式」とあるのは「譲渡又は贈与した株式」と、
　　　同通達185、189－2、189－3及び189－4中「株式の取得者」とあ
　　　るのは「株式を譲渡又は贈与した個人」と、同通達188中「株式取得
　　　後」とあるのは「株式の譲渡又は贈与直前」とそれぞれ読み替えるほか、
　　　読み替えた後の同通達185ただし書、189－2、189－3又は189－4
　　　において株式を譲渡又は贈与した個人とその同族関係者の有する議決
　　　権の合計数が評価する会社の議決権総数の50％以下である場合に該当
　　　するかどうか及び読み替えた後の同通達188の(1)から(4)までに定める株
　　　式に該当するかどうかは、株式の譲渡又は贈与直前の議決権の数によ
　　　り判定すること。

（以下略）

> **【参考：財産評価基本通達関係】**
> 188……同族株主以外の株主等が取得した株式（同族株主、中心的同
> 　　　　族株主、同族株主のいない会社の株主、中心的株主の規定含
> 　　　　む）

参　考

〔『上記通達逐条解説』（大蔵財務協会）一部抜粋〕

（前略）当然のことながら、純然たる第三者間において種々の経済性を考
慮して決定された価額（時価）により取引されたと認められる場合など、
この取扱いを形式的に当てはめて判定することが相当でないこともあるこ
とから、この取扱いは原則的なものである。（以下略）

原則的評価方式（財産評価基本通達を準用したもの）とならない可
能性があるとすれば、次のようなことが考えられます。

①　株式の売買実例があり、それに基づく場合（所基通23〜35共－
　9⑷イ、本事例はこれに当たります。）

②　純然たる第三者取引として、当事者の合意価額が時価と判断され
　る場合

③　会社の性格が役員持株会社・従業員持株会社であることを重視し、
　役員持株会や従業員持株会に対する譲渡と同様と判断される場合
　（個人間の譲渡と同視）

それでは、判決内容を見ていきましょう。

1 事案の概要・結果

　丙及び甲は、O社株式の一部を所有するA社（A社の株主はO社の元役員や従業員等）にO社の株式を譲渡しました。丙及び甲はO社の同族株主で、A社は同族株主ではありませんでした。

　原告（納税者）が、O社の株式の売買実例を基に譲渡所得の申告を行ったところ、被告（税務署）は、A社は同族株主と同等の関係があるとして、原則的評価方式（財産評価基本通達を準用したもの）による株価と実際の売買価額との差額についてみなし譲渡（所法59条）を適用しました。

　裁判所は、原告の売買価額は配当還元価額を超えているとして、原告の主張を認めました。

【関係図】

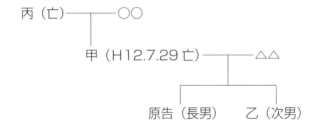

② 事実関係とそのポイント

原告 ……下記丙、甲の相続人

【売買内容】

(取引①)

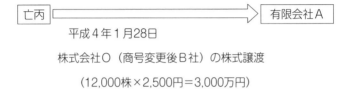

亡丙	→ 有限会社A

平成4年1月28日

株式会社O（商号変更後B社）の株式譲渡

（12,000株×2,500円＝3,000万円）

(取引②)

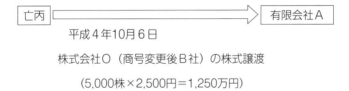

亡丙	→ 有限会社A

平成4年10月6日

株式会社O（商号変更後B社）の株式譲渡

（5,000株×2,500円＝1,250万円）

(取引③)

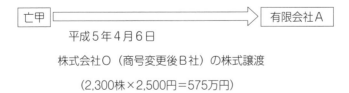

亡甲	→ 有限会社A

平成5年4月6日

株式会社O（商号変更後B社）の株式譲渡

（2,300株×2,500円＝575万円）

【被告（税務署）の処分】

○ 法人に対する低額譲渡として所得税法59条を適用した。

○ 株式の評価は類似業種比準価額を採用した。

・取引①……14,742円（1株）

・取引②……11,357円（1株）

・取引③……8,885円（1株）

【本件株式発行会社である株式会社Ｏ（商号変更後Ｂ社）と有限会社Ａ（譲受者）との関係】

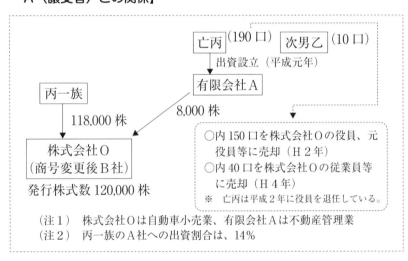

亡丙 (190口)　次男乙 (10口)

出資設立（平成元年）

有限会社Ａ

8,000株

丙一族

118,000株

株式会社Ｏ
（商号変更後Ｂ社）

発行株式数 120,000株

○内150口を株式会社Ｏの役員、元役員等に売却（Ｈ2年）
○内40口を株式会社Ｏの従業員等に売却（Ｈ4年）
※　亡丙は平成2年に役員を退任している。

（注1）　株式会社Ｏは自動車小売業、有限会社Ａは不動産管理業
（注2）　丙一族のＡ社への出資割合は、14%

180

（参考）配当還元方式による価額は750円

【被告の主張】

> 　売主はいずれも本件会社を支配・管理する同族株主であり、また、買主であるＡ社は、その出資者のほぼ全員が本件会社の元役員等の何らかの関係者で占められている。
>
> 　このような売主と買主の人的関係からすると、Ａ社が本件株式を配当受領にのみ関心を持って取得したとは考えにくく、Ａ社は本件会社の同族株主と同等の関係にあるというべきであって、配当還元方式が予定している零細な従業員株主等と同視することはできない。

【原告の主張】

> ①　本件各取引においては、丁・戊事例という第三者間の取引事例が既に存在しており、これと同一価額で行った本件各取引はまさに時価で行った取引と考えるべきである。
> ②　Ａ社は、ほぼ均等の持分割合の出資者14人で構成され、そのうち丙一族は３名で、その持分割合も14％でしかなく、実質的にも、丙一族や本件会社の支配を受けている会社ではない。また、仮に丙一族である己がＡ社に対する支配力を有しているとしても、Ａ社の出資者の配当請求権や議決権を否定することはできないから、右支配力を根拠として課税することはできない。

【裁判所の判断】

①　買主であるＡ社の出資者の多くが本件会社の従業員または元従業員であることから、Ａ社を通じて従業員持株制度的な側面を有するとも考えられ、２名の売買事例当時、丙一族は、Ａ社の持分の25％を保有するにすぎない上、その後、本件会社の営業譲渡をめぐってＡ社は明確に丙の次男の意向に反したことも考慮すると、丙一族がＡ社を支配していたとは到底認められず、原告が主張する売買事例の株式の価額が適正と認められないことを推認させる証拠はない。

②　本件各取引当時、本件会社は、発行済株式総数のうち77％を丙の次男らが保有する同族会社であり、本件会社におけるＡ社の持株割合は、本件取引前で約6.6％、本件取引後で22.75％にすぎず、また、Ａ社の持分総数は200口のうち丙一族が保有するのは14％に当る28口であり、その余は本件会社の現・元従業員らのグループが保有していたものであり、丙一族がＡ社を支配していたと認める証拠もない。このように、同族会社のいる会社における非同族株主で少数株主となる者が譲受人となる場合には、その者は、会社の支配権を有するわけではなく、配当期待権を有するのみであるから、売買代金の決定には、配当金額が主たる要素となると考えられ、当該株式の時価の算定に当っては、むしろ配当状況に着目した配当還元方式によるのが合理的であるといえる。

3　争点と被告及び原告の主張

【争点】

本件株式の時価算定の合理性

【被告の主張】

(1)　資産の時価とは、ある時点における当該資産の客観的交換価値を
いい、当該資産について不特定多数の当事者間における自由な取引
により成立すると認められる価額をいう。

(2)　本件各取引においては、以下の理由から、所得税基本通達23〜35
共−9⑷ハ（現ニ・以下同じ）を根拠として類似業種比準方式に基
づいて本件株式の時価を算定すべきであるから、類似業種比準方式
による時価算定に基づいてした本件各処分は合理的であり適法であ
る。

(3)　本件において配当還元方式を用いることは、以下の理由から適切
ではない。

①　配当還元方式は、株価の構成要素のうち配当金だけに着目し、
会社の資産状態や収益状態を考慮しないものであるから、類似業
種比準方式等と比較して評価方法として完全なものとは言い難い
し、支配株主が恣意的に配当を少なくして株価を圧縮することが
できるため、これによって算定された価額が客観的交換価値に相
当することの検証も困難である。

そうしたことから、単に株式の配当金に期待して所有する者が
多いという、零細な非同族株主の実情に基づき、評価手続きの簡
便性をも考慮して認められているのが配当還元方式である。

即ち、配当還元方式による評価方法は、持株割合が少数で会社
に対する影響力を持たず、ただ配当受領にしか関心のないいわゆ

る小株主又は零細株主が取得した株式で、かつ、小株主又は零細株主が評価会社の純資産価額方式等により評価することが適当でないという事情を配慮し、その結果、特例的に認められた簡便な評価方法であるといえる。

② 本件各取引の場合、売主はいずれも本件会社を支配・管理する同族株主であり、また、買主であるＡは、その出資者のほぼ全員が本件会社の元役員等の何らかの関係者で占められていることに加え、Ａは、もともとは亡丙と乙で全持分を有していた同族会社であり、己は平成２年４月１日から平成４年３月31日まで本件会社の代表取締役を務め、経営の権限を実質的に掌握しており、Ａの収入金額は雑収入を除き全て本件会社からの不動産収入であって、主な費用である支払利息も本件会社からの本件株式取得資金の借入れに係るものであるなどその経営も本件会社に依存している。このような売主と買主の人的関係からすると、Ａが本件株式を配当受領にのみ関心を持って取得したとは考えにくく、Ａは本件会社の同族株主と同等の関係にあるというべきであって、配当還元方式が予定している零細な従業員株主等と同視することはできず、前記同族株主においてその価額を恣意的に決定することができたものである。

③ さらに、Ａの事務所は本件会社の同族関係者グループが筆頭株主となっている同族会社の株式会社Ｃの事務室の一角にあることやＡの株主が本件会社の何らかの関係者であることからすれば、Ａは、本件会社の資産内容や業績等について十分な情報を入手できる立場にあったといえ、評価手続の簡便性を考慮する必要もない。

④ 本件通達に基づいて時価を算定する場合も、「課税上弊害がな

い限り」、法人税通達株式特例条項が適用を認める財産評価基本
通達の例による評価方法が考慮されるところ、ここでいう「課税
上弊害がない限り」とは、公平課税原則などの課税の理念や課税
の趣旨等が損なわれない限りという意味である。そして、ある評
価方法に基づく価額が他の評価方法に基づく価額とかけ離れてい
る場合は、当該価額が不特定多数の当事者間に成立すると認めら
れる価額ないし当該資産の客観的交換価値を推定するのに最も適
しており、他の評価方法に基づいて算定される価額が不合理であ
ると認められる特段の事情がない限り、そのような価額から当該
資産の時価を推定することは不合理であるし、また、その価額で
の税の申告を認めることは、他の納税者との公平を害することに
なるので、そのような価額は課税上弊害があるとして、時価を推
定する際に考慮しないこととなる。

　本件株式について配当還元方式に基づいて算定した1株当たり
750円は、純資産価額方式又は類似業種比準方式に基づいて算定
される価額とかけ離れている上、配当還元方式は前記のような特
徴を有するものであり、Aは単にその配当に期待して所有するも
のとは考えられない事情があるから、同方式に基づいて算定され
た価額は課税上弊害があるというべきで、本件各取引の際の本件
株式の時価を算定する方法として採用することができない。

【原告の主張】

(1)　売買における株式の価額は、取引の際の需要と供給との相関関係
　で決定されるものであるから、譲受人が実質的に株式を贈与したと
　みるべき特段の事情がない限り、かかる相関関係で決まった実際の
　譲渡価額をそのまま時価と認めるべきである。相続・贈与により取

得した資産の時価を評価するなど、その資産が一般的に取引される価額をその属性や形状等の客観的要素によって算定するいわゆる静態的評価の方法を用いるのは、諸事情による売急ぎや買進み又は主観的価値といった実際の売買における重要な価格形成要因を無視することになり、相当でない。

　これまでの課税実務においても、純然たる第三者間において種々の経済性を考慮して定められた取引価額は、一般に常に合理的なものとして是認されている。したがって、第三者間の取引価額は合理的と認めるのが原則であって、低額譲渡又は高額譲渡が行われる特段の事情が認められ、その上で低額と認められる事情が合理的に認定できるのであれば、法人税通達株式条項、法人税通達株式特例条項及び本件通達等の静態的評価方法が便宜使用され時価を確定するというのが基本原則であり、被告のように、静態的評価方法による評価額が絶対的な時価であるという前提に立ち、当該評価方法により評価した評価額を下回ればその売買価額は低額譲渡であるというのは本末転倒である。

(2)　本件各取引においては、丁・戊事例という第三者間の取引事例が既に存在しており、これと同一価額で行った本件各取引はまさに時価で行った取引と考えるべきである。

　丁も戊も本件会社の従業員であるが、自己の経済的利益を放棄してまで本件株式の低額譲渡を行う理由はないし、被告自身も、丁・戊事例については所得税法59条1項2号、同施行令169条を適用していないことに照らしても、丁・戊事例が適正取引であることは明らかである。

　また、亡丙及び亡甲がAに対し、本件株式を時価より合計2億円余りも低額で譲渡して利益を供与する理由もない。

　なお、乙事例においては、Ｃは、本件会社がその全額を出資している会社である上、乙は本件会社の約80％の株式を保有する大株主かつ代表者で、その妻ら一族が役員に就任していたことから、同族会社間の取引として、類似業種比準方式による算定に基づいて取引されたものである。

(3)

①　仮に静態的評価方法によるとしても、本件各取引の譲受人であるＡは、当時、同族会社である本件会社における同族株主ではなく少数株主であって、本件株式の譲渡は配当期待権の取得以上の意味を有しないから、法人同士の取引についての規定とはいえ、法人税通達株式特例条項及び財産評価基本通達が、かような少数株主が譲受人となる場合に関して採用している配当還元方式を用いるのが最も合理的である。そうしないと、同じ法人が譲受人となる場合でも、売主が個人であるか法人であるかで時価が異なるという、不合理な事態を生じさせてしまうことになる。

　　また、本件各取引は、売主にとっては個人の所得税に関する問題であり、買主であるＡにとっては法人税に関する問題であるが、本件株式の時価は同一であるはずである。法人税通達株式特例条項は、非上場株式の評価損の計上に当たり、課税上弊害がない限り、財産評価基本通達に基づく評価方法によることを許容しており、同通達は、関係会社間等において非上場株式の売買を行う場合の適正取引価額の判定に当たっても準用されるべきであって、この場合には、原則としてその売買取引の株数単位で（即ち、買い手側の立場に立って）準用されるところ、これによると、Ａは「同族株主以外の株主等」に該当するから、配当還元方式によって算出することとなり、１株当たり750円となる。

② 配当還元方式による算定価額と類似業種比準方式等による算定価額とで価額に大きな違いが生じるのは、譲受人側の価格形成要因に大きな違いがあることが反映したからであって、これをもって配当還元方式が算定方法として相当でないとはいえない。非上場株式は、持分割合の多寡によって当該会社に対する社員権の実体的内容が異なるため、持分割合によってその経済的価値が異なり、法人税通達株式特例条項及び財産評価基本通達は、株式の時価評価に当たって、株式の持分割合に応じて異なる評価方法を採用している。

　非上場株式は、そもそも売却自体が困難であるし、まして類似業種比準方式で算定した価格で買う者などいないのであって、同方式を推奨し配当還元方式を論難する被告自身が非上場株式の物納を認めていないことに端的に象徴されるように、類似業種比準方式は非現実的であり、少数株主への譲渡については配当還元方式こそが現実的である。

③ Aは、ほぼ均等の持分割合の出資者14人で構成され、そのうち丙一族は3名で、その持分割合も14%でしかなく、実質的にも、丙一族や本件会社の支配を受けている会社ではない。また、仮に丙一族である己がAに対する支配力を有しているとしても、Aの出資者の配当請求権や議決権を否定することはできないから、支配力を根拠として課税することはできない。

4 裁判所の判断

⑴ 所得税法第36条、第59条第1項第2号にいう「価額」とは、いずれも、譲渡所得の起因となる資産の移転の事由が生じた時点における時価、すなわち、その時点における当該資産等の客観的交換価値

を指すものと解すべきであり、交換価値とは、いわゆる市場価格をいうものと解するのが相当である。しかしながら、非上場で取引相場のない株主については、自由な取引を前提とする客観的交換価値の把握は極めて困難であり、できる限り合理的な方法でこれを推認するほかない。

⑵　所得税法、同施行令、所得税基本通達には、非上場株式の売買における時価の算定について定めた条項はないが、被告は、所得税基本通達23〜35共9⑷に準じて本件株式の時価を算定するのが相当であるとし、そのうち本件通達ハに基づくものとして、純資産価額方式及び類似業種比準方式を用いて算定した価額を「通常取引されると認められる価額」と認定して本件更正処分を行ったものである。

⑶　被告は、本件各取引に用いられた2名の売買実例は、本件通達イにいう「最近において売買の行われたもの」ということはできない旨主張する。確かに、2名の売買実例は、本件各取引より約1年1か月ないし2年5か月前になされたものであるが、本件会社のような同族会社においては、そもそも株式の取引事例が乏しいのが通常であり、また、上場されておらず、投機目的の取引がないため、上場株式のように価格が小刻みに大きく変動することもないから、この程度の時間的間隔をもって直ちに時価算定の参考にならないということはできない。

⑷　被告は、2名の売買実例は、当該当事者間に特殊な人間関係が存在するとして、適正な取引とはいえないと主張する。しかし、2名は本件会社の元役員で、株式譲渡後に買主であるA社の役員に就任していること、A社は、本件株式の購入資金を本件会社から借り入れており、その利息の支払額が配当金を上回っていたこと等、譲渡当事者間の特殊な関係を疑わせる事情が存在することは否定できな

いが、いわゆる従業員持株会に象徴されるように、支配株主ではなく、事実上配当期待権しか有せず支配株主と利害関係を共通としない従業員株主は広く存在するのであり、2名が本件会社の従業員であるからといって、それだけで、亡丙らの利益のため、その意向を受けて本件株式の譲渡を行ったとも認められない。

(5) 買主であるＡ社の出資者の多くが本件会社の従業員または元従業員であることから、Ａ社を通じて従業員持株制度的な側面を有するとも考えられ、2名の売買事例当時、丙一族は、Ａ社の持分の25％を保有するにすぎない上、その後、本件会社の営業譲渡をめぐってＡ社は明確に丙の次男の意向に反したことも考慮すると、丙一族がＡ社を支配していたとは到底認められず、他に2名の事例における本件株式の価額が適正と認められないことを推認させる証拠はない。

(6) 丙の次男のＳ不動産に対する本件株式の譲渡は、同族会社における支配株主への譲渡に該当し、支配権譲渡の内実を有するものであるから、買い手にそのような目的があるとは認められない2名の事例の譲渡価額がこれより著しく低いことは不自然ではない。

(7) 本件取引における代金額は、2名の売買事例を参考にしてこれと同額に定められたものであるが、被告は、本件各取引は、亡丙らの相続税対策のために、本件株式を保有するために設立したＡ社に著しく低額で譲渡したものである旨主張する。しかし、本件各取引当時のＡ社の丙一族の持分は全体の14％に当る28口に過ぎず、元従業員及び現従業員らが残りの持分を有し、社員総会が親睦会を兼ねていたことなど、当時のＡ社には従業員持株会的様相が窺われること、その他2名の売買事例に関して前述したことに照らせば、いまだ丙らがＡ社を支配し、Ａ社が本件株式の保有会社であったとまでは認められず、他に本件取引を時価より低額で行う事情があったと認め

るべき根拠はない。

(8)　本件各取引当時、本件会社は、発行済株式総数のうち77％を丙の次男らが保有する同族会社であり、本件会社におけるＡ社の持株割合は、本件取引前で約6.6％、本件取引後で22.75％にすぎず、また、Ａ社の持分総数は200口のうち丙一族が保有するのは14％に当る28口であり、その余は本件会社の現・元従業員らのグループが保有していたものであり、丙一族がＡ社を支配していたと認める証拠もない。このように、同族会社のいる会社における非同族株主で少数株主となる者が譲受人となる場合には、その者は、会社の支配権を有するわけではなく、配当期待権を有するのみであるから、配当金額から大幅にかけ離れた金額で取引するとはおよそ考えられず、売買代金の決定には、配当金額が主たる要素となると考えられるから、当該株式の時価の算定に当っては、むしろ配当状況に着目した配当還元方式によるのが合理的であるといえる。

(9)　Ａ社は、同族会社である本件会社の少数株主に留まり、本件会社の支配的地位に就くものではないから、このような場合に純資産価額方式を用いることは必ずしも合理的とはいえない。

(10)　類似業種比準方式は、上場会社を基準とするものであって、配当期待権しか有しない、同族会社における少数株主又は少数株主となろうとしている者が譲受人である場合の時価算定方法としては必ずしも合理的とはいえない。

(11)　以上を総合すれば、本件各取引の事情や売買実例が存するところ、純資産価額方式及び類似業種比準方式は、それ自体一応の合理性を有する評価方法ではあるが、本件取引は、同族会社の株式を少数株主が取得する場合であり、譲受人は配当期待権以上のものを有しないと考えられるから、必ずしも前期各方法が妥当するとはいえず、

前記純資産価額方式及び類似業種比準価額方式によった場合に、本件売買実例価額ないし配当還元方式によった場合と著しい差異が生じるのに前者に依拠した本件算定はおよそ合理的であるとは認められず、本件各処分は適法であるということはできない。

ポイントの整理

Point 1 ▶ 株式の売買実例による価額はあまり認められていませんが、本事例は、それが認められた少ないケースです。今後も、このようなケースで売買実例が認められるとすれば、その金額が時価となりますが、認められるかどうかは、はっきりとはしません。

Point 2 ▶ 前述したように、この事案は、所得税基本通達59-6が創設される前の事例です。そのため、現在、同様の取引が行われた場合、売買実例が認められればそれが時価となりますが、そうでない場合は課税を受ける可能性があります。同通達の規定からは、譲渡時に同族株主であれば原則的評価方式による価額が時価とされているためです。また、A社については、同族関係者ではありませんが、純然たる第三者とも言い切れないものがあります。

Point 3 ▶ 一方、A社の課税を考えてみると、A社にとっての時価は特例的評価方式による価額（配当還元価額）となるため、低額譲受けとして受贈益といったような課税はされないものと考えられます。

Point 4 ▶ 仮に、O社株式を役員持株会・従業員持株会が取得したようなケースであれば、個人間の売買となり、所得税法第59条の適用はなく、相続税法第7条（みなし贈与となるか否か）での判断となります。

（会社の取締役がその会社の株式を関係会社へ譲渡する場合の時価）
7　被相続人が、自己が取締役である同族会社に株式を売却する際、類似業種比準価額の約70％で譲渡したところ、純資産価額と類似業種比準価額との併用で計算すべきとされた事例

平成15年9月19日　福岡地裁判決（控訴）
平成17年12月27日　福岡高裁（棄却・確定）

内容に入る前に

　個人が幾つかの会社の代表取締役を務め、かつ、各社の大株主であるといったケースもあります。

　本事例に則して言えば、個人（被相続人）が所有するA社株式を、自身が代表取締役を務めるB社、C社、D社に譲渡しました。その際、個人（被相続人）は、A社の同族株主であることを前提とすると、所得税基本通達59-6㊟の適用があり、時価は原則的評価方式（財産評価基本通達を準用）となります。

> ㊟　所得税基本通達59-6が規定される前の事案のため、法人税基本通達9-1-13（旧9-1-14）、9-1-14（旧9-1-15）を準用しています。

　その際、通常は同族株主であり、かつ、中心的同族株主となるため、原則的評価方式の中でも、純資産価額もしくは純資産価額と類似業種比準価額（各50％ずつ）を合計したものとなります。

　そして、これらの時価と実際の売買価額とを比較し、実際の売買価額が時価の2分の1未満の場合は、時価に引上げて譲渡所得課税が行われます（所法59①二、所令169）㊟。

(注) 時価の2分の1以上でも時価まで引き上げられての課税となる可能性があります（同族会社の行為計算否認規定に該当する場合）（所基通59－3）。

　なお、法人が譲受者の場合、時価の2分の1未満か否かに関わらず時価より低い価額で譲受けたときは、時価との差額は受贈益とされ法人税が課税されます（法法22）。
　関連する所得税法第59条及び所得税法施行令169条では、次のように規定されています。

・・・・ **所得税法** ・・

（贈与等の場合の譲渡所得等の特例）

第59条　次に掲げる事由により居住者の有する山林（事業所得の基因となるものを除く。）又は譲渡所得の基因となる資産の移転があつた場合には、その者の山林所得の金額、譲渡所得の金額又は雑所得の金額の計算については、その事由が生じた時に、<u>その時における価額に相当する金額により、これらの資産の譲渡があつたものとみなす。</u>

　一　贈与（法人に対するものに限る。）又は相続（限定承認に係るものに限る。）若しくは遺贈（法人に対するもの及び個人に対する包括遺贈のうち限定承認に係るものに限る。）

　二　<u>著しく低い価額の対価として 政令 で定める額による譲渡</u>（法人に対するものに限る。）

　（以下略）

所得税法施行令第169条

┌─ 所得税法施行令 ─┐

（時価による譲渡とみなす低額譲渡の範囲）

第169条　法第59条第1項第2号（贈与等の場合の譲渡所得等の特例）に
　　規定する政令で定める額は、同項に規定する山林又は譲渡所得の基因と
　　なる資産の譲渡の時における価額の2分の1に満たない金額とする。

また、関連する所得税基本通達59-6の規定は次のとおりです。

┌─ 所得税基本通達 ─┐

（株式等を贈与等した場合の「その時における価額」）

59-6　法第59条第1項の規定の適用に当たって、譲渡所得の基因となる
　　資産が株式（株主又は投資主となる権利、株式の割当てを受ける権利、
　　新株予約権（新投資口予約権を含む。以下この項において同じ。）及び新
　　株予約権の割当てを受ける権利を含む。以下この項において同じ。）であ
　　る場合の同項に規定する「その時における価額」は、23〜35共-9に準
　　じて算定した価額による。この場合、23〜35共-9の(4)ニに定める「1
　　株又は1口当たりの純資産価額等を参酌して通常取引されると認められ
　　る価額」については、原則として、次によることを条件に、昭和39年4
　　月25日付直資56・直審（資）17「財産評価基本通達」（法令解釈通達）
　　の178から189-7まで《取引相場のない株式の評価》の例により算定し
　　た価額とする。

　⑴　財産評価基本通達178、188、188-6、189-2、189-3及び189
　　-4中「取得した株式」とあるのは「譲渡又は贈与した株式」と、同
　　通達185、189-2、189-3及び189-4中「株式の取得者」とある
　　のは「株式を譲渡又は贈与した個人」と、同通達188中「株式取得後」
　　とあるのは「株式の譲渡又は贈与直前」とそれぞれ読み替えるほか、
　　読み替えた後の同通達185ただし書、189-2、189-3又は189-4
　　において株式を譲渡又は贈与した個人とその同族関係者の有する議決

権の合計数が評価する会社の議決権総数の50%以下である場合に該当
するかどうか及び読み替えた後の同通達188の⑴から⑷までに定める株
式に該当するかどうかは、株式の譲渡又は贈与直前の議決権の数によ
り判定すること。

(以下略)

【参考：財産評価基本通達関係】

188……同族株主以外の株主等が取得した株式（同族株主、中心的同
族株主、同族株主のいない会社の株主、中心的株主の規定含
む）

それでは、判決内容を見ていきましょう。

判決内容

1 事案の概要・結果

　裁判所は非上場の同族会社の株式で、譲渡制限が付されているよう
な取引相場のない株式については、そもそもそれが自由な取引市場に
投入されていないため、自由な取引を前提とする客観的交換価値の把
握は極めて困難であって、できる限り合理的な方法によってこれを推
認する他はないとしました。

　また、法人に対して著しく低い価額で株式を譲渡した場合の所得税
法第59条第1項に基づく譲渡価格の算定に当たり取引相場のない株式
は、参考とすべき最近の適正な売買実例がなく、類似業種比準方式に
よることができない場合には、類似業種比準方式と純資産価額方式と
の併用方式を採るのが相当であるとしました。

２　事実関係とそのポイント

【売買内容】

※　被相続人は平成 8 年10月26日死亡

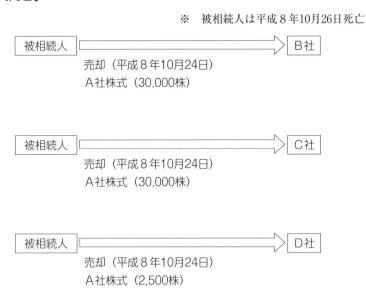

【A社株式保有関係】

【被相続人の平成 8 年分の所得税確定申告】

　A社株式62,500株について収入を 1 株当たり1,000円、取得費を 1 株当たり500円として計算（3,125万円）

【被告（税務署）の処分】

　1株当たりの価額を4,956円と算定し更正処分（納税義務者の選択により1株当たりの純資産価額と類似業種比準価額の併用方式も適用できるため、納税者の有利に純資産価額と類似業種比準方式の併用方式により算定）。

【被告の主張】

① 　本件株式の時価算定に当たって、法人税基本通達（以下「法人税通達」という。）9-1-14及び9-1-15に基づき、財産評価基本通達（以下「評価通達」という。）178から189-6までの規定に依って本件株式を評価したものである。

　　すなわち、本件株式の譲渡人である被相続人は、譲渡時点において、Aの発行済株式総数の62.8％を保有していることから、評価通達188(2)にいう「中心的な同族株主」（課税時期において同族株主の1人並びにその株主の配偶者、直系血族、兄弟姉妹及び1親等の姻族の有する株式の合計数がその会社の発行済株式数の25％以上である場合の株主をいう。）に該当する。したがって、法人税通達9-1-15(1)により、Aは、評価通達178にいう「小会社」に該当し、当該株式の価額は、評価通達179により、純資産価額で算定することになる。しかし、同通達179(3)によれば、納税義務者の選択により1株当たりの純資産価額と類似業種比

準価額の併用方式も適用できるため、本件更正処分は、納税者の有利に純資産価額と類似業種比準方式の併用方式により、1株当たりの価額を4,956円と算定した。

②　株価の算定結果から、みなし譲渡（所法59条）の規定に該当する。

（注1）　上記の法人税基本通達9‐1‐14、9‐1‐15は現法人税基本通達9‐1‐13、9‐1‐14です（以下同じ）。
（注2）　前述のとおり、所得税基本通達59‐6が規定されていない時期の事案です。

【原告の主張】

①　本件株式の時価を算定するに当たっては、本件通達(4)に従って算定することが合理的であり、かつ、納税者の予測可能性を担保することになるところ、本件通達(4)ロは、適正な売買事例〔本件通達(4)イ〕が存しないときは、類似法人比準方式によることを定めており、本件においては、適正な売買実例がないから、結局、類似法人比準方式により算定することになる。

　そして、類似業種比準方式は、類似法人比準方式と同一であり、前者によれば本件株式の評価額は1,500円である。そうすると、本件株式の評価額は1,500円となるところ、本件株式の譲渡価額1,000円は評価額の70％に相当するにすぎず、所得税法59条1項2号の規定は適用されない。

②　本件株式の譲渡価額を決定するに当たり、Aの資本金が

１億2,000万円であり、評価通達178の大会社に該当することから、評価通達179(1)に定める類似業種比準方式に基づいて、本件株式を１株当たり1,500円と算定し、譲渡価額が時価より著しく低いかどうかの判定については、所得税通達40-2(注)が時価の概ね70％に相当する金額による譲渡であるか否かによると定めていることから、1,500円の約70％である1,000円を本件株式の譲渡価額としたものである。

(注)　棚卸資産の低額譲渡の判定基準

【裁判所の判断】

① 本件全証拠によるも、Ａと事業の種類、規模、収益の状況等について類似性を有する法人は見当たらないから、本件株式の算定につき、本件通達(4)ロ（現(4)ハ・以下同じ）に規定する類似法人比準方式を採用することはできない。

② 本件株式の評価に当たって、参考とすべき最近の適正な売買実例がなく、類似法人比準方式によることもできないのであるから、本件通達(4)ハ（現(4)ニ・以下同じ）に準拠して、純資産価額方式等を参酌して本件株式の評価を行うことには合理性があるというべきである。

③ 本件株式譲渡は、Ａの60％以上の式を有していた被相続人から、Ａの100％子会社であるＢ、Ｂ及び乙一族が70.7％の株式を保有しているＤ並びにＡ及び乙一族が90％以上の株式を保有するＣに対してなされたものであるが、このことに、別紙１記載のＡ、Ｂ等及びＥ間の株式持合状況並

びに乙一族のこれらの会社に対する株式保有状況を考慮するならば、本件株式譲渡は、乙一族からその同族会社に対してなされたものであり、B等は、Aに対し支配的地位にある乙一族及びその同族会社のグループの一員として、本件株式を譲り受けたものと認められる。

④　このような同族会社に対する株式の売買については、流通性のある株式の譲渡という性格よりも、Aに対する割合的持分を譲渡して同族会社のグループ内における支配関係を維持することを目的としたものであるというべきであり、このような場合には、純資産価額方式を参酌して本件株式の評価を行うことに、より合理性があるというべきである。

【株式保有状況】　　　　　　　　　　　　　　　　　　単位（％）

株主 ＼ 会社	A	C	D	B	E
乙一族	28.6	61.3	2.5	—	25.0
C ㈱	12.5	—	—	—	—
㈱ D	10.4	—	—	—	31.25
E ㈱	3.7	6.7	29.3	—	—
B ㈱	18	—	68.2	—	31.25
㈱ A	—	30	—	100	12.5
㈱ F	26	—	—	—	—

（注）　縦欄が株主、横欄が各会社、交差するところが株主の各会社の株式保有割合を示しています。

【株式保有割合関連図（本件株式譲渡前）】

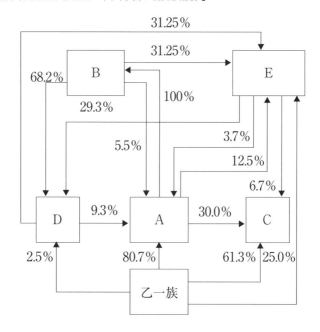

③ 争点、被告及び原告の主張

【争点】

　本件の争点は本件株式の譲渡時における時価である。

　ただし、本件株式の時価を評価するに当たって用いられる各方式に基づいて算出される本件株式1株当たりの評価額につき、純資産価額方式を用いた場合には8,413円、類似業種比準方式を用いた場合には1,500円、配当還元方式を用いた場合は400円となることは争いがない。

【被告の主張】

⑴　所得税基本通達による算定

　所得税法は、みなし譲渡課税をする場合の時価の評価方法について

具体的な規定を置いていないため、個々の取引の実態に応じた適切な評価方法によって適正な時価を算定することになるが、所得税基本通達（以下「所得税通達」という。）23～35共-9（以下「本件通達」という。）は、取締役や従業員が証券取引所以外から勤務会社の株式を取得した場合の株価算定方式を定めており、本件においてもこれに準じて時価を算定するのが合理的である。なぜなら、本件通達は、個人が株式を取得した場合のうち、特定の取得形態について時価の評価方法を定めたものではあるが、所得税通達が対象とする株式取得形態と、みなし譲渡課税の場合（所得税法59条1項2号）は、いずれも証券取引所を通さないで譲渡された株式の時価の評価という点で同じであり、みなし譲渡に該当する場合の株式時価の算定についても、別異の評価方法に拠るべき特段の事情がない限り、これに準拠して時価を算定するのが合理的であると考えられるからである。

(2)　純資産価額方式による評価

そして、本件においては、以下の理由から、本件通達(4)ハに基づき、純資産価額方式を用いて時価を算定することが合理的である。

① 　本件株式については、不特定多数の当事者間での自由な取引による売買実例がないので、本件通達(4)イによる「最近において売買の行われたもののうち適正と認められる価額」は存在しない。

　　また、Aと事業の種類、規模及び収益の状態が類似する他の法人の株式等の価額もないから、本件通達(4)ロによる類似法人比準方式の価額も存しない。

② 　株式の評価については、株式が本来的に会社資産に対する割合的持分としての性質を有し、会社の所有する総資産価値の割合的支配権を表象したものであることからすれば、株式の価値は、会社の総

資産の価額を株式数で除したものであるといえる。

③　商法第204条の４第２項は、株式譲渡価額決定の際に、「会社の資産状態その他一切の事情を斟酌する」と規定し、純資産の価額を重視している。

④　Ａは、平成８年10月24日の本件株式譲渡時、法人税法第２条第10号で規定される同族会社であり、株式の譲渡制限もされていたのであって、閉鎖性の強い個人企業の実態を有していた。したがって、本件株式の所有は、Ａの会社財産に対する持分的な性格を有しており、このような株式の時価は、純資産価額による算定方式により算出することが合理的である。

⑤　譲受会社は、いずれも原告らの一族及びその同族会社が支配しているＡのグループ企業であるところ、グループ内における株式の移動はグループ内での資産の再配分にすぎず、グループ全体の資産が増減するわけではない。すなわち、本件株式の移動は、純資産価額方式によって把握されるグループ企業全体の価値の一部の移動と考えられることから、本件株式の時価は、純資産価額方式によって算定されるべきである。

⑥　なお、本件通達(4)ハは、類似業種比準方式による算定も含んでいるが、Ａはきわめて閉鎖性の強い個人企業と実態が変わらない会社であって、上場会社を基準として適用される類似業種比準方式によって時価を算定する合理性はないというべきである。

⑦　みなし譲渡規定の適用

　　本件株式の時価を純資産価額方式で算出すると、１株当たり8,413円となるところ、原告らは、１株当たり1,000円で本件株式を売却しているから、時価の２分の１に満たない価額での取引となり、みなし譲渡の規定（所得税法59条１項２号、所得税法施行令169条）

204

に基づいて、本件株式譲渡に係る譲渡収入金額を算定することになる。そうすると、原告らの「納付すべき税額」が本件更正処分額を超えるので、総額主義により、本件更正処分は適法である。

(3)　本件更正処分

　なお、本件更正処分においては、本件株式の時価算定に当たって、法人税基本通達（以下「法人税通達」という。）９−１−14及び９−１−15に基づき、財産評価基本通達（以下「評価通達」という。）178から189−６までの規定に依って本件株式を評価したものである。

　すなわち、本件株式の譲渡人である被相続人は、譲渡時点において、Ａの発行済株式総数の62.8％を保有していることから、評価通達188⑵にいう「中心的な同族株主」（課税時期において同族株主の１人並びにその株主の配偶者、直系血族、兄弟姉妹及び１親等の姻族の有する株式の合計数がその会社の発行済株式数の25％以上である場合の株主をいう。）に該当する。したがって、法人税通達９−１−15⑴により、Ａは、評価通達178にいう「小会社」に該当し、当該株式の価額は、評価通達179により、純資産価額で算定することになる。しかし、同通達179⑶によれば、納税義務者の選択により１株当たりの純資産価額と類似業種比準価額の併用方式も適用できるため、本件更正処分は、納税者の有利に純資産価額と類似業種比準方式の併用方式により、１株当たりの価額を4,956円と算定したものである。

(4)　原告らの主張する算定方式の不合理性

　原告らは、類似業種比準方式と類似法人比準方式を同一視した上で、類似業種比準方式によって本件株式の価額を算定すべきである旨主張している。しかし、類似法人比準方式は、適正な売買実例が存在しな

い場合で、かつ、評価法人と事業の種類、規模、収益の状況等が類似する他の法人の株式等の価額が存在する場合に適用できる方式であるのに対し、類似業種比準方式は、上場会社のうち評価会社と類似業種の株式（額面50円に換算したもの。）につき、1株当たり純資産額、配当、収益を算出し、これと評価会社の純資産額、配当、収益を比較して、その比率の平均を求め、類似業種の平均株価に、その比率を乗じた価額により時価を算定する方式である。よって、原告らの類似業種比準方式と類似法人比準方式は基本的に同一であるとの主張は明らかに失当である。

次に、原告らは、本件株式の譲渡における価額の算定に当たって、評価通達178によって評価方法の選定を行い、同通達180の類似業種比準価額による株価算定が妥当と判断した結果、その算定した価額の70％相当額を1株当たりの譲渡価額として決定したものであり、このように算定した譲渡価額は合理的であると主張するようであるが、同主張は、Aが評価通達178の「小会社」であることを無視した主張であって、本来「大会社」に適用される類似業種比準方式による評価はできない。また、類似業種比準方式は、投機株主及び会社経営に参画する株主の需要によって価格が形成される上場会社を基準とするものであるから、上場会社と同様に大規模な会社の株式の価額を算定する場合に合理性を有するのであって、極めて閉鎖性の強い個人企業と実態の変わらないAに対し、類似業種比準方式を採用することはできない。

さらに、原告らは、被告が本件株式の譲受人であるB等に対し課税した際、類似業種比準方式を採用した点を主張するが、これは法人であるB等に対する受贈益課税をした際の評価であり、評価方法が異なるとしても問題はないし、同課税についても純資産価額方式を採用して課税すべきであったのであり、類似業種比準方式を採用した点は不

適切であった。

【原告らの主張】

(1)　主位的請求

① 　本件株式の時価を算定するに当たっては、本件通達(4)に従って算定することが合理的であり、かつ、納税者の予測可能性を担保することになるところ、本件通達(4)ロは、適正な売買事例〔本件通達(4)イ〕が存しないときは、類似法人比準方式によることを定めており、本件においては、適正な売買実例がないから、結局、類似法人比準方式により算定することになる。

そして、類似業種比準方式は、類似法人比準方式と同一であり、前者によれば本件株式の評価額は1,500円である。

そうすると、本件株式の評価額は1,500円となるところ、本件株式の譲渡価額1,000円は評価額の70%に相当するにすぎず、所得税法第59条第1項第2号の規定は適用されない。

なお、被告は、類似法人比準方式と類似業種比準方式は異なると主張するが、本件通達(4)ロの類似法人比準方式によって本件株式の価額を算定するためには、評価会社と事業の種類、規模及び収益の状況等が類似する他の法人であって、かつ、その法人の株式の価額が存在するものを摘出する必要があるところ、実際上納税者には同摘出が不可能なので、実務上納税者は、国税庁作成に係る「類似業種比準価額計算上の業種目および業種目別株価等について」と題する資料に基づく類似業種比準方式をもって、類似法人比準方式に代替しており、これが一般的に行われており、被告や国税不服審判所も同様の取扱いをしている。

原告らは、上記資料及びかかる実務を念頭において本件株式の

譲渡価額を決定したのだから、納税者の予測可能性を担保する観点からも、本件通達(4)ロに基づき、類似業種比準方式によるべきである。

②　そもそも、原告らは、本件株式の譲渡価額を決定するに当たり、Aの資本金が1億2,000万円であり、評価通達178の大会社に該当することから、評価通達179(1)に定める類似業種比準方式に基づいて、本件株式を1株当たり1,500円と算定し、譲渡価額が時価より著しく低いかどうかの判定については、所得税通達40-2が時価の概ね70％に相当する金額による譲渡であるか否かによると定めていることから、1,500円の約70％である1,000円を本件株式の譲渡価額としたものである。

(2)　予備的請求について

　仮に、本件において所得税通達40-2を適用することが不合理であるとしても、被告は、本件株式の譲受人であるB等に対して受贈益課税を行うに当たって、類似業種比準方式により、本件株式1株当たりの価額を1,500円として評価しており、「みなし譲渡」規定の適用においても、譲受側と同様に1株当たり1,500円として評価すべきである。

(3)　被告の主張する算定方式に対する反論

　被告は、本件株式の価額の評価について純資産価額方式を用いることが合理的であると主張するが、本件株式の評価額は、配当還元方式で計算すると400円であり、純資産価額方式により算定した評価額8,413円との間で、株式の価額に21倍もの差を生じる。このような場合には、純資産価額方式及び類似業種比準方式によって株価を算定することは合理性がない。

　また、会社の経営に対して支配的地位にある株主又は当該譲渡によってかかる地位に就こうとする者であれば、純資産を参考にして当該株式の価額を評価し、その価額を受け入れて購入すると仮定することもでき、このような場合に純資産価額方式によって株式の時価を算定することは合理的であるとしても、本件株式譲渡における譲受人は、いずれもＡの少数株主にとどまるのであって、このように配当期待権しか有しない、同族会社における少数株主又は少数株主になろうとしている者が譲受人である場合の時価算定方法として純資産価額方式を採用することは合理的とはいえない。そして、このことは、類似業種比準方式についても同様であるといえる。

４　裁判所の判断

(1)　所得税法第59条第１項第２号に定める「価額に相当する金額」

【判示①】

　所得税法は、権利をもって収入とする場合について、同法36条１項、２項において、その年分の各種所得の金額の計算上収入金額とすべき金額を、当該権利を取得する時における当該権利の価額とする旨定める一方で、同法第59条第１項第２号において、法人に対し、著しく低い価額の対価として政令で定める額により譲渡所得の基因となる資産の移転があった場合には、譲渡所得の金額の計算については、その事由が生じた時における「価額に相当する金額」により、これらの資産の譲渡があったものとみなす旨を定めている。そして、上記「価額に相当する金額」とは、譲渡所得の基因となる資産の移転の事由が生じた時点における時価、すなわち、その時点における当該資産の客観的交換価値を指すものと解すべきであり、同交換価値とは、それぞれの財産の現況に応じ、不特定多数の当事者間において自由な取引が行わ

れる場合に通常成立すると認められる価額であって、いわゆる市場価格をいうものと解するのが相当である。

(2) 取引相場のない株式時価の算定方式

【判示②】

しかしながら、本件株式のように、非上場の同族会社の株式で、譲渡制限が付されているような取引相場のない株式については、そもそもそれが自由な取引市場に投入されていないため、自由な取引を前提とする客観的交換価値の把握は極めて困難であって、できる限り合理的な方法によってこれを推認するほかはない。

そして、非上場の同族会社の株式について所得税法第59条第1項第2号に定める「価額に相当する金額」を算定するための通達は存在しないが、本件通達は、所得税法施行令第84条に定める株式等の価額の算定方法について規定し、その(4)で、上場株式や気配相場のある株式等以外の場合には、

イ 売買実例のあるものについては、最近において売買の行われたもののうち適正と認められる価額により算出すること

ロ 売買実例のないものでその株式等の発行法人と事業の種類、規模、収益の状況等が類似する他の法人の株式等の価額があるものについては、当該価額に比準して推定した価額により算出すること（類似法人比準方式）

ハ 上記イ及びロに該当しないものについては、権利行使日等又は権利行使日等に最も近い日におけるその株式等の発行法人の1株又は1口当たりの純資産価額等を参酌して通常取引されると認められる価額により算出すること

　とされていること、及び租税実務においては、非上場の同族会社の株式について所得税法第59条第1項第2号に定める「価額に相当する金額」を算定する場合にも、本件通達(4)が準用されていることが認められる。

　ところで、通達は上級行政庁が法令の解釈や行政の運用方針などについて、下級行政庁に対してなす命令であるから、国民に対して拘束力を有する法規とは異なるものである。しかし、租税実務においては、通達に基づく画一的な取扱いがされており、このような取扱いは、納税者間の公平、納税者の便宜、徴税費用の節減という見地からみて合理的なものというべきであり、したがって、当該通達の定めに従って当該租税法規を適用することにつき、当事者間に争いがない場合は、当該通達の定めが租税法規に照らして合理性を有する限り、当該租税法規の適用に当たっては、当該通達の定めに従って解釈するのが相当である。

　そうすると、本件においては、原・被告とも、本件通達に従って本件株式の時価を算定するのが合理的であると主張しているので、以下、本件通達の規定に沿って、その合理性及び本件株式の時価を検討する。

(3)　売買実例による算定〔本件通達(4)イ〕

　時価とは、その時点における客観的交換価値をいうものと解すべきであるから、当該会社と特殊な関係を持たず、株式の価値を正当に認識した当事者間で成立した適正な売買実例が存するような場合には、同価額をもって時価と認めることには合理性があるというべきである。

　しかしながら、本件においては、本件通達(4)イにいう適正と認められる売買実例が存在しないことにつき当事者間に争いがない。

　したがって、本件に同項を適用することはできないというべきであ

る。

⑷ 類似法人比準方式による算定〔本件通達⑷ロ〕

① 同方式の合理性

事業の種類、規模、収益の状況等が類似する法人があれば、通常、その株式の価格もほぼ近い値をとるものと考えられるから、適正と認められる売買実例がない場合に、本件通達⑷ロの類似法人比準方式によって当該株価の適正な価額を算出することには合理性が認められる。

ところで、類似法人比準方式とは、評価対象たる当該法人と、事業の種類、規模、収益の状況等についての類似性が存在する法人の株式の価額をもって、評価対象たる法人の株式の価額を推認するものであるが、このような推認に合理性が認められるのは、上記事業内容等の要因が、株式の価額を形成する主要な要因であって、前記要因に類似性が認められれば、株式の価額にも類似性が認められることによるからであると解される。そうすると、上記各要因の類似性を充たす法人が存在しなければ、他の法人の株式の価額との比準を行っても、当該法人の株式の価額について、意味のある推定結果を得ることは困難となるのであるから、このような場合に同方式を採用して株式の時価を算定することはできないというべきである。

② 本件に対する適用

そうしたところ、本件全証拠によるも、Aと事業の種類、規模、収益の状況等について類似性を有する法人は見当たらないから、本件株式の算定につき、本件通達⑷ロに規定する類似法人比準方式を採用することはできない。

③　原告らの主張に対する検討

　原告らは、類似法人比準方式と類似業種比準方式は同一であり、本来においても、本件通達(4)ロを適用するに際しては類似業種比準方式によるべきであると主張する。

　しかしながら、類似法人比準方式が、評価対象たる当該法人と事業の種類、規模、収益の状況等が類似する他の法人の株式等の価額があるものについては当該価額に比準して推定した価額を評価法人の株式の価額とするものであるのに対し、評価通達180ないし182に規定する類似業種比準価額は、業種の類似性に着目しつつ、１株当たりの配当金額、利益金額及び純資産価額の各要素を評価会社と事業内容が類似する上場会社のそれらの平均値と比較して、上場会社の株価に比準して評価会社の１株当たりの価額を算定する方法であって、その算定方式が異なる上、事業の種類、規模、収益の状況といった、いずれも株価の形成に大きな影響を与える要因の類似性について個別に検討しない算定方法である点で、本件通達(4)ロの合理性の根拠である株式価額の類似性の前提を欠くものであって、類似法人比準方式とは異なる算定方式であるといわざるを得ない。

　そして、以上判示したところによれば、仮に、原告らが主張するように、一般的に類似業種比準方式により類似法人比準方式による譲渡価額を算定しているとしても、類似業種比準方式を類似法人比準方式と同一のものとして株式を評価することは相当でないといわざるを得ない。また、Ｂ等に対する課税は、受贈益課税という別個の課税であるから、同課税の際の評価方式が直接本件に採用されるべきとまではいえない。

　以上のとおりであるから、原告らの主張には理由がない。

(5) 純資産価額方式等による算定〔本件通達(4)ハ〕

① 純資産価額方式の合理性

　株式は、会社資産に対する割合的持分という性質を有し、会社の所有する総資産価値の割合的支配権を表象したものであり、株主は、株式を保有することによって会社財産を間接的に保有するものであって、当該株式の理論的、客観的な価値は、会社の総資産の価額を発行済株式数で除したものと考えられることに照らし、純資産価額方式を採用することは合理的であると認められる。また、会社の経営に対して支配的地位にある株主又は当該譲渡によってかかる地位に就こうとする者であれば、純資産を参考にして当該株式の価値を評価し、その価額を受け入れて購入するであろうから、かかる者が譲受人である場合の算定方法としては、さらに合理性を有するといえる。したがって、純資産価額方式は、本件通達(4)のイ及びロの各方法によれない場合の算定方法として合理性を有するというべきである。

② 本件における合理性

　そうすると、本件株式の評価に当たって、参考とすべき最近の適正な売買実例がなく、類似法人比準方式によることもできないのであるから、本件通達(4)ハに準拠して、純資産価額方式等を参酌して本件株式の評価を行うことには合理性があるというべきである。

　そして、前提事実のとおり、本件株式譲渡は、Aの60％以上の株式を有していた被相続人から、Aの100％子会社であるB、B及び乙一族が70.7％の株式を保有しているD並びにA及び乙一族が90％以上の株式を保有するCに対してなされたものであるが、このことに、A、B等及びE間の株式持合状況並びに乙一族のこ

れらの会社に対する株式保有状況を考慮するならば、本件株式譲渡は、乙一族からその同族会社に対してなされたものであり、Ｂ等は、Ａに対し支配的地位にある乙一族及びその同族会社のグループの一員として、本件株式を譲り受けたものと認められる。そうすると、このような同族会社に対する株式の売買については、流通性のある株式の譲渡という性格よりも、Ａに対する割合的持分を譲渡して同族会社のグループ内における支配関係を維持することを目的としたものであるというべきであり、このような場合には、純資産価額方式を参酌して本件株式の評価を行うことに、より合理性があるというべきである。

③　配当還元方式あるいは類似業種比準方式を採用することの可否

　本件通達(4)ハは、純資産価額方式以外の方式を参酌して価額を算出することを認めているところ、原告らは、配当還元方式あるいは類似業種比準方式に従って、価額を算出すべきであると主張する。

　しかしながら、前判示のとおり、Ｂ等は配当期待権しか有しない同族会社における少数株主に該当するものではなく、支配的地位にある株主の一員に該当するものであるから、配当還元方式を参酌することは相当ではない。

　次に、類似業種比準方式は、価格が形成される上場会社を基準とするものであり、上場会社と同様な閉鎖性のない大規模な会社の株式価額を算定する際に合理性を有するものであるところ、Ａは、資本金１億2,000万円の大会社である（弁論の全趣旨）ものの、前提事実のとおり、譲渡前において被相続人が総株式の60％以上を保有し、被相続人を含む乙一族で80％以上を保有しており、被相続人が取締役に就任していた同族会社であって、本件株式譲渡は、同族会社に対する株式の売買である上、本件株式は、いわゆ

る譲渡制限のある株式である。したがって、本件株式譲渡の性格
は、その資本額にかかわらず閉鎖会社における持分譲渡とみるこ
とができ、本件株式譲渡における株式の評価において、純資産価
額方式を排除して、閉鎖性のない上場会社の類似業種との比較に
基づいて株式の評価を行う類似業種比準方式のみを採用すること
には合理性がないというべきである。

　もっとも、純資産価額方式は、評価法人の財産価額から負債の
額を控除した金額を株式数で除して1株当たりの価額を算定する
方法であって、この方式は、個人企業における事業財産を算定す
る場合と同様に、その会社の正味財産の時価、すなわち、客観的
交換価値に着目した価額であり、一般的に評価法人が個人企業と
事業規模、経営の実態において変わらないような会社であり、そ
の株式等を通じて会社財産が完全に支配され、その株式等は会社
財産に対する持分的な性格が強いと認められるような会社の株式
の価額を算定する場合に最も合理性を有する方法であり、会社の
規模が上場企業に類するような大会社の場合には、純資産価額方
式のみによって株式の時価を算定することに、必ずしも合理性が
あるとはいえない。そして、原告らが申告において準拠した評価
通達（相続税及び贈与税の課税価格計算の基礎となる財産の評価
に関する基本的な取扱いを定めた通達）の178、179によれば、資
本金が1億円以上の非上場の大会社（同族会社）の株式の同族株
主に対する譲渡における株式の価額は、類似業種比準方式によっ
て評価することになっていることが認められ、このことに、類似
業種比準方式が、その内容に照らし、不特定多数の当事者間にお
いて自由な取引が行われる場合に成立するであると認められる価
額の近似値を算出する方式としては、一応の合理性を有している

といえることをも加えるならば、本件株式の評価において、類似業種比準方式をも参酌して価額を算出することには合理性があるというべきであり、同方式と純資産価額方式との併用方式を採るのが相当である。

　もっとも、前判示のとおり、本件株式譲渡のような同族会社への譲渡の場合には、純資産価額方式がより合理性を有する評価方式であるから、両方式の併用においても、類似業種比準方式の加重割合は5割以下にならざるを得ない。

　なお、被告は、法人税通達9−1−15(1)により、本件株式の譲渡人である被相続人が中心的な同族株主に該当する場合には、Aが小会社に該当すると主張し、確かに、法人税通達9−1−15(1)は、当該株式につき法人税法33条2項の規定を適用する法人が、当該株式の発行会社にとって中心的な同族株主に該当するときは、当該発行会社は常に評価通達178に定める小会社に該当するものとして、評価通達に定める例により、当該株式の価額を算定することができる旨定めていることが認められる。しかしながら、法人税通達が上記のとおり定めていることによって、評価通達が類似業種比準方式を採用していること自体に影響を与えることはないから、被告の上記主張によって、上記認定を左右することはできないし、そもそも、同法人税通達を、所得税法上のみなし譲渡課税をする場合の非上場同族会社の株式の時価の評価方法に準用する場合には、同株式の時価の特性に応じて準用すべきであり、そうであるなら、同株式の時価は、譲渡人によってではなく、譲受人がいかなる者であるか（支配的株主であるか、あるいは、少数株主であるか）によって決定されるとの特性に従って準用されるべきである(注)。そうすると、法人税通達9−1−15(1)を本件に準用

するか否かについては、譲受人であるB等が中心的な同族株主に該当するか否かによって決定されることになるから、その点において既に、被告の主張を採用することはできない。

> (注)　譲渡人の立場で判断する所基通59-6とは異なった解釈となっています。

⑹　本件更正処分の適法性
【判示④】

　以上によれば、本件株式譲渡における本件株式の時価は、純資産価額方式に基づく1株当たり8,413円（その加重割合は5割以上）と、類似業種比準方式に基づく1株当たり1,500円（その加重割合は5割以下）との加重平均により、1株当たり4,956円以上となるところ、これは、本件株式譲渡における譲渡額である1株1,000円の2倍を超える価格であるから、みなし譲渡規定（所得税法59条1項2号）に基づき、本件株式譲渡における株式の時価は4,956円以上となる。

　そうすると、本件株式の譲渡による1株当たりの収入金額は、本件更正処分における1株当たり4,956円以上になり、本件更正処分のその他の部分は争いがないから、本件更正処分はいずれも適法となる。

ポイントの整理

Point 1 ▶　原告は、会社規模ではA社が大会社に該当するため、類似業種比準価額方式の価額をベースとし、それに著しく低いかどうかの判定ラインを70％（棚卸資産の低額譲渡基準を準用）として株式の時価を算定しましたが、裁判所をそれを認めませんでした。ここでも、財産評価基本通達の算定方法を重視しています。

Point 2▶　この判決では、C社、D社の課税については漏れていた
ようです。各社が同族関係者であれば、時価と実際の売買価額との
差額については受贈益として課税される可能性があります。

　なお、B社は受贈益の課税を受けています（206ページ参照）が、
類似業種比準方式により株価を計算していました。本来的には、本
件の株価と同額でよいと思われます。

Point 3▶　前述のとおり、本事案は所得税基本通達59-6の規定が
置かれる前のものですが、結果としては同じでした（一部解釈につ
いては相違あり）。

（個人が会社に株式を売却する場合の時価）

8 売買実例を基に株価を決定し個人から会社に株式を譲渡したが、時価の2分の1未満としみなし譲渡が適用された事例

平成25年10月22日 東京地裁判決（控訴）
平成26年4月23日 東京高裁判決（上告）
平成27年5月13日 最高裁判決（棄却）

内容に入る前に ||||

　この事案は、事例7と同様に個人から法人に対する株式の譲渡時の価額が問題となったものです。

　個人から法人に対して株式を譲渡した場合は、所得税基本通達59-6の適用があり、譲渡者である個人が同族株主であれば、株式の時価は原則的評価方式（財産評価基本通達を準用）となります。

　その際、通常は同族株主であり、かつ、中心的同族株主となるため、原則的評価方式の中でも、純資産価額もしくは純資産価額と類似業種比準価額（各50%ずつ）を合計したものとなります。

　そして、これらの時価と実際の売買価額とを比較し、実際の売買価額が時価の2分の1未満の場合は、時価に引上げて譲渡所得課税が行われます（所法59①二、所令169）(注)。

> (注) 時価の2分の1以上でも時価まで引き上げられて課税となる可能性があります（同族会社の行為計算否認規定に該当する場合）（所基通59-3）。

　また、法人が譲受者の場合、時価の2分の1未満か否かに関わらず時価より低い価額で譲受けたときは、時価との差額は受贈益とされ法人税が課税されます（法法22）。

　関連する所得税法第59条及び所得税法施行令169条では、次のように規定されています。

```
┌─ 所得税法 ─────────────────────────────────┐
```

（贈与等の場合の譲渡所得等の特例）

第59条　次に掲げる事由により居住者の有する山林（事業所得の基因となるものを除く。）又は譲渡所得の基因となる資産の移転があつた場合には、その者の山林所得の金額、譲渡所得の金額又は雑所得の金額の計算については、その事由が生じた時に、その時における価額に相当する金額により、これらの資産の譲渡があつたものとみなす。

　一　贈与（法人に対するものに限る。）又は相続（限定承認に係るものに限る。）若しくは遺贈（法人に対するもの及び個人に対する包括遺贈のうち限定承認に係るものに限る。）

　二　著しく低い価額の対価として 政令 で定める額による譲渡（法人に対するものに限る。）

　（以下略）

所得税法施行令第169条

```
┌─ 所得税法施行令 ───────────────────────────┐
```

（時価による譲渡とみなす低額譲渡の範囲）

第169条　法第59条第1項第2号（贈与等の場合の譲渡所得等の特例）に規定する政令で定める額は、同項に規定する山林又は譲渡所得の基因となる資産の譲渡の時における価額の2分の1に満たない金額とする。

　また、関連する所得税基本通達59-6の規定は次のとおりです。

（株式等を贈与等した場合の「その時における価額」）

59－6 法第59条第１項の規定の適用に当たって、譲渡所得の基因となる資産が株式（株主又は投資主となる権利、株式の割当てを受ける権利、新株予約権（新投資口予約権を含む。以下この項において同じ。）及び新株予約権の割当てを受ける権利を含む。以下この項において同じ。）である場合の同項に規定する「その時における価額」は、23〜35共－９に準じて算定した価額による。この場合、23〜35共－９の(4)ニに定める「１株又は１口当たりの純資産価額等を参酌して通常取引されると認められる価額」については、原則として、次によることを条件に、昭和39年４月25日付直資56・直審（資）17「財産評価基本通達」（法令解釈通達）の178から189－７まで《取引相場のない株式の評価》の例により算定した価額とする。

(1) 財産評価基本通達178、188、188－６、189－２、189－３及び189－４中「取得した 株式」とあるのは「譲渡又は贈与した株式」と、同通達185、189－２、189－３及び189－４中「株式の取得者」とあるのは「株式を譲渡又は贈与した個人」と、同通達188中「株式取得後」とあるのは「株式の譲渡又は贈与直前」とそれぞれ読み替えるほか、読み替えた後の同通達185ただし書、189－２、189－３又は189－４において株式を譲渡又は贈与した個人とその同族関係者の有する議決権の合計数が評価する会社の議決権総数の50％以下である場合に該当するかどうか及び読み替えた後の同通達188の(1)から(4)までに定める株式に該当するかどうかは、株式の譲渡又は贈与直前の議決権の数により判定すること。

（以下略）

【参考：財産評価基本通達関係】

188……同族株主以外の株主等が取得した株式（同族株主、中心的同

> 族株主、同族株主のいない会社の株主、中心的株主の規定含
> む）

　なお、本事例では、対象株式についての売買事例による価額（後述の別件17年及び18年譲受価額・225ページ参照）が認められるか否か、また、1株当たりの純資産の計算に関して、対象株式の発行会社が過去に購入した土地・建物の時価（土地・建物の時価が株価に影響）についても判断が問われました。

判決内容

① 事実概要・結果

　本件は、原告が、その所有していた株式会社Fの株式を訴外法人に譲渡したところ、被告（課税当局）から、当該譲渡はいずれも所得税法59条1項2号に規定する法人に対する「著しく低い価額の対価」による資産の譲渡に該当し、その時における価額に相当する金額により、当該資産の譲渡があったものとみなされるとして、所得税に係る更正処分及び過少申告加算税の賦課決定処分を受けました。原告は、本件各更正処分等における株式の価額の算定には誤りがあり、当該譲渡は「著しく低い価額の対価」による資産の譲渡には当たらないなどと主張して、本件各更正処分等のうち申告額を超える部分の取消しを求めた事案です。

　結果として裁判所は、被告（課税当局）の主張を認め、所得税法59条2項に該当するものと判断しました。

> (注)　売買価額5万円（1株）、課税当局の認定額62万6,762円（1株）

1　対象となった譲渡（本件会社株式）

　本件会社（Ｆ社）発行株式数1,000株、目的はホテルの経営等、資本金の額5,000万円

〔株主構成〕※１株５万円で引受け
・亡Ａ　600株　・原告Ｅ　100株　・原告Ｄ　60　・Ｇ（株）100株
・Ｈ　60株　・Ｉ　20株　・Ｊ　20株　・Ｋ　20株　・Ｍ　20株

　⑵　原告Ｃは、亡Ａの長男、原告Ｅは亡Ａの二女、原告Ｄは亡Ａの二男、Ｋは亡Ａの妹

○　本件会社は、株式会社Ｎのグループ会社と位置付けられている。
　株式会社Ｎは本件会社（Ｆ社）に加え、Ｏ株式会社、Ｇ、Ｐ株式会社（以下「Ｐ」という。）及びＱ株式会社（上記３社と併せて「訴外４法人」という。）を含む20数社がそのグループ会社として位置付けられている。

2　本件株式の譲渡の内容及び経緯等

⑴　株式譲渡内容

※買い受けた会社は関係会社

| 亡Ａ | 売却（H18.3.24）
Ｆ社株式 240 株（１株５万円）　→ | Ｐ社 |

| 亡Ａ | 売却（H18.3.24）
Ｆ社株式 80 株（１株５万円）　→ | Ｏ社 |

| 亡Ａ | 売却（H18.3.24）
Ｆ社株式 90 株（１株５万円）　→ | Ｑ社 |

| 原告Ｅ | 売却（H18.3.24）
Ｆ社株式 140 株（１株５万円）　→ | Ｇ社 |

| 原告E | 売却（H18.3.24）
F社株式 80 株（1 株 5 万円） | O社 |
| 原告D | 売却（H18.3.24）
F社株式 10 株（1 株 5 万円） | O社 |

(注)　亡Aは平成25年6月23日死亡

⑵　上記譲渡の前に行われている株式譲受け①（別件17年譲受）

H	売却（H17.6） F社株式 40 株（1 株 75,334 円）	亡A
J	売却（H17.6） F社株式 20 株（1 株 75,334 円）	原告E
M	売却（H17.6） F社株式 20 株（1 株 75,334 円）	原告C

⑶　上記譲渡の前に行われている株式譲受け②（別件18年譲受）

| H | 売却（H18.2.6）
F社株式 20 株（1 株 75,334 円） | 亡A |

(注)　ＨＪＭは亡Aの親族ではありません。

225

参　考

〔本件会社の役員の状況〕

　別件17年譲受時（平成17年6月）における本件会社の代表取締役は、亡A及びHであったが、Hは、同年12月、本件会社の代表取締役及び取締役を辞任した。

　また、別件17年譲受時（平成17年6月）における本件会社の他の役員は、取締役が原告D、原告E及びJであり、監査役がK及びMであったところ、同日、更に原告Cが取締役に就任した。

　上記の役員の状況は、本件譲渡日（平成18年3月24日）まで変化はない。

〔別件17、18年譲受に係る課税処分〕

　7条にいう「著しく低い価額の対価で財産の譲渡を受けた場合」に該当し、当該譲渡の対価（1株当たり7万5,334円）と当該譲渡があった時における本件株式の時価との差額に相当する金額を贈与により取得したものとみなされるとして、課税庁は平成22年6月21日付けで、亡Aに対し、贈与税に係る決定処分及び無申告加算税賦課決定処分をし、原告E及び原告Cに対し、それぞれ贈与税に係る更正処分及び過少申告加算税賦課決定処分をした。

　上記各処分において、本件株式の時価は、別件17年譲受につき1株当たり37万7,371円、別件18年譲受につき1株当たり43万8,194円と評価されている。

⑷　亡Aの死亡

　原告であった亡Aは、平成25年6月23日、死亡した。亡Aの子である原告B、原告C、原告E及び原告Dは、亡Aを相続するとともに、事件の訴訟を承継した。

⑸　上記株式譲渡の前に行われている不動産の譲受け

①　本件会社は、平成12年8月31日、Rから、本件土地及び本件土地上の本件建物を、<u>合計代金額5億円〔本件土地8,000万円、本件建物4億2,000万円（消費税込み）〕</u>で買い受けた。

> **参　考**
>
> ①　本件建物は、Rが平成●年●月●日に新築した建物であり、Rの帳簿上の取得価額は、本件建物が23億8,064万9,049円、本件建物の附属設備が16億5,274万7,320円とされていた。
> ②　Rの平成11年4月1日から平成12年3月31日までの事業年度（以下「平成12年3月期」という。）における期末帳簿価額は、本件建物が21億8,424万5,505円、本件建物の附属設備が13億7,983万7,664円（いずれも償却累計額を控除した後のもの）、本件土地が6億4,756万3,223円であった。
> ③　Rは、平成14年2月21日、株主総会の決議により解散し、同月、東京地方裁判所の命令により、その特別清算が開始した。

② 本件会社は、上記買受け後、本件土地建物を用いて、「Ｆ」の名称で、いわゆるビジネスホテルを経営していた。

③ 本件土地建物の平成18年度の固定資産税評価額は、本件土地が１億1,437万7,390円、本件建物が12億7,584万8,181円であった。

②　当事者の主張

【被告・税務署の主張】

1　本件各譲渡の「最近において」行われた売買として、一株当たり７万5,334円で行われた別件各譲受が存在する。しかし、別件各譲受は、当時の本件会社の代表取締役であり、本件会社を実質的に支配している亡Ａの指示により行われた、亡Ａないし亡Ａの親族らと、本件会社のその余の役員らとの間の取引であるから、純然たる第三者間で行われた取引とは認められず、更に、その価格形成過程（亡Ａが決めたもので、各売主の意向が反映されていないことなど）を見ても、不特定多数の当事者間で自由な取引が行われた場合に通常成立する価額であるとは認められない。

　すなわち、別件譲受価額は、主観的事情に影響されたものであって、株式の客観的交換価値が正当に反映されたものとは認められないから、「適正と認められる価額」とはいえず、本件株式について、「売買実例のあるもの」として所得税通達23～35共－９の⑷イにより評価することはできない。

　したがって、本件株式は、所得税通達23～35共－９の⑷ニに基づき、本件各譲渡の時における「１株又は１口当たりの純資産価額等を参酌して通常取引されると認められる価額」により評価することとなる。

2　所得税通達23～35共－９の⑷ニに規定する「１株又は１口当たり

の純資産価額等を参酌して通常取引されると認められる価額」とは、客観的交換価値をいうが、その評価について、所得税通達59－6は、一定の条件の下、評価通達178ないし189－7までの例により算定した価額によるものとしている。

3　被告算定過程において、1株当たりの純資産価額の計算に際して用いた本件土地建物の評価額は、本件建物が12億3,459万8,077円であり、本件土地が1億6,606万2,136円である（鑑定価額）。

4　上記より株価を算定すると、所得税法59条1項2号に規定する法人に対する「著しく低い価額の対価」による資産の譲渡に該当し、その時における価額に相当する金額により、当該資産の譲渡があったものとみなされる。

【原告の主張】

1　原告らは、本件各譲渡に当たり、6年間のホテル事業の予測収益力をしんしゃくするとともに、平成12年の時価によるホテルの買取価額を参考にしながら、それ以後の経営状況や株式価値の上昇は見込めないことから、本件株式の譲渡価格を1株当たり5万円と決定したものであり、これが適正価額である。

2　本件株式の価額を所得税通達23～35共－9の(4)によって評価するとしても、本件株式については、別件各譲受という実例があるから、同(4)イの売買実例のある株式として評価すべきである。

3　「1株又は1口当たりの純資産価額等を参酌して通常取引されると認められる価額」についても、評価通達を形式的に当てはめるのは相当でなく、当該価額こそが重視されるべきである。

4　本件土地建物については、本件会社が平成12年8月31日にRから本件土地建物を購入したときの売買価格は、本件土地が8,000万円、

本件建物が4億2,000万円（消費税込み）である。<u>この売買価格は、経済性を考慮して決定された価額であり、本件土地建物の客観的交換価値である。</u>

　これにより、純資産価額により株価を算定すると所得税法59条1項2号に規定する法人に対する「著しく低い価額の対価」による資産の譲渡には該当しない。

1　原告らは、本件株式について、別件各譲受という売買実例がある旨主張するが、別件譲受価額については、<u>不特定多数の当事者間で自由な取引が行われた場合に通常成立する価額であると解することはできず、客観的交換価値を的確に表したものと認めることはできない。</u>本件株式については、所得税通達23〜35共−9の(4)ニに定める評価方法（株式等の発行法人の1株又は1口当たりの純資産価額等を参酌して通常取引されると認められる価額）に基づいて評価されることとなる。

2　原告らは、F社が平成12年に土地を8,000万円、建物を4億2,000万円で購入しており、これは経済性を考慮して決定された価額であるから、本件土地建物の客観的交換価値である旨主張する。しかし、<u>評価通達の評価方法によっては本件土地建物の客観的交換価値を適切に算定することができない特別の事情があると認めることはできないから、本件土地建物について同評価方法に従って算出された価額（土地1億6,606万円余、建物12億3,459万円余）は、その客観的交換価値を超えるものではないと推認することができる。</u>

3　以上によると、本件株式を所得税通達及び評価通達の定める評価方法に従って算定した場合の譲渡日における評価額は、被告算定過

程のとおり、1株当たり62万6,762円であると認められる。本件各
譲渡は1株当たり5万円の対価で行われたものであるところ、当該
対価は、資産の譲渡の時における価額の2分の1に満たない金額に
当たり、所得税法59条1項2号の規定により、その時における価
額に相当する金額によって、本件株式の譲渡があったものとみなさ
れる。

1　所得税通達及び評価通達の定める取引相場のない株式の評価方法とその一般的合理性

(1)　原告らは、本件株式について、別件各譲受という売買実例がある
から、所得税通達23〜35共－9の(4)イないしニのうち、イの売買実
例のある株式として評価すべきである旨を主張する。

　そこで検討すると、別件各譲受の経緯について、以下の事実が認
められる。

(ア)　亡Aグループによる本件株式の保有状況

　本件会社の設立に際し、発行済株式の1,000株のうち、亡Aが
600株、亡Aの二女である原告Eが100株、亡Aの二男である原告
Dが60株、亡Aの妹であるKが20株を引き受けたものであり、こ
れらの亡A及びその親族らにおいて、合計780株（発行済株式の
78％）を保有していた。

　その後の本件株式の異動の経緯は、上記4名に亡Aの長男であ
る原告Cを加えた亡Aグループにおいて、別件17年譲受前は合計
800株（発行済株式の80％）、別件17年譲受後・別件18年譲受前は
合計880株（同88％）、別件18年譲受後は合計900株（同90％）を
保有していた。

なお、本件株式は、株式の譲渡につき取締役会の承認を要する
いわゆる譲渡制限付株式である。

(イ)　H、J及びMの本件株式取得の経緯

　　Hは、本件会社の設立に当たり、亡Aの意向を受けて代表取締
役に就任し、亡Aの指示により、自らも本件株式60株を1株当た
り5万円で引き受けた。また、J及びMは、本件会社の設立に当
たり、亡Aの意向を受けて取締役又は監査役に就任し、亡Aの指
示により、自らも本件株式を20株ずつ1株当たり5万円で引き受
けた。

　　別件各譲受の対象とされた本件株式は、いずれも、上記のとお
りH、J又はMが本件会社の設立に当たり引き受けたものである。

(ウ)　別件各譲受の経緯

　　Hは、定年のため平成18年3月末日に本件会社の代表取締役を
辞任する予定になっていたが、平成17年中に亡Aとトラブルにな
ったため、当初の予定よりも早く辞任することとなった。その際、
Hは、亡Aから、Hの保有する本件株式を亡Aに売却するように
指示されたことから、その所有する60株を全て亡Aに譲渡した
（別件各譲受のうち亡A譲受分）。

　　Jは、亡Aから、Jの保有する本件株式を原告Eに売却するよ
うに指示されたことから、その所有する20株を全て原告Eに譲渡
した（別件各譲受のうち原告E譲受分）。その際、Jと原告Eと
が本件株式の譲渡に関して直接協議をすることはなかった。

　　Mは、亡Aから、Mの保有する本件株式を原告Cに売却するよ
うに指示されたことから、その所有する20株を全て原告Cに譲渡
した（別件各譲受のうち原告C譲受分）。その際、Mと原告Cと
が本件株式の譲渡に関して直接協議をすることはなかった。

㈣　別件譲受価額の決定の経緯

　別件譲受価額である１株当たり７万5,334円は、本件会社の資本金の額（5,000万円）と未処分利益の額（平成17年５月期末において2,533万4,716円）の合計額を発行済株式数（1,000株）で除する方法により算出されたものであり、これを亡Ａが決定又は了承することによって定まったものである。なお、別件譲受価額の形成過程に、売主であるＨ、Ｊ又はＭが関与したり、その意向が反映されたとは認められない。

㈤　売主らの認識

　平成22年２月に行われた税務職員による聴取に対し、別件各譲受につき、①Ｈは、Ｈ、Ｊ及びＭのいずれも、売買単価が低すぎるとの認識を持っていたが、亡Ａの指示は決定事項であるため、それに異議を挟むことはできなかったことを、②Ｊは、本件株式の原告Ｅへの譲渡は自分の意志ではなかったこと、売買単価が適正なものかどうか分からなかったが、本件会社の役員会で売買単価が指示されたためこれに従ったことを、③Ｍは、本件株式の原告Ｃへの譲渡は自分の意志ではなかったこと、将来の配当が見込まれたこの時期に株式を売却することに関しては若干の抵抗があったこと、売買単価は「Ｎグループ」での一般的な株価評価方法で算出されると認識していたことを、それぞれ申述している。

　以上の事実関係に照らせば、別件各譲受は、自身及びその親族らにおいて本件会社の株式の過半数を保有し、代表取締役にも就いて、本件会社を実質的に支配し得る立場にあった亡Ａの指示により、亡Ａ並びにその親族である原告Ｅ及び原告Ｃが、本件会社の他の役員らから本件株式を譲り受けたものであって、対等独立の立場にある当事者がその自由な意思決定に基づいて行ったもの

233

ということはできない。そして、その１株当たりの代金額（別件譲受価額）は、会社の資産の含み益等を考慮せずに単に資本金の額と未処分利益の額の合計額を発行済株式数で除するという、それ自体として株式の客観的交換価値を反映したものとはいい難い方法により算出されたものである上、亡Ａがこれを決定又は了承することによって定まったものであり、その形成過程に売主らの意向が反映されたとは認められないものである。かえって、事後の売主らの申述によれば、売主らは、当該譲渡又はその代金額に不満を有しつつ、亡Ａの指示に従ったものとうかがわれるところである。

そうすると、別件譲受価額について、不特定多数の当事者間で自由な取引が行われた場合に通常成立する価額であると解することはできず、本件株式の客観的交換価値を的確に表したものと認めることはできないから、これをもって「適正と認められる価額」ということはできない。

したがって、本件株式につき、別件各譲受を「売買実例」として、所得税通達23～35共－９の(4)イに基づいて評価することはできない。

(2) そして、本件株式が所得税通達23～35共－９の(4)ロ又はハに定める株式に当たるとも認められないから、本件株式については、同(4)のうち、ニに定める評価方法（権利行使日等又は権利行使日等に最も近い日におけるその株式等の発行法人の１株又は１口当たりの純資産価額等を参酌して通常取引されると認められる価額）に基づいて評価されることとなる。

(3) 所得税通達59－６の(1)ないし(4)について

㋐ 所得税通達59－６の(1)ないし(4)は、価額の評価の対象が譲渡所

234

得の基因となる資産であることを踏まえ、中心的な同族株主の保有する株式の価値はその会社財産に対する持分としての価値と切り離して考えられないことや、個人の株式の取引実態等に鑑みて、評価通達178ないし189－７の例による価額の算定に一定の条件を設けたものと解され、以下の原告らの主張を検討しても、一般的な合理性に欠けるところはないということができる。

(イ)　原告らは、所得税通達59－６の(1)が「同族株主」の判定を譲渡直前の議決権数によるものとしているのは不合理であり、その判定は譲渡後の議決権数によるべきである旨を主張する。

　　しかし、譲渡所得に対する課税は、資産の値上がりによりその資産の所有者に帰属する増加益（キャピタル・ゲイン）を所得として、その資産が所有者の支配を離れて他に移転するのを機会に、これを清算して課税する趣旨のものであるから〔最高裁昭和●●年（○○）第●●号同47年12月26日第三小法廷判決・民集26巻10号208３頁、最高裁昭和●●年（○○）第●●号同50年５月27日第三小法廷判決・民集29巻５号641頁参照〕、譲渡所得に係る資産の価額は、当該資産を譲渡した後の価値ではなく、その譲渡前において当該所有者が所有している状態における価値により評価するのが相当である。したがって、所得税通達59－６の(1)が「同族株主」の判定を譲渡直前の議決権数によるものとしていることは、合理性を有するものということができる。

　　原告らの主張は、本件各譲渡後の議決権数により「同族株主」の判定を行う結果、承継前原告らは「同族株主」には該当しないこととなるから、本件株式の価額は特例的評価方式である配当還元方式により評価すべきであるというものである。しかし、配当還元方式は、事業経営への影響の少ない少数株主は単に配当を期

待するにとどまるという実質を踏まえて、その株式に係る年配当金額を基として計算した配当還元価額によって評価する方式であるところ（評価通達188－2）、承継前原告らは、本件各譲渡直前において本件会社の議決権総数の90％を占め本件会社の支配的立場にあった亡Ａグループの者であって、その承継前原告らに帰属する本件株式の増加益の算定のためにされる本件株式の価額の評価において、単に配当を期待するにとどまるような少数株主を想定した配当還元方式によるというのは、明らかに合理性を欠くものというべきである。

(ウ) なお、原告らは、所得税通達59－6の(3)に定める土地の価額の譲渡時の価額への洗い替えに関して、被告が本件土地につき路線価を基礎として算定した評価額を0.8で割り戻すなどして評価したことについて、不合理である旨を主張するところ、この点は、後に検討する。

2 所得税通達及び評価通達の定める評価方法によっては本件株式の客観的交換価値を適切に算定することができない特別の事情の有無

【本件各譲渡の譲渡価格について】

原告らは、本件各譲渡の譲渡価格である1株当たり5万円が本件株式の適正価額であるから、所得税通達及び評価通達の定める評価方法によって本件株式の価額を評価するのは相当でない旨を主張する。

ここで、本件各譲渡における実際の取引価格である上記価格が本件株式の客観的交換価値を的確に表したものと認められる場合には、所得税通達及び評価通達の定める評価方法によっては本件株式の客観的交換価値を適切に算定することができない特別の事情があるという余地がある。所得税通達59－6において、所得税通達23～35共－9の(4)

ニに定める「1株又は1口当たりの純資産価額等を参酌して通常取引
されると認められる価額」につき、「原則として」所定の条件の下に
評価通達178から189－7までの例により算定した価額とする旨を定め
ているのも、上記のような趣旨に解することもできる。

　しかし、本件各譲渡は、亡A及びその親族らと、亡Aが名誉会長に
就いていたNのグループ会社であり、かつ、亡A自身が代表取締役に
就いていた訴外4法人との間で行われたものであって、対等独立の立
場にある当事者間における取引ということはできない。また、上記譲
渡価格について、本件株式の客観的交換価値を反映するような方法で
算出されたとはうかがわれないし、かえって、同譲渡価格は、本件株
式の客観的交換価値を的確に表したものと認めることはできない別件
譲受価額をも下回るものである。そうすると、上記譲渡価格について、
不特定多数の当事者間で自由な取引が行われた場合に通常成立する価
額であると解することはできず、本件株式の客観的交換価値を的確に
表したものと認めることはできないから、1株当たり5万円で本件各
譲渡がされたことをもって、所得税通達及び評価通達の定める評価方
法によっては本件株式の客観的交換価値を適切に算定することができ
ない特別の事情があると認めることはできない。

3　所得税通達及び評価通達の定める評価方法による本件株式の評価額

　被告が主張する所得税通達及び評価通達の定める評価方法による本
件株式の本件譲渡日における評価額の算定過程のとおりである。この
うち、当事者間に争いがあるのは、以下の(1)及び(2)の各事項であるか
ら、これらについて検討する。

(1)　1株当たりの純資産価額の計算における本件土地建物の評価額に

ついて被告算定過程において、本件株式の評価は、類似業種比準方式及び純資産価額方式の併用によって行われているところ、そのうち純資産価額方式に係る1株当たりの純資産価額の計算において、本件会社の資産として本件土地建物の評価額（本件建物が12億3,459万8,077円、本件土地が1億6,606万2,136円）が計上されている。

　所得税通達59－6がその例によることとしている評価通達185は、純資産価額方式により株式を評価する場合に計上する評価会社の総資産価額につき、原則として、課税時期における各資産を評価通達の定める評価方法により評価した価額によることを定めている。ここで各資産を評価するために適用されることになる評価通達の定める評価方法は、各資産の時価すなわち客観的交換価値を算定するためのものとして定められているところ〔評価通達1(2)〕、所得税通達59－6もこれを前提とするものと解されるから、本件株式を純資産価額方式により評価する際において、本件会社の資産として計上された本件土地建物の評価額が、その時価すなわち客観的交換価値を超える場合には、所得税通達及び評価通達の定める評価方法を適正に適用したものとはいえないことになり、その結果として算出された本件株式の評価額についても、その客観的交換価値を超えるものではないと推認することはできないことになると解される。

　そこで、被告算定過程のうち1株当たりの純資産価額の計算において本件会社の資産として計上された本件土地建物の評価額が、その時価すなわち客観的交換価値を超えるものかどうかについて検討する。

ア　評価通達の定める土地建物の評価方法とその一般的合理性

　㋐　評価通達の定める評価方法のうち、本件土地建物の評価に関するものは次のとおりである。

　すなわち、市街地的形態を形成する地域にある宅地については、路線価方式によって評価するものとされており〔評価通達11(1)〕、この路線価方式とは、売買実例価額、公示価格、不動産鑑定士等による鑑定評価額、精通者意見価格等を基として、国税局長が路線ごとに評定した1㎡当たりの価額である路線価を基礎とし、評価通達15から20－5までの定め（奥行価格補正、側方路線影響加算等）により計算した金額によって評価する方式である（評価通達13、14）。そして、貸家建付地（借家権の目的となっている家屋の敷地の用に供されている宅地をいう。）の価額は、その宅地の自用地としての価額から、同価額に借地権割合及び借家権割合を乗じ、更に賃貸割合を乗じて計算した価額を控除した価額によって評価するものとされている（評価通達26）。

　また、家屋については、その家屋の固定資産税評価額に1.0を乗じて計算した金額によって評価するものとされている（評価通達89）。この固定資産税評価額は、総務大臣が定める固定資産の評価の基準並びに評価の実施の方法及び手続である評価基準（地方税法388条1項）により、市町村長が決定するものであり（同法403条1項）、評価基準は、家屋の評価方法として、当該家屋の再建築費から当該家屋の損耗の状況による減価等をすることによって評価する再建築費基準法を定めている。

(イ)　このような本件土地建物に適用される評価通達及び評価基準の定める評価方法が、財産の時価すなわち客観的交換価値を算定する方法として一般的な合理性を有するものであることは、当事者間に争いがない。

(ウ)　ただし、被告は、所得税59－6の(3)が純資産価額の算定に当

239

たって土地の価額を譲渡時の価額によることとしていることを受けて、本件土地の評価に際し、路線価方式によって算出された価額を0.8で割り戻すことにより、本件譲渡日前後の基準時点（平成18年1月1日及び平成19年1月1日）の評価額をそれぞれ算出した上で、両基準時点間の評価額の変動を、両基準時点と本件譲渡日（平成18年3月24日）との時間的間隔に応じて反映させる時点修正をすることにより、本件譲渡日における評価額を算出しているところ、原告らは、このような評価方法は不合理である旨を主張する。

　そこで検討すると、路線価は、土地の価額には相当の値幅があることや、路線価が相続税及び贈与税の課税に当たって1年間適用されるものであるため、評価時点であるその年の1月1日以後の1年間の地価変動にも耐え得るものであることが必要であること等の評価上の安全性を配慮して、地価公示価格、すなわち、地価公示法に基づき土地について自由な取引が行われるとした場合におけるその取引において通常成立すると認められる価格として判定、公示された価格（同法2条）と同水準の価格の80％をめどに定められているものである。また、地価公示価格及び路線価の評価時点は、当年1月1日である。そうすると、路線価に基づいて算出された評価額を0.8で除して、基準時点（当年1月1日）の地価公示価格水準に割り戻した上、当該基準時点から本件譲渡日までの時点修正をすることにより評価額を算出するという方法は、本件譲渡日における客観的交換価値を算出する方法として、合理性を有するものということができる。

　原告らは、地価は日々下落しており、路線価を0.8で割り戻

240

した数値が仮に路線価の基準時には時価であったとしても、その後1年間時価であり続けることはあり得ない旨を主張するが、当該基準時点から本件譲渡日までの時点修正がされていることからすれば、上記方法が時価の変動を反映していないものとはいえない。また、原告らは、地価公示価格を基にした算定では、本件土地独自の利用方法や収益性等の特性が反映されない旨を主張するが、土地の特性は一般的には評価通達に定める諸補正等により評価に反映し得るところであり、それによっても評価額に反映されないような特性があるかどうかは、評価通達の定める評価方法によっては本件土地の客観的交換価値を適切に算定することができない特別の事情の有無として検討すべき問題である。

㈑　そうすると、本件土地建物について評価通達及び評価基準の定める評価方法〔ただし、本件土地については前記㈄の方法によるもの〕に従って算出された価額は、同評価方法によっては本件土地建物の客観的交換価値を適切に算定することができない特別の事情の存しない限り、その客観的交換価値を超えるものではないと推認することができるものというべきである〔評価基準の定める評価方法に従って算出された固定資産の価格と適正な時価との関係につき、最高裁平成●●年（○○）第●●号同15年7月18日第二小法廷判決・裁判集民事210号283頁、最高裁平成18年（行ヒ）第179号同21年6月5日第二小法廷判決・裁判集民事231号57頁、最高裁平成24年（行ヒ）第79号同25年7月12日第二小法廷判決・裁判所時報1583号218頁参照〕。

イ　前記ア㈎の評価方法〔ただし、本件土地については前記ア㈄の方法によるもの。以下同じ。〕によっては本件土地建物の客観的

交換価値を適切に算定することができない特別の事情の有無

（ア）　本件土地建物の売買価格について

　　本件土地建物は、本件会社が、平成12年８月31日、Ｒから合計代金額５億円（本件土地8,000万円、本件建物４億2,000万円）で購入したものであるところ、原告らは、当該売買は純然たる第三者間の取引であるなどとして、その売買価格は当該売買時点での本件土地建物の客観的交換価値を表している旨を主張する。

　　そこで、本件会社による本件土地建物の取得の経緯について見ると、前記前提事実のほか、文中記載の証拠及び弁論の全趣旨によれば、以下の事実が認められる。

　a　Ｒにおける帳簿価額

　　Ｒにおける平成12年３月期の期末帳簿価額は、本件建物が21億8,424万5,505円、建物附属設備が13億7,983万7,664円、本件土地が６億4,756万3,223円であった。

　b　Ｒの清算手続

　　Ｒの平成12年３月期の営業報告書には、現下の厳しい情勢が今後も継続する可能性が高いと思われるため、同社の再建は不可能であると判断せざるを得なくなり、同社の清算を決断するに至ったこと、平成12年度には北海道のホテル、温泉施設及び賃貸ビル等の資産の処分を推進し、同年度中に清算手続に入りたいと考えていることが記載されている。その後、Ｒは、平成14年２月21日、株主総会の決議により解散し、同月●日、東京地方裁判所の命令によりその特別清算が開始した。

　c　本件土地建物の売買価格の決定の経緯

242

　平成12年２月頃から、本件会社関係者とＲ関係者との間で、本件土地建物の売買交渉が行われた。Ｒ側は、当初、本件建物の建築費用が40億円以上かかっていることや、本件建物が平成●年に新築されて●年しか経過していないことなどから、本件土地建物の売買価格として20億円から23億円程度を提示したが、本件会社の設立時の代表取締役として交渉を担当したＨは、本件土地に隣接する更地の取引事例を基に、本件土地の取引相場を５億円弱と算定した上、本件土地建物の購入価格として、５億円を提示した。上記提示に対し、Ｒ側は、当初は難色を示したものの、５億円と消費税額の合計額で売却することに前向きな回答を行い、さらに、本件会社側が消費税額を含めて５億円での購入を主張したところ、Ｒ側も結果的にこれに合意した。

d　交渉担当者らの認識

　平成22年１月ないし２月に行われた税務職員による聴取に対し、①Ｈは、本件土地だけで５億円の価値があると考えており、本件建物については、建築後●年経過していたものの管理が行き届き内装もきれいな状態であり、相当額の価値があると認識していたため、本件土地建物の購入価格が消費税額を含めて５億円というのは格安であると認識していたこと、他社の本件土地建物の希望購入価格が20億円と聞いていたため、本件土地建物の価格は20億円程度が相場なのかもしれないと認識していたことを、②Ｒの平成12年当時の企画部副部長であり、本件土地建物の売却を担当していたａは、赤字部門であるホテル部門を閉鎖してＲを立て直すため、できるだけ早く本件土地建物を処分したかったこと、とにかく急げと

いうのが上層部の指示であり、損を承知で売り急いでいたこと、価格の決定では売手側より買手側の力が強かったことを、③亡Aは、本件建物を４億円（消費税額を除く。）で取得できたことについて、実際の建築費用が二十数億円と思われる建物を、築●年とはいえ４億円で取得できたのだから随分安く買えたと思っていることを、それぞれ申述している。

　以上の事実関係や交渉担当者らの認識に照らせば、Ｒと本件会社との間でされた本件土地建物の売買は、Ｒが清算手続移行を予定して保有資産の処分を急いでいたという特殊な事情の下で、当事者が取得価額等から想定していた相場よりも大幅に低い売買価格で行われたものということができる。そうすると、その売買価格である５億円について、不特定多数の当事者間で自由な取引が行われた場合に通常成立する価額であると解することはできず、本件土地建物の当該売買当時の客観的交換価値を的確に表したものと認めることはできない。

　したがって、本件会社が平成12年８月31日にＲから本件土地建物を合計代金額５億円で購入したことをもって、前記ア㋐の評価方法によっては本件土地建物の客観的交換価値を適切に算定することができない特別の事情があると認めることはできない。

㋑　本件会社における帳簿価額について

　原告らは、本件会社における平成18年５月期末の本件土地建物の帳簿価額（本件建物につき３億3,451万4,000円、本件土地につき8,000万円）をもって、本件土地建物の本件譲渡日における客観的交換価値を表している旨を主張する。しかし、原告

244

らの主張する上記帳簿価額は、本件会社が平成12年8月31日に
Rから本件土地建物を購入した際の売買価格を基礎とするもの
と解されるところ、前記㈠のとおり、当該売買価格が本件土地
建物の当該売買当時の客観的交換価値を的確に表したものと認
めることはできないから、これを基礎とする上記帳簿価額につ
いても、本件土地建物の本件譲渡日における客観的交換価値を
的確に表していると認めることはできない。したがって、原告
らの上記主張を採用することはできない。

㈡　原告各鑑定について

　　原告らは、原告各鑑定の鑑定評価額は適正なものであるとし
て、これと乖離した被告算定過程における本件土地建物の評価
額は不適当である旨を主張する。

　　しかし、土地建物の時価すなわち客観的交換価値についての
鑑定評価は、必ずしも一義的に算出され得るものではなく、性
質上一定の幅があり得るものであるから、独自の鑑定意見書に
よる評価の方法が一般に是認できるものであったとしても、そ
れにより算出された価額を上回る価額が当然に客観的交換価値
を超えるものということはできず、したがって、仮に原告各鑑
定の内容自体が是認できるものであったとしても、それだけで
は、本件土地建物について前記ア㈠の評価方法に従って算出さ
れた価額がその客観的交換価値を超えるものではないとの推認
を覆すことにはならないものというべきである。

　　さらに、原告各鑑定の内容自体を見ても、次のとおりの問題
点を指摘することができる（詳細省略）。

ポイントの整理

Point 1▶ 本事例は、過去の売買実例を時価と判断できるかについて争われましたが、買主である亡Aが主導して決定された価額であり、不特定多数の当事者間で自由な取引が行われた場合に通常成立する価額であると解することはできず、客観的交換価値を的確に表したものと認めることはできないとされました。結果として、売買実例として所得税基本通達23〜35共-9の⑷イに基づいて評価することはできませんでした。なお、判断の際に過去の売買実例における株式の売主の申述も加味されています。

他の事例（事例3等）でも売買実例を基に評価可能かどうかが争われたものがありましたが否定されており、かなりハードルが高いものと考えられます。

Point 2▶ 株価算定の場面で、純資産価額を算定するに当り、評価対象会社が過去に取得した土地建物の価額を基に時価であると主張しましたが、土地建物の売主が特別清算前の会社であり、適正な時価とは認められない（売り急ぎが認められる等）と判断されました。

一般的に第三者間の不動産取引においては、当事者間で決定された価額が時価と認められるケースが多いと思われますが、本件では、上記の要因があり認められませんでした。裁判所の判断に当っては、不動産の売主等の申述も参考にされており株価算定の際は注意が必要です。

（個人が発行法人に著しく低い価額で譲渡した場合のみなし譲渡
課税）
9　個人から発行会社に株式を譲渡したが、時価の２分の１未満としてみなし譲渡課税がされた事例

令和４年２月14日東京地裁判決（棄却）

※控訴の有無については明確ではありません。

内容に入る前に

　個人が株式の発行法人に対して株式を著しく低い価額（時価の２分
の１未満）で譲渡した場合（自己株取引）、発行法人以外に譲渡した
ケースと同様な課税がされるのか疑問になるところです。ここで、所
得税法59条１項２号では、譲受者を法人としており、特に発行法人
を除くといった規定にはなっていません。そうすると、個人が発行法
人に譲渡した場合でも、みなし譲渡課税は適用されるものと考えられ
ます。

　ここで、発行法人へ株式を譲渡した場合の所得は、譲渡所得と配当
所得（みなし配当）に分かれますが、低額譲渡の場合、時価と実際の
売買価額との差がどちらになるかで課税関係はずいぶん違います。

　例えば、時価50,000円と実際の売買価額20,000円の差額
30,000円は「譲渡収入」とみなされるのか、「みなし配当」とみな
されるのか、ということです。

　これについて、措置法通達37の10・37の11共−22では、譲渡
収入とみなすとしています。

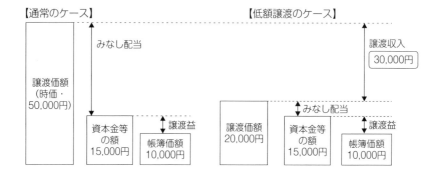

（法人が自己の株式又は出資を個人から取得する場合の所得税法第59条の適用）

37の10・37の11共－22　法人がその株主等から措置法第37条の10第３項第５号の規定に該当する自己の株式又は出資の取得を行う場合において、その株主等が個人であるときには、同項及び措置法第37条の11第３項の規定により、当該株主等が交付を受ける金銭等（所得税法第25条第１項《配当等とみなす金額》の規定に該当する部分の金額（以下この項において「みなし配当額」という。）を除く。）は一般株式等に係る譲渡所得等又は上場株式等に係る譲渡所得等に係る収入金額とみなされるが、この場合における同法第59条第１項第２号《贈与等の場合の譲渡所得等の特例》の規定の適用については、次による。

⑴　所得税法第59条第１項第２号の規定に該当するかどうかの判定

　　法人が当該自己の株式又は出資を取得した時における当該自己の株式又は出資の価額（以下この項において「当該自己株式等の時価」という。）に対して、当該株主等に交付された金銭等の額が、同号に規定する著しく低い価額の対価であるかどうかにより判定する。

⑵　所得税法第59条第１項第２号の規定に該当する場合の一般株式等に係る譲渡所得等又は上場株式等に係る譲渡所得等の収入金額とみなさ

れる金額

　当該自己株式等の時価に相当する金額から、みなし配当額に相当する金額を控除した金額による。

㊟　「当該自己株式等の時価」は、所基通59－6《株式等を贈与等した場合の「その時における価額」》により算定するものとする。

　本事例では、原告は発行法人に対する株式の譲渡は資本等取引であり、みなし譲渡の規定は働かない（上記例では譲渡収入30,000円の課税はない。）と主張し争いになりました。

※　本事例では、みなし譲渡課税の他に、自己株式の処分時の価額が低額であるとして、株式を取得した者に給与所得の課税もされています。詳しくは**事例10**（257ページ）を参照願います。

判決内容

1 事実概要・結果

　原告（個人）が、株式の発行会社に株式を譲渡したところ、課税庁が著しく低い価額（時価の2分の1未満）として、時価と取引価額との差額について、譲渡があったものとして譲渡所得課税をしました。

　一方、原告（個人）は、発行法人が自己株式を取得したことは資本取引であるから、利益の移転はなく資産の譲渡はない、と主張しました。

　裁判所は、所得税法59条1項2号の適用があり、本件譲渡は、低額譲渡に当たると判断しました。

㊟　裁判所は、譲渡所得を課税する上で、株式の時価算定について財産評価基本通達（準用）の適用を認めています（令和2年3月24日

最高裁判決と同様の考え方・394ページ参照）。

　また、原告の主張に対しては、「資本等取引の概念は、法人税法上のものにとどまるし、譲渡所得課税は移転した利益への課税ではなく、保有期間中の増加益への課税」であるとして、これを排斥しました。

【売買内容】

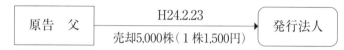

○　発行株式総数……86,000株

○　原告の株式（議決権）保有割合………原告は配偶者も含め50％超
　（発行法人の中心的同族株主に該当）

○　課税庁（税務署）の算定した時価……17,577円

2　当事者の主張

【被告・税務署の主張】

1　譲渡所得に対する課税は、資産の値上がりによりその資産の所有者に帰属する増加益を所得としてその資産が、所有者の支配を離れて他に移転するのを機会にこれを精算して課税する趣旨のものである。

　ここで、所得税法59条1項2号所定の「著しく低い価額の対価として政令で定める額による譲渡」に該当する場合においても、既に生じている増加益を具体的に把握することができることから、同項は、当該場合には、その時における価額に相当する金額により資産の譲渡があったものとみなす旨を規定している。

　そして、居住者が発行会社に対してその株式を譲渡した場合にお

いて、それにより交付を受けた対価の額が、その時における価額の
2分の1に満たない金額であったときには、所得税法25条1項及び
59条1項並びに租税特別措置法37条の10第3項の規定により、その
対価の額から当該株式に対応する資本金等の額を控除した部分につ
いては、みなし配当の金額とされる一方で、その時における価額に
相当する金額からみなし配当の金額を控除した部分については、株
式等に係る譲渡所得等に係る収入金額とみなされることになる。

2　所得税法59条1項所定の「その時における価額」とは、資産の譲
渡の時における当該資産の客観的交換価値をいうところ、この客観
的交換価値については、必ずしも一義的に確定することができるも
のではないし、納税者間の公平、納税者の便宜、徴税費用の削減等
の観点からも、あらかじめ定められた評価方法によって画一的に評
価するのが合理的である。そして、「その時における価額」につい
ては、所得税基本通達59-6の規定において統一的な取扱いが設け
られており、合理性を有するものである。

3　本件取引についてみると、原告及びその配偶者の有する議決権の
合計数は、原告会社の議決権総数の50%超であったことなどが認め
られる。そのため、原告は、評価通達188の(1)所定の「同族株主」
に該当するとともに、評価通達188の(2)所定の「中心的な同族株主」
にも該当することになるから、原告会社は、所得税基本通達59-6
の(2)の規定により、評価通達178所定の「小会社」に該当するもの
と認められる。これを前提として、評価通達178から189-7までに
定める例によって本件取引の時における価額を算定すると、1株当
たり17,577円になるから、この金額をもって所得税法59条1項所定
の「その時における価額」と認めるのが相当である。

4　本件取引は、上記17,577円の2分の1に満たない金額（1株当た

り1,500円）により、発行会社の株式5,000株を譲渡したものである
から、所得税法59条1項2号所定の「著しく低い価額の対価として
政令で定める額による譲渡」に該当するものと認められる。

【原告の主張】

1　平成17年法律第86号による会社法の制定等に伴って、自己株式が
純資産の部の控除項目として区分されたことを受け、自己株式の取
得については、資産の譲渡ではなく、いわゆる資本等取引として整
理されることになった。そして本件取引は、原告会社が自己株式を
取得したもので、ここでいう資本等取引として整理されるものであ
るところ、このような自己株式の取得においては、対価の額の多寡
にかかわらず、株主と発行会社との間で何らの利益も移転すること
はない。

2　自己株式の取得においては、それが廉価でされた場合であっても、
その相手方であった株主と他の株式を有する株主との間で、利益が
移転するだけであり、株主と発行会社との間では、何らの利益も移
転することはない。

3　そうすると、自己株式の取得である本件取引がされたとしても、
対価の額の多寡にかかわらず、原告父と原告会社との間では、何ら
の利益も移転していないことになるから、それをもって、原告父が
原告会社に対して、資産の譲渡をしたとは認められないし、本件取
引により保有期間中の増加益が実現したとみなして株式等に係る譲
渡所得等に対する課税の対象とすることは許されないものというべ
きである。

③　裁判所の判断

1　所得税法33条1項は、譲渡所得とは、資産の譲渡による所得をいう旨規定しているところ、この譲渡所得に対する課税は、資産の値上がりによりその資産の所有者に帰属する増加益を所得として、その資産が所有者の支配を離れて他に移転するのを機会に、これを清算して課税する趣旨のものである。すなわち、譲渡所得に対する課税においては、資産の譲渡は課税の機会にすぎず、その時点において所有者である譲渡人の下で生じている増加益に対して課税されることになるところ、所得税法59条1項は、同項各号に掲げる事由により譲渡所得の基因となる資産の移転があった場合に、当該資産についてその時点において生じている増加益の全部又は一部に対して課税することができなくなる事態を防止するため、譲渡所得等に係る総収入金額の計算に関する特例として、その計算については、「その時における価額」に相当する金額により譲渡があったものとみなすこととしたものと解される。

2　当該株式の客観的交換価値については、必ずしも一義的に確定することができるものではない。そこで、課税実務上、当該株式の価額については、所得税基本通達59-6の規定において統一的な取扱いが設けられており、原則として、所得税基本通達59-6所定の一定の条件を付した上で、評価通達178から189-7までに定める例によって算定されることとされている。このような取扱いは、これによる評価方法が当該株式の客観的交換価値を算定する方法として一般的な合理性を有するものである限り、納税者間の公平、納税者の便宜、徴税費用の削減等の観点からも、合理的であるし、これを全ての納税者に適用することは、実質的な税負担の公平を実現し、租税平等主義の原則にもかなうものといえる。

3　所得税基本通達59-6は、取引相場のない株式の価額につき、基本通達59-6所定の一定の条件、すなわち、評価通達188(1)の所定の「同族株主」に該当するか否かは株式を譲渡又は贈与した個人の当該譲渡又は贈与直前の議決権の数により判定する旨などの条件を付した上で、評価通達178から189-7までに定める例によって算定する旨を規定したものと解されるし、その他の具体的な内容等をみても、一般的な合理性に欠けるところがあるとする事情は見当たらない。

4　原告は、本件取引について、原告会社が自己株式を取得したもので、いわゆる資本等取引として整理されるものであるから、対価の額の多寡にかかわらず、原告個人株主らと原告会社との間では、何らの利益も移転していないし、それをもって、原告個人株主らが原告会社に対して資産の譲渡をしたとは認められない旨などを主張している。

　しかしながら、譲渡所得に対する課税は、資産の値上がりにより、その資産の所有者に帰属する増加益を所得として、その資産が所有者の支配を離れて他に移転するのを機会に、これを清算して課税する趣旨のものであるところ、ここでいう所得税法33条1項所定の「資産」は譲渡性を有する財産権で譲渡所得の基因となり得るものを広く含む概念であり、同項所定の「譲渡」もその資産を移転させる一切の行為をいうものと解されるから、本件取引がこれに該当することは明らかである。

5　原告らの主張する資本等取引の概念は、法人税法上にとどまるし、ある発行会社が自己株式を取得した場合であっても、その相手方である個人からみれば、保有期間中の増加益を観念することができ、当該株式が自らを支配を離れて他に移転することにも変わりはない

254

ため、上記の趣旨が妥当するものと解される。その上、上記の趣旨からも明らかなように、譲渡所得に対する課税は、譲渡人と譲受人との間で移転した利益を捉えて課税する趣旨のものではないから、この点に関する原告らの主張は、その前提を欠くものといえる。

ポイントの整理

Point 1 ▶　前出事例7、8のように個人から法人に対する非上場株式の譲渡によるみなし譲渡所得課税が問題となったものですが、相違は自己株式の譲渡という点です。自己株式の譲渡の場合でも、同様に所得税法59条が適用されるか否かがポイントとなりました。

Point 2 ▶　裁判所は、譲渡所得に対する課税は、資産の値上がりにより、その資産の所有者に帰属する増加益を所得として、その資産が所有者の支配を離れて他に移転するのを機会に、これを清算して課税する趣旨のものであり、所得税法33条1項に規定する「資産」は譲渡性を有する財産権で、譲渡所得の基因となりえるものを広く含む概念であるとしました。その上で、同項に規定する「譲渡」もその資産を移転させる一切の行為をいうものと解されるから、自己株式の譲渡であってもこの「譲渡」に該当するとし、みなし譲渡の規定が適用されると判断しました。

Point 3 ▶　原告は、自己株式の譲渡は資本取引であるから、みなし譲渡の規定は適用されるものではない旨主張しましたが、裁判所は、資本取引の概念は、法人税法上にとどまるし、ある発行会社が自己株式を取得した場合であっても、その相手方である個人からみれば、保有期間中の増加を概念することができ、当該株式が自らの支配を離れて他に移転することにも変わりはないとし、原告の主張を認めませんでした。

Point 4▶ 株式の時価については**事例7**、**事例8**と同様に所得税基本通達59-6を基に算定されており共通するところです(注)。

> (注) 事例7は所得税基本通達59-6が創設される前の事案のため法人税基本通達9-1-14 を（事案当時は法基通9-1-15）適用していますが、実質的には同じです。

（発行会社から低額で株式を取得した場合の給与課税）

10　株式の発行会社から低額で株式を取得（自己株式の処分）した際に、給与所得が課税された事例、発行会社に源泉徴収義務があるとされた事例（事例9と同一事案）

令和4年2月14日東京地裁判決（棄却）

※控訴の有無については明確ではありません。

内容に入る前に　

　事例9では、原告（個人）が株式の発行会社に株式を譲渡し、その譲渡価額が著しく低いということで、時価と譲渡価額との差額について譲渡所得とみなされ課税がされました。本事例10は、事例9と同じ事案のなかで、発行会社が取得した株式を原告（事例9の原告の長男）が、発行会社から低額で譲受け給与所得として課税されたものです。

　個人が法人から経済的利益を受けた場合、雇用関係や委任関係がなければ、一時所得となり、上記の関係がある場合は給与所得とされます。本事例では、株式を時価より低額で取得した原告（事例9の原告の長男）は役員でしたので、給与所得として課税がされています。

　また、発行会社には低額で自己株式を処分したことが、給与と判断されたため、源泉徴収義務が生じているものとされました。

[1] 事実概要・結果

【売買内容】

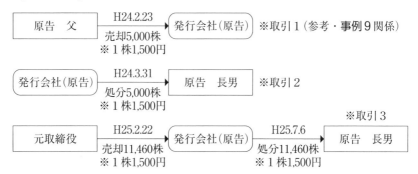

【課税内容】

① 原告（父）……所得税法59条1項2号該当として更正処分（**事例 9参照**）

② 原告（長男）…株式の廉価な取得（経済的利益）、所得税法28条 1項該当。給与所得として更正処分。

※ 長男は取引時取締役（その後、代表取締役）

③ 発行会社………上記に関しての源泉徴収義務（所得税法183条1 項）ありとして納税告知処分。

○ 発行株式総数……86,000株

○ 原告（長男）は、発行法人の中心的同族株主に該当

○ 課税庁（税務署）の算定した時価……取引2（19,127円）、取引 3（18,985円）

※ 上記時価と実際の取引価額（1,500円）との差額を経済的利益として 給与課税。

○　裁判所は課税庁の主張を認めた。

② 当事者の主張
【被告・税務署の主張】

1　本件取引2及び3の対価の額がその時における価額を下回るもの
で会った場合には、原告長男は、原告会社から、その差額に相当す
る経済的な利益を享受していたことになるところ、この経済的な利
益は、原告長男が原告会社の取締役としての地位に基づく労務の対
価として享受したものであるから、所得税法28条1項所定の「給与
等」に該当するものと認められる、そのため、当該場合には、原告
長男については、それに係る給与所得に対する課税がされることに
なり、原告会社については、それに係る源泉徴収義務を負うことに
なる。

2　ところで、基本通達36-36の規定等を踏まえると、この場合にお
いても、取引相場のない株式の価額については、基本通達59-6準
じた一定の条件を付した上で、評価通達178から189-7までに定め
る例によって算定するのが合理的である。

3　本件取引2の時における価額は、1株当たり19,127円となるから、
この金額と実際の対価1株当たり1,500円との差額をもって所得税
法33条1項所定の「金銭以外の物又は権利その他の経済的利益の
額」と認めるのが相当である。

　　また、本件取引3の時における価額を算定すると、1株当たり
18,985円になるから、この金額と実際の対価の額（1株当たり1,500
円）との差額は、所得税法33条1項所定の「金銭以外の物又は権利
その他の経済的利益の額」と認めるのが相当である。

4　以上によれば、原告長男は、本件取引2及び3によって、差額に

相当する経済的な利益を享受したというべきであるし、この経済的
な利益は所得税法28条1項所定の「給与等」に該当するものと認め
られる。

【原告の主張】

1　平成17年法律第86号による会社法の制定等に伴って、自己株式が
　純資産の部の控除項目として区分されたことを受け、自己株式の取
　得については、資産の譲渡ではなく、いわゆる資本等取引として整
　理されることになった。そして本件取引は、原告会社が自己株式を
　取得したもので、ここでいう資本等取引として整理されるものであ
　るところ、このような自己株式の取得においては、対価の額の多寡
　にかかわらず、株主と発行会社との間で何らの利益も移転すること
　はない。

2　そうすると、自己株式の取得である本件取引がされたとしても、
　対価の額の多寡にかかわらず、原告会社（発行会社）と原告（子）
　との間では、何らの利益も移転していないことになるから、それを
　もって原告会社（発行会社）から所得税法28条1項所定の「給与
　等」の支払いを受けたということはできないと解すべきである。

3　本件更正処分（原告長男分）及び本件各納税告知処分（原告会社
　分）は、本件取引が所得税基本通達36-15の(1)所定の「物品その他
　の資産の譲渡」に該当し、その対象とされた原告会社の株式が所得
　税基本通達36-36所定の「使用者が役員又は使用人に支給する有価
　証券」に該当することをその前提としているが、いずれにも該当す
　ることはないというべきである。

4　所得税基本通達36-36は、「使用者が役員又は使用人に支給する
　有価証券」については、その支給時の価額により、評価する旨を規

260

定している。しかしながら、自己株式は、純資産の部の控除項目と
して区分されるものであり、発行会社の資産とされるべきものでは
ないし、その自己株式の処分も、その実質は出資の受入であり、発
行会社の役員等に対する「支給」とされるべきものではない。また、
所得税基本通達36-36所定の「有価証券」所得税基本通達36-36所
定の「使用者」が会計上の「有価証券」として計上している資産を
ゆうべきものであるから、これに自己株式が含まれることはない。
そのため、本件取引の対象とされた原告会社の株式が所得税基本通
達36-36所定の「使用者が役員又は使用人に対して支給する有価証
券」に該当することはない。

③　裁判所の判断

1　本件取引2についてみると、原告長男は、本件取引2によって原
告会社株式5,000株を取得したものであるし、本件取引2によって
原告長男並びに直系血族である原告父及び訴外母の有する議決権の
合計数は、原告会社の50%超であったことが認められる。

そのため、原告長男は、評価通達188の(1)所定の「同族株主」に
該当するとともに、評価通達188(2)の「中心的同族株主」にも該当
することになるから、原告会社は基本通達59-6の(2)に準じ、評価
通達178所定の「小会社」に該当するものと認められる。

これを前提として、評価通達178から189-7までに定める例によ
って本件取引2の時における価額を算定すると、1株当たり19,127
円になり、この金額と実際の対価の額（1株当たり1,500円）との
差額（1株当たり17,627円）をもって、所得税法33条1項所定の
「金銭以外の物又は権利その他の経済的利益の価額」と認めるのが
相当である。

2　本件取引3についてみると、原告長男は、本件取引3によって原告会社株式11,460株を取得したものであるし、本件取引3の取引時において原告長男並びに直系血族である原告父及び訴外母の有する議決権の合計数は、原告会社の50％超であったことが認められる。

　　そのため、原告長男は、評価通達188の⑴所定の「同族株主」に該当するとともに、評価通達188⑵の「中心的同族株主」にも該当することになるから、原告会社は基本通達59-6の⑵に準じ、評価通達178所定の「小会社」に該当するものと認められる。

　　これを前提として、評価通達178から189-7までに定める例によって本件取引3の時における価額を算定すると、1株当たり18,985円になり、この金額と実際の対価の額（1株当たり1,500円）との差額（1株当たり17,485円）をもって、所得税法33条1項所定の「金銭以外の物又は権利その他の経済的利益の価額」と認めるのが相当である。

3　そして、本件取引2及び3については、原告長男が原告会社の取締役としての地位に基づいて、原告会社からその株式を取得したものと認められるから、それにより、原告長男が享受した上記1及び2の経済的利益についても、その地位に基づく労務の対価として支給されたものと解するのが相当である。

　　そのため、この経済的な利益については、所得税法28条1項所定の「給与等」に該当するものと認められる。

4　以上で述べたところによれば、原告長男は、本件取引2及び3によって経済的な利益を享受したものであるし、この経済的な利益は所得税法28条1項所定の「給与等」に該当するものと認められるから、同項の規定を適用したことをもって、本件各更正処分（原告長男分）及び本件各納税告知処分（原告会社分）が違法なものという

ことはできない。

5　これに対し、原告長男及び原告会社は、本件取引2及び3につい
ては、原告会社が自己株式を処分したもので、いわゆる資本取引等
として整理されるものであるから、対価の額の多寡にかかわらず、
原告会社と原告長男との間では、何ら利益も移転していないし、仮
に本件取引2及び3が廉価でされたとしても、原告会社から所得税
法28条1項所定の「給与等」の支払いを受けたということはできな
い旨などを主張している。

　しかしながら、原告長男及び原告会社の主張する資本取引等の概
念は、法人税法上のものにとどまるし、ある発行会社が自己株式を
処分した場合であっても、それが廉価でされたものであるときには、
その相手方である個人に経済的利益が生じることは明らかである。
また、本件において、原告長男が享受した経済的な利益は、原告会
社が実際の対価の額を上回る客観的交換価値を有する原告会社の株
式を処分し、原告長男に交付したことで生じたものであるから、原
告会社が支給したものと評価することができる上、この経済的な利
益が所得税法28条1項所定の「給与等」に該当するものと認められ
ることは上述したとおりである。

6　また、原告長男及び原告会社は、仮に自己株式の処分である本件
取引2及び3が廉価でされた場合には、これによる経済的な利益が
他の株式を有する者から原告長男に移転することになるが、この経
済的利益は、所得税法9条1項16号所定の「相続、遺贈又は個人か
らの贈与により取得するもの」に該当することから、これを所得税
の課税対象にすることはできないし、贈与税の課税対象とすること
が検討されるにとどまる旨なども主張している。

　しかしながら、この点に関する原告長男及び原告会社の主張は、

この経済的な利益が贈与税の課税対象とされることを前提とするものと解されるが、ある発行会社が廉価で自己株式を処分した場合であっても、その相手方である個人から何らかの給付と引き換えにそれを取得したときには、当該個人に対して贈与税を課することはできないものと解される。そして、本件2及び3により享受した経済的な利益につき、原告長男が原告会社の取締役としての地位に基づく労務の対価として享受したものであり、これに対して贈与税を課することはできなし、この点に関する原告長男及び原告会社の主張はその前提を欠くものといえる。

7　加えて、原告長男及び原告会社は、本件各更正処分（原告長男分）及び本件各納税告知処分（原告会社分）は、本件取引2及び3が基本通達36-15の(1)所定の「物品その他の資産の譲渡」に該当し、また、その対象とされた原告会社の株式が基本通達36-36所定の「使用者が役員又は使用人に対して支給する有価証券」の概要することをその前提としているが、いずれにも該当しない旨なども主張している。

　　しかしながら、資本等取引の概念は、法人税法上のものにとどまるし、ある発行会社が自己株式を取得した場合であっても、その相手である個人からみれば、ここでいう「物品その他の資産の譲渡」等に該当するものであることに変わりはない。

ポイントの整理

Point 1▶　本事案では、自己株式の処分（時価より低額での処分）が、給与所得に該当するかどうかが争われました。

Point 2▶　裁判所は、各取引について、原告長男が原告会社の取締役としての地位に基づいて、原告会社（発行会社）からその株式を取得したものと認められるから、それにより、原告長男が享受した経済的利益（株式の時価と原告長男が取得した価額との差）についても、その地位に基づく労務の対価として支給されたものと解するのが相当であるとし、給与等に該当するものと判断しました。

Point 3▶　原告長男及び原告会社（発行会社）は、資本取引であるから給与等には該当しない旨主張しましたが、裁判所は、資本取引等の概念は、法人税法上のものにとどまるし、ある発行会社が自己株式を処分した場合であっても、それが廉価でされたものであるときには、その相手方である個人に経済的利益が生じることは明かであると判断し、原告の主張は認めませんでした。

内容に入る前に

　会社が会社に株式を低額で譲渡する際、買受者である会社の受贈益の問題と譲渡者である会社の寄附金の問題もあります。

　本事例は、買受者である会社が受贈益の認定を受けたものです。

　受贈益の計上について、法人税法では下記のように規定しています。

法人税法

（各事業年度の所得の金額の計算）

第22条

1　内国法人の各事業年度の所得の金額は、当該事業年度の益金の額から当該事業年度の損金の額を控除した金額とする。

2　内国法人の各事業年度の所得の金額の計算上当該事業年度の益金の額に算入すべき金額は、別段の定めがあるものを除き、資産の販売、有償又は無償による資産の譲渡又は役務の提供、無償による資産の譲受けその他の取引で資本等取引以外のものに係る当該事業年度の収益の額とする。

　法人税法第22条第2項は、各事業年度の益金の額に算入すべき金額として、無償による資産の譲受けを含む旨規定しています。これは

無償で資産を譲り受けた際の受贈益を益金に算入する旨の規定ですが、受贈されたものの取得価額は適正な時価であるとすると解されています。そうすると、時価よりも低額で資産を譲り受けた場合には、支払った対価を超える部分が実質的に贈与を受けたものと同様であると解されます。

　そのため、法人が株式を時価よりも低い価額で譲り受けた場合、取得価額を適正な時価で算定し、低額で譲り受けた取引価額と時価との差額は受贈益として益金の額に算入されることになります。

裁決内容　||||

1　裁決の概要・結果

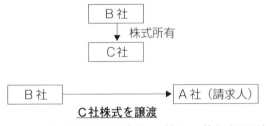

※A社とB社は関係会社、C社はA社と取引関係あり。

　製造販売業を営む請求人（A社）が、請求人（A社）の関係法人（B社）から、同法人が保有する請求人（A社）の取引会社（C社）の発行済株式の全株式を取得したことに関し、原処分庁が、同株式の取得価額は時価に比して低廉であり、当該取得価額と時価（法基通9-1-14(1)に定める価額）との差額は請求人（A社）において上記関係法人（B社）からの受贈益であるとして、法人税の更正処分及び過少申告加算税の賦課決定処分をし、審判所はその内容を支持しました。

② 原処分庁の主張

(1) 本件株式の時価

本件株式の取得時における適正な価額は、基本通達2−3−4により準用される上場有価証券等以外の株式の価額を定めた基本通達9−1−13に基づき、①本件株式は取引の日前6月間における取引実例がないこと、②本件会社と事業の種類、規模、収益の状況等が類似すると認められる他の法人の株式の取引価額も見当たらないことから、本件会社の純資産価額等を参酌して算定することとなる。

同社の発行済株式のすべてである本件株式の時価は基本通達9−1−14(1)の定めるところにより、評価通達178の「小会社」として同通達179(3)の相続税評価額によって計算した純資産価額となる。

(2) 本件株式の時価に影響する個別的要因

① 値引き交渉ポイントの合理性

請求人は、値引き交渉ポイントとして4項目を列挙しているが、本件株式の価額について、①譲歩を求めたこと、②実際の値引交渉を行ったことを証明しておらず、また、以下のとおり、交渉ポイント自体にも合理性はない。

イ 売上げ及び利益の不安定性並びに業界の低成長性

請求人は、業界全体の予測を主張するのみで状況を個別に示しておらず、請求人の主張内容が本件株式の価値に影響を及ぼすものとは認められない。

ロ 経営トップの引退懸念

本件株式取得時の代表取締役である前社長は、請求人が派遣した者であり、同者の経営手腕は、請求人の経営手腕でもあるので、前社長の退職が本件株式の価値を減少させる理由とは認められな

い。

ハ　請求人の競合企業への年間売上高

譲渡人と請求人の競合企業との間には、取引はあるが、請求人が本件株式を取得することにより懸念される売上高の減少額と、本件株式の価値の低減金額との関係が具体的に示されていない。

ニ　在庫

在庫については通常価額による販売可能と見込まれており、いずれも本件株式の価値を減少させる要因となる具体的理由とは認められない。

② 本件株式の時価算定に当って営業権を含めるべきか否か

評価通達179(3)に定める純資産価額には、貸借対照表上に資産として計上されているか否かにかかわらず、経済的価値を有する有形無形の財産のすべてが含まれるから、本件株式の時価算定に当っても営業権を含めるべきである。

③ 請求人の主張

⑴ 本件株式の時価

本件株式の取引交渉は、純資産価額に含み益、利益処分賞与、本件取引までの純資産増加額を合計した金額から値引交渉4ポイントから生じる相当な値引額等を基に行った。

請求人は、当該価額で買受法人との取引交渉を開始し、相手側から金額の提示があり、その額が請求人の申出金額とほぼ近似していたため、相手側の申出価額で本件株式を取得することとしたものである。

⑵ 本件株式の時価に影響する個別的要因

① 値引き交渉ポイントの合理性

請求人が、企業や属する業界の成長性、収益性、その他各種リスク等、以下の純資産価額に現れない項目を加味して、買収価額を算出することは当然のことであり、これらの項目はいずれも一般的かつ合理的な内容である。

イ　売上げ及び利益の不安定性並びに業界の低成長性

　　買収に当たり、被買収企業自体の財務状況や成長戦略に加え、被買収企業の属する業界の成長性を検証し、当該株式の取引希望価額に反映させることは買収側として当然行う経済行動である。

ロ　経営トップの引退懸念

　　前社長は、代表取締役に就任時に請求人の非常勤取締役となり、株式買収の4年前の平成12年6月には請求人を退職しており、請求人が経営に参画していた事実はない。また、6年間陣頭指揮に立った前社長が引退するとなると、従業員の流失など会社運営への悪影響が危ぐされるのは当然である。

ハ　請求人の競合企業への年間売上高

　　請求人が対象会社の株式を取得した後は、請求人と競合する企業は、その購買実績から新製品等の情報や、技術、製造コスト情報が漏えいすることを懸念し、請求人の子会社となる譲渡人との取引の中止を当然検討するものである。

ニ　在庫

　　在庫のうち、既に出荷事実があったのは■■■■■（約■■弱）にすぎず、残りについても■■■■の調査報告書による■■■■■の販売見込みを原処分庁が一方的に鵜呑みにしているにすぎない。

② 本件株式の時価算定に当って営業権を含めるべきか否か

　　請求人が本件交渉開始値を算定するに当たり、営業権を加算しな

かった理由は、平成16年当時、対象会社の商社事業は、その取扱商品において他社との差別化や、付加価値を出すことが困難であったこと、及び小規模商社は仕入れ・販売の両面において立場が弱いことから、メーカーの代理店政策の変更や担当責任者の交代、代理店の販売価額や納期対応など様々な理由で、仕入先メーカーや販売先である顧客が、突然代理店を変える状況であったことなど、業界の状況や将来性等も考慮すると、営業権を評価する必要性はないと考えたことによるものであり、本件株式の時価算定に当って、営業権を含めるべきではない。

④　審判所の判断

1　適正な取引価額がない上場有価証券以外の株式の評価方式としては、一般に①配当還元方式、②収益還元方式、③類似業種比準方式、④純資産価額方式及び⑤これの併用が考えられ、適正な時価の算定は、これらの中から株式の評価の目的に応じて最も合理性があると認められる方式によって行うのが妥当である。

2　基本通達2－3－4は、法人が無償又は低い価額で有価証券を譲渡した場合における譲渡に係る対価の額の算定に当たっては、上場有価証券等以外の株式の場合につき、上場有価証券等以外の株式の価額の算定方法について定めている同通達9－1－13及び9－1－14を準用する旨定めており、当審判所においても相当であると認められる。そして基本通達9－1－13及び9－1－14は、その内容から上記2の考え方に従って、具体的な算定方式を明らかにしたものと考えられ、法人が無償又は低い価額で有価証券を譲り受けた場合における上場有価証券等以外の株式の価額の算定の具体的な方法としても当審判所においても相当であると認められる。

3　本件取引が通常の第三者間で行われたと同様の交渉であったと認められず、本件取引価額は、その合理性を欠くといえる。

4　株式の時価算定に当たっては、経済的価値を有する営業権は資産に計上されるべきものである。

ポイントの整理

Point 1▶　請求人は、株価の算定に当たり、純資産価額を基に個別的要因の減価を加味して価額を決定した旨主張しましたが、審判所はそれを認めず法人税基本通達9-1-14に定める価額を時価と判断しました。個別的要因の減価については関係会社間の譲渡ということもあり認められませんでした。

Point 2▶　審判所は、本件取引が第三者間の取引に該当し、売買価額が時価とされるかについて、取引の経緯（価額算定の経緯）からも合理的な価額ではないとして認めませんでした。

> （譲渡価額が決まっている株式の相続税評価）
> **12　非上場株式につき発行会社との間で譲渡価額を額面による旨を誓約している場合において、額面価額による評価は採用できないとされた事例**　　平成2年6月18日 裁決

内容に入る前に ||||

　従業員等が所有する株式を会社に売却する場合、額面（旧額面）金額で売却するといったことを誓約しているようなケースもあります。

　本事例は、そのような誓約がある場合に同族株主以外の従業員に相続が発生したものです。相続税の申告における評価額は、この誓約の金額によるのか、又は財産評価基本通達に基づくのか（同族株主であれば原則的評価方式による評価額、同族株主以外であれば配当還元方式による評価額）が問題となります。

　また、本事例は、相続税の事案ですが、同族以外の株主が発行法人に株式を譲渡するときの時価について参考になります。

裁決内容 ||||

1　事案の概要・結果

　被相続人は、C工業の従業員で、同社の株式を所有していました。そして、被相続人はC工業との間でC工業が株式を買取る場合は額面金額とする内容の誓約をしていました。なお、被相続人は同族株主以外の株主に該当します。

　相続人である請求人は、相続税の申告（実際は更正の請求）にあたり、額面金額での売買事例も多々あり、額面金額で評価を行うことを主張しましたが、原処分庁は配当還元方式の評価が適正としました。

　結果として、審判所は被相続人が所有する取引相場のない株式につき、当該株式の発行会社に対して「退職した場合には、会社の指示に従い、額面価額をもって所有する株式を譲渡する」という誓約書を提出していること等から、相続人としてその誓約書どおりに額面価額により相続した当該株式を譲渡せざるを得ない状況にあったとしても、当該誓約は、会社と従業員という特定の関係にある当事者間の契約であり、当該契約による譲渡価額は、被相続人の自由意思により決定された額とは認められないから、仮に、額面価額が唯一の処分可能価額であったとしても、その価額は、当該株式の客観的交換価値を表した価額とは認められないと判断しました。

　また、相続税法第22条に規定する「時価」とは、利害関係のない当事者間における客観的交換価値と解されるから、当該誓約された譲渡価額は、同条に規定する時価に当たらないとしました。

　なお、本件株式については、被相続人及び請求人らの所有形態からみて、配当還元方式により評価するのが客観的で合理的であるとしました。

② 事実関係とそのポイント

【株式の取得状況】

274

※　当初申告では財産評価基本通達に基づき評価、その後、更正の請求をした案件。

【原処分庁の主張】

①　本件株式について、譲渡価額を額面価額とする本件誓約書が取り交わされているものの、当該誓約書は、後述Aのとおり法的根拠のないものであり強制力がないから、当該誓約書に基づき額面価額で本件株式を評価すべきであるとする請求人の主張には、理由がない。

②　本件株式は、客観的な交換価値を示す価額で評価すべきであり、相続税法及び相続税財産評価関係通達に定める配当還元方式により評価をすべきこととなる。

【請求人の主張】

各会社の株式は、一定のルールの下において、多数の人により多数の株式が自由に取引されており、たとえ、その取引における取引価額が額面価額に定められているとしても、他に取引の余地がない場合には、その取引された価額が取引相場となることは当然である。

【審判所の判断】

①　C工業の株式において、取引相場が形成されているというには、あまりにもその取引に関して制約が多すぎ、その取引株数も少ないことから、株式に係る自由な取引市場が存在するとは、直ちに信じ難く、請求人の主張は採用できない。

② 　相続税法第22条に規定する「時価」とは、利害関係のない当事者間における客観的交換価値と解されるから、当該誓約された譲渡価額は、同条に規定する時価に当たらない。本件株式については、被相続人及び請求人らの所有形態からみて、配当還元方式により評価するのが客観的で合理的である。

③　当事者の主張

【請求人の主張】

　請求人及び相続人であるA女とB女（以下、これらの相続人と請求人とを併せて「請求人ら」という。）は、被相続人の所有していた株式（以下「本件株式」という。）を分割協議により、後述の表（278ページ参照）のとおり相続したので、請求人らは、それぞれ相続税の申告を行った。ところが、請求人らが相続した本件株式の相続税に係る評価に当たって、処分可能価額（時価）である額面価額で評価すべきところ、その一部の株式について、誤って高い価額で評価をした。そこで、請求人は正当額に是正するよう更正の請求をしたところ、原処分庁は、本件株式の全部について、いわゆる配当還元方式で評価する

のが合理的であるとして更正等をした。

　しかしながら、相続税法第22条（評価の原則）において、財産の価額は時価で評価すると規定され、相続税財産評価に関する基本通達1の(3)で財産の時価の評価に当たっては、その財産の価額に影響を及ぼすすべての事情を考慮すると定められているところである。

　ところで、請求人らが相続した本件株式は、後述の(ロ)の理由から明らかなように、取引相場のある株式に属するものであり、その株式の価額（時価）は、唯一の処分可能価額である額面価額である。そのため、本件株式はその額面価額で評価すべきである。

　仮に、取引相場のない株式であるとしても、本件株式のように譲渡価額が制限されている株式の評価は、その制限された価額で行うべきである。

　原処分庁は、本件株式に存する後述の(ロ)の実態を無視して、非上場株式であるというだけで画一的に本件株式の評価を行ったものであるから、原処分は違法であり、更正等の全部を取り消し、請求人の主張する正当額に是正するよう求める。

(イ)　請求人らが相続した株式（本件株式と同じである。）は、Ｃ工業株式会社（以下「Ｃ工業」という。）Ｃ工業を基幹とする企業グループ（以下「Ｃ工業グループ」という。）に属するＤ商事株式会社（以下「Ｄ商事」という。）並びにＥ株式会社（以下「Ｅ社」という。）及びＣ工業の関連子会社49社（以下、Ｅ社と関連子会社49社を併せて「関連会社」という。）の各会社（以下、これらの会社を総称して「各会社」という。）の株式であるが、その各会社の株式の額面価額及び請求人らの相続した株数は、次表のとおりである。

株　式　銘　柄		相　続　人		
発行会社名	額面価額	請求人	B女	A女
C工業	10,000円	1,575株	一　株	525株
D商事	5,000	—	315	—
関連会社　E　社	5,000	—	20	—
関連会社　関　連子会社	10,000	—	1,085	—
計		1,575	1,420	525

㈹　各会社の株式は、次のとおり、その譲渡に関して誓約書による制限が付されているものであるが、その制限の範囲において自由に取引されているものであり取引相場のある株式といえる。

A　被相続人は、本件株式に関して「退職する場合には、会社の指示に従い額面価額でもって、所有する株式を譲渡する。」旨及び「所有する株券については、会社の指定する株券保管機関に寄託する。」旨を記載した誓約書（以下「本件誓約書」という。）を昭和58年7月5日付で、当該株式を発行した各会社に提出している。

B　本件誓約書に基づき、現に、本件株式の株券は、株券保管機関であるC工業株主会に寄託されていて、請求人の手元にないことから、誓約事項に反して本件株券を自由に売却することは不可能である。

C　各会社から株式を譲り受けた各会社の全社員が、本件誓約書と同様の誓約書（以下「誓約書」という。）を株式を発行した各会社に提出しているものであって、請求人や一部の者のみが提出しているものではない。

そして、誓約書は、各会社に対して社員が誓約する形式となっ

ているが、これはＣ工業グループの企業理念にのっとり創設され
た社員持株制度の確立と主旨の徹底を図るための処置であって、
このことは、全社員に周知されているものである。

　したがって、過去において、各会社の株式を譲渡した社員のす
べてが、誓約書に基づく会社の指示に従い、所有する株式を譲渡
するために各会社に返還しているのであって、ひとり請求人のみ
がこの誓約書からのがれ得るものではないのである。

D　誓約書に基づき各会社に返還された株式は、各会社において、
社員又は社員持株会に譲渡されることとなっており、その価額は
額面価額で行うことになっていることから、株式の取引にし意性
の入る余地は全くないのである。

E　Ｃ工業は、各会社を代表して、請求人らに誓約事項の履行を迫
り、本件株式3,520株のうちＣ工業の株式622株、Ｄ商事の株式78
株、関連会社の株式1,105株について、額面価額で返還（最初の
返還指示は、昭和62年11月28日に行われた。）するよう強く求め
てきている。

F　Ｃ工業の株式にあっては、次表のとおりの株式譲渡取引が行わ
れている。

区　分	譲渡人数	譲受人数	取引株数
昭和61年度	107人	427人	1,135株
昭和62年度	95	499	1,362
昭和63年度	107	655	1,915
計	309	1,581	4,412

　㊟　年度とは、その年の４月１日から翌年の３月31日までをいいます。

上述の例のように、各会社の株式は、一定のルールの下において、多数の人により多数の株式が自由に取引されており、たとえ、その取引における取引価額が額面価額に定められているとしても、他に取引の余地がない場合には、その取引された価額が取引相場となることは当然である。

【原処分庁の主張】

㈤　株式の評価

　本件株式について、譲渡価額を額面価額とする本件誓約書が取り交わされているものの、当該誓約書は、後述Ａのとおり法的根拠のないものであり強制力がないから、当該誓約書に基づき額面価額で本件株式を評価すべきであるとする請求人の主張には、理由がない。

　よって、本件株式は、後述Ｂのとおり客観的な交換価値を示す価額で評価すべきであり、相続税法及び相続税財産評価関連通達に定める配当還元方式により評価をすべきこととなる。

Ａ　商法第204条においては、他人に株式を譲渡することができることを原則的に認めているところであり、そして、同法第204条の２では、譲渡の相手方を制限することは認められるものの譲渡価格についてまでも制限しているものではない。また、同法第204条の３（指定された者の先買権）には、一定の期間内に買取りの申出が必要であり、同法第204条４（売買価格の決定）では、指定された者との間において、売買価格が調わなかったときには、裁判所に対して売買価格の決定を請求することができることとされている。これらの規定から、誓約書等によって売買価格を制約しても、それには強制力がないものと考えられる。

　このことからすれば、本件株式の譲渡価額を制限する誓約書は、

単に私法上の契約にすぎないから、仮に、その誓約書が当事者間において効力があるとしても、当該誓約書の効力を第三者に主張し得ないものである。

B　相続財産の評価は、相続税法第22条により時価で評価することを規定しており、同法第22条に規定する時価とは、相続税財産評価に関する基本通達1の(2)により「不特定多数の当事者間で自由な取引が行われる場合に通常成立すると認められる価額（時価）」と定めているから、当該時価は、客観的な交換価値を示す価額となる。また、その財産の評価に当たっては、財産の価額に影響を及ぼすべきすべての事情が考慮される（同基本通達1の(3)）ものの、その場合の考慮される個別事情は、客観的な要因により当該財産の評価に影響を与えると認められるものに限定される。したがって、当該財産の所有者等の主観的な要因とか所有者の意思行為等によって変更することのできるような事情などは、当該個別事情に当たらないものである。

　ところで、請求人は、財産の評価に影響を及ぼす事情として、誓約書の存在を主張するが、当該誓約書は、当事者間において任意に結ばれた単なる契約にすぎず、当事者の意思行為等により容易に変更することができるものであるから、本件株式の評価に当たっては、特に考慮すべき事情には当たらない。

④　審判所の判断

　請求人は、一定のルールの下において株式が自由に取引されており、取引相場が形成されていると主張する。

　しかしながら、社員等株主の取引は、株式に係る誓約書の履行として、譲渡の時期及び株数に至るまで各会社の返還指示で行われており、

社員等株主の自発的意思により行われたものでないことが認められる。このことに加えて、Ｃ工業の株式において、請求人が主張する取引株数は、比較的多い昭和63年度の取引株数（1,915株）についてみても、株式総数（560,000株）の0.34％であり、また、社員等株主及び親友会の所有する株式総数（約266,000株）の0.72％にすぎず、このうち、上述の社員等株主が個々に所有する株式の取引は、これも比較的多い昭和63年度の取引株数（1,468株）においてさえ、社員等株主及び親友会の所有する株式総数（約266,000株）の0.55％にすぎないこともそれぞれ認められる。

　このように、Ｃ工業の株式において、取引相場が形成されているというには、あまりにもその取引に関して制約が多すぎ、その取引株数も少ないことから、株式に係る自由な取引市場が存在するとは、直ちに信じ難く、請求人の主張は採用できない（その他は裁決の概要参照）。

ポイントの整理

Point 1▶ 　相続税の申告における評価額は、財産評価基本通達に基づき同族株主であれば原則的評価方式による評価額、同族株主以外であれば配当還元方式による評価額となります。また、個人の株主が会社に株式を譲渡するような場合の時価についても基本的には上記財産評価基本通達の規定に基づきます（財産評価基本通達の準用）。

Point 2▶ 　本事例では、同族株主以外の者が取得する株式ですので、配当還元方式となります。また、所得税法基本通達59-6により法人に譲渡するような場合も配当還元方式による価額が時価となります。

　仮にこの時価の２分の１未満の価額で法人に譲渡した場合は、所得税法第59条により時価まで引上げて課税（みなし譲渡課税）と

なります。本事例で額面金額が配当還元価額の２分の１未満の場合、額面金額で譲渡されるとしたらこの問題が生じると考えられます。

　関連する条文、通達は次のとおりです。

所得税基本通達

（株式等を贈与等した場合の「その時における価額」）

59－6　法第59条第１項の規定の適用に当たって、譲渡所得の基因となる資産が株式（株主又は投資主となる権利、株式の割当てを受ける権利、新株予約権（新投資口予約権を含む。以下この項において同じ。）及び新株予約権の割当てを受ける権利を含む。以下この項において同じ。）である場合の同項に規定する「その時における価額」は、23～35共－９に準じて算定した価額による。この場合、23～35共－９の(4)ニに定める「１株又は１口当たりの純資産価額等を参酌して通常取引されると認められる価額」については、原則として、次によることを条件に、昭和39年４月25日付直資56・直審（資）17「財産評価基本通達」（法令解釈通達）の178から189－７まで《取引相場のない株式の評価》の例により算定した価額とする。

⑴　財産評価基本通達178、188、188－６、189－２、189－３及び189－４中「取得した　株式」とあるのは「譲渡又は贈与した株式」と、同通達185、189－２、189－３及び189－４中「株式の取得者」とあるのは「株式を譲渡又は贈与した個人」と、同通達188中「株式取得後」とあるのは「株式の譲渡又は贈与直前」とそれぞれ読み替えるほか、読み替えた後の同通達185ただし書、189－２、189－３又は189－４において株式を譲渡又は贈与した個人とその同族関係者の有する議決権の合計数が評価する会社の議決権総数の50％以下である場合に該当するかどうか及び読み替えた後の同通達188の⑴から⑷までに定める株式に該当するかど

うかは、株式の譲渡又は贈与直前の議決権の数により判定すること。

（以下略）

【参考：財産評価基本通達関係】

188……同族株主以外の株主等が取得した株式（同族株主、中心的同族株主、同族株主のいない会社の株主、中心的株主の規定含む）

所得税法

（贈与等の場合の譲渡所得等の特例）

第59条 次に掲げる事由により居住者の有する山林（事業所得の基因となるものを除く。）又は譲渡所得の基因となる資産の移転があつた場合には、その者の山林所得の金額、譲渡所得の金額又は雑所得の金額の計算については、その事由が生じた時に、その時における価額に相当する金額により、これらの資産の譲渡があつたものとみなす。

一　贈与（法人に対するものに限る。）又は相続（限定承認に係るものに限る。）若しくは遺贈（法人に対するもの及び個人に対する包括遺贈のうち限定承認に係るものに限る。）

二　著しく低い価額の対価として 政令 で定める額による譲渡（法人に対するものに限る。）

（以下略）

所得税法施行令第169条

284

> **所得税法施行令**
>
> **（時価による譲渡とみなす低額譲渡の範囲）**
>
> **第169条** 法第59条第1項第2号（贈与等の場合の譲渡所得等の特例）
> に規定する政令で定める額は、同項に規定する山林又は<u>譲渡所得の
> 基因となる資産の譲渡の時における価額の2分の1に満たない金額</u>
> とする。

Point 3 ▶ 請求人は、額面での売買事例が行われている旨主張しました が、審判所はこの売買事例については、制約も多く通常の取引 価額（客観的交換価値）とは言えないとし財産評価基本通達の評価 方法が適正としました。実際の売買事例は相当数ありましたが、認 められず、ここでも財産評価基本通達重視の姿勢が見えます。

13　被相続人の所有する非上場株式について形式的には配当還元方式の評価とされるも、売却を希望するときは純資産価額の買取りが保証されていることから純資産価額方式で評価すべきとされた事例　平成12年9月28日　東京高裁判決（確定）

内容に入る前に ||||

　事例12（273ページ参照）は、株式所有者が株式を額面金額で会社に売却するといった誓約があるケースで、結果として時価は配当還元価額（同族株主以外のため）とされました。本事案は、株式所有者が　株式を売却する場合、純資産価額での買取りが保証されているようなケースです（ただし、株式所有者は同族株主以外）。

　2つの事案を類似するものと考えれば、本事案の株式の価額は配当還元価額ということになりますが、裁判所の判断は保証されている純資産価額というものでした。なお、本事案は、作為的に株価評価を配当還元価額とした相続対策の後に相続が発生したものです。

　それでは、判決内容を見ていきましょう。

判決内容 ||||

1　事案の概要・結果

　被相続人甲は、Ｆ社に多額の資金を投資していました。また、Ｆ社は他の者からも出資を受けていました。被相続人甲や他の出資者の株式評価につき、配当還元方式を維持するため、Ｆ社の株主であるＹ社は常時50％以上の株式を保有するようにしていました。Ｆ社は出資者に相続が発生したときは、純資産価額で買取る旨を説明していました。

　被相続人甲に相続が発生し、相続人である原告は配当還元価額で株式を評価しましたが、裁判所は保証されている純資産価額が正当と判断しました。

② 事案の概要とポイント

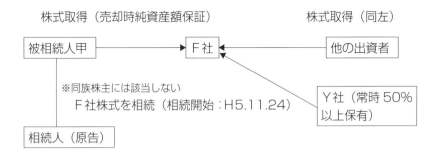

株式取得（売却時純資産額保証）　　　　　　　　株式取得（同左）

被相続人甲　→　F社　←　他の出資者

※同族株主には該当しない
　F社株式を相続（相続開始：H5.11.24）

Y社（常時50%以上保有）

相続人（原告）

【原告の主張】……配当還元価額を株式の時価と主張

⇕

【被告・税務署の主張】……純資産価額を株式の時価と主張

【裁判所の判断】

> 　本件株式は、同族株主以外の株主がその売却を希望する場合には純資産価額による買取りが保障されており、現実にも本件課税時期には当時の右純資産価額に基づく方式で評価された価額での買取りが実現されていたのであるから、右純資産価額に基づく方式で評価された価額が法22条の時価に相当するものというべきである。

【被相続人甲の本件株式取得に至る経緯】

　本件会社は、Ｘが代表取締役を務めるＦ株式会社を中心とするグループに属し、ベンチャービジネスに投資することを目的として資産家に対して投資を呼びかけていた。

　そして、Ｎコンサルタント協会の会員である税理士等からの紹介で本件会社への出資の申込みがあった場合には、Ｆ社が窓口となり、まず、出資希望者に対し、本件株式が将来公開された場合には、出資者はキャピタルゲインが得られること及び出資者は常に少数株主となることから出資者の所有する本件株式は相続税及び贈与税の課税価格計算上、配当還元方式で評価することができ節税になることを説明し、出資希望者の資産状況から自己資金あるいは借入金により、いくら出資できるかを検討して出資金額を決定し、次に出資金額を出資時の前月末現在の本件株式の時価純資産価額で除して出資可能株数を算出し、本件会社がその株数に相当する増資を行い出資希望者に割り当てていた。なお、増資を行うことによりＹ社の本件株式の保有割合が本件会社の発行済株式総数の50％未満になる場合には、本件会社が劣後株式を発行し、そのすべてをＹ社が引き受けることにより、Ｙ社の本件株式の保有割合が50％以上になる状態を維持していた。

　Ｆ社は、出資希望者に対し、出資者が、本件株式の売却を希望するときに購入希望者がいない場合にはＦ社の関連会社で買い取るか本件会社が減資する等の方法により必ず希望に応じ、その際の売買価額は、原則として取引日の前月末現在における本件株式の純資産価額であることを出資申込みの際に説明していた。

③　裁判所の判示要旨

⑴　相続により取得した財産の価額は、特別の定めがあるものを除き、

当該財産の取得の時における時価により評価されるが（相続税法22条）、「時価」とは相続開始時における当該財産の客観的な交換価値、すなわち、それぞれの財産の状況に応じ、不特定多数の当事者間において自由な取引が行われる場合に通常成立すると認められる価格をいうと解すべきである。

(2)　いわゆる同族会社においては、株式が上場されるか否か及び会社経営等について同族株主以外の株主の意向はほとんど反映されないこと、会社の経営内容、業績等の状況が同族株主以外の株主の有する株式の価額に反映されないこと等からすれば、これらの株主が株式を所有する実益は、配当金の取得にあるということができる。そうすると、財産評価通達が、同族株主以外の株主が保有する取引相場のない株式の価額を、配当還元方式により評価することとしたことは合理性を有するということができる。

(3)　納税者らは、本件処分は、財産を財産評価通達の定めによらないで時価で評価するためには、国税庁長官の指示を受けるべきことを定める財産評価通達6に違反する旨主張するが、財産評価通達6の規定は、その規定の仕方からして、国民と行政機関の関係について平等原則の観点から行政機関の権限の行使を制限する目的で定められた規定ではなく、行政組織内部における機関相互間の指示、監督に関して定めた規定であることは明らかであって、財産評価通達6に違反することから直ちに国民の権利、利益に影響が生じるものではないから、納税者らの主張は、自己の利害に直接関係のない主張というべきであり、これは、財産評価通達6に行政作用の統一、行政作用に関する国民の予測可能性の確保という目的があることを考慮しても、理が変わるものではない。

④ 裁判所の判断（本件株式の評価方式について）

　控訴人らは、本件株式の時価を別件発行における引受価格とするのは、増資会社と新株引受人という関係者間において成立した極めて特殊な価格であり、しかも異常に高い価額であるから、これをもって法22条のいう時価とすることはできないと主張する。

　しかし、当該引受価格は、引受日の前月末における本件会社の純資産価額をもって決定されているのであるから、その引受人によって価格の差異が生じるものではない。また、本件株式は、取引相場のない株式とはいっても、普通株式の発行により増資する場合は公募とされており、その際には前月末における純資産価額をもって増資株式の引受けが実現されていて、株式の買取りを希望する者からの買取りも同様に前月末の純資産価額をもって実現されていたものであるから、本件相続開始日の前月末における純資産価額に基づいて取引された別件発行の引受価格をもって、特殊な価格であり、また、異常に高い価格であるということはできない。

　また、控訴人らは、本件株式のような取引相場のない株式を評価するに当たっては、当該株式を発行する会社の営業内容、会社の規模、売上高、収益、配当の額、資産の額、将来の収益見通し、将来の配当見通し、将来の公開可能性などの事実を明らかにした上、これらの事実に基づく各種の評価手法をバランスよく総合して評価するという手順を踏むべきである旨主張する。

　しかし、本件株式は、同族株主以外の株主がその売却を希望する場合には純資産価額による買取りが保障されており、現実にも本件課税時期には当時の純資産価額に基づく方式で評価された価額での買取りが実現されていたのであるから、純資産価額に基づく方式で評価された価額が法22条の時価に相当するものというべきである。したがって、

判断に当たり、本件会社の営業内容、会社の規模、売上高等の控訴人らの主張する事情は、これを勘案する必要がないと解するのが相当である。

　さらに、控訴人らは、本件株式を評価するに当たっては、安全確実な評価方法を採用すべきであるとして、鑑定意見書に基づき、純資産価格、類似業種比準価格、ディスカウント・キャッシュ・フロー価格及び配当還元価格の各価格に各配分を加重平均して算定するのが相当であると主張する。

　しかし、本件株式を処分した場合に実現されることが確実と見込まれる価額（法22条の時価）は、本件株式の買取りを希望する者から買取りが前月末の純資産価額をもって実現されているなどの事実関係に照らせば、買取り価額であると認めるのが相当である。控訴人らの主張するような方式で本件株式の価額を算定することは、このような取引の実情を無視するものであって、採用することができない。

ポイントの整理

Point ▶ 本事案での純資産価額は元々の出資額に近いものと考えられます。確かに、故意に会社を一つ介在させることで元々の出資額が一瞬で数分の1、数十分の1となってしまうことは認められないものと考えられます。

（増資に伴い株式の価値の移動がある場合（個人株主から他の個人株主へ））

14 会社の増資に際し、増資前の持株割合を超えて新株を引き受けた場合に新株引受権による利益相当額はみなし贈与に該当するとされた事例 昭和56年8月27日 大阪高裁判決（確定）

内容に入る前に ‖‖‖

　同族会社が新株を発行したり、その同族会社が保有する自己株式を処分する際、既存の株主ではなく第三者に割り当てたり、また、既存の株主の一部に割当てたりすることがあります。このような場合、株式の価額より新株の発行価額や自己株式の処分価額が低い場合は、課税関係が生じます。

　これは、株式の価値が移転してしまうためです。そのため、このようなケースでは、親族間の移転の場合は贈与（みなし贈与）とされ、それ以外の場合は一時所得とされます。

　関連する相続税法基本通達9-4、同通達9-5は次のとおりです。

> #### 相続税法基本通達
>
> **（同族会社の募集株式引受権）**
>
> **9-4** 同族会社が新株の発行（当該同族会社の有する自己株式の処分を含む。以下9-7までにおいて同じ。）をする場合において、当該新株に係る引受権（以下9-5までにおいて「募集株式引受権」という。）の全部又は一部が会社法（平成17年法律第86号）第206条各号《募集株式の引受け》に掲げる者（当該同族会社の株主の親族等（親族その他法施行令第31条に定める特別の関係がある者をいう。以下同じ。）に限る。）に与

えられ、当該募集株式引受権に基づき新株を取得したときは、原則として、当該株主の親族等が、当該募集株式引受権を当該株主から贈与によって取得したものとして取り扱うものとする。ただし、当該募集株式引受権が給与所得又は退職所得として所得税の課税対象となる場合を除くものとする。

（贈与により取得したものとする募集株式引受権数の計算）

9‐5　9‐4において、だれからどれだけの数の募集株式引受権の贈与があったものとするかは、次の算式により計算するものとする。この場合において、その者の親族等が2人以上あるときは、当該親族等の1人ごとに計算するものとする。

$$A \times \frac{C}{B} = \text{その者の親族等から贈与により取得したものとする募集株式引受権数}$$

㊟　算式中の符号は、次のとおりである。

Aは、他の株主又は従業員と同じ条件により与えられる募集株式引受権の数を超えて与えられた者のその超える部分の募集株式引受権の数

Bは、当該法人の株主又は従業員が他の株主又は従業員と同じ条件により与えられる募集株式引受権のうち、その者の取得した新株の数が、当該与えられる募集株式引受権の数に満たない数の総数

Cは、Bの募集株式引受権の総数のうち、Aに掲げる者の親族等（親族等が2人以上あるときは、当該親族等の1人ごと）の占めているものの数

判決内容

1　判決の概要・結果

⑴　裁判所は、一般に、含み資産を有する会社が増資をすれば、旧株式の価額が逆に増加することとなるため増資に当たり増資前の株式

の割合に応じて新株の引受けがなされなかったときは、新株の全部又は一部を引受けなかった者の財産が、旧株式の価額の稀釈に伴いそれだけ減少する反面、増資前の割合を超えて新株を引受けた者の財産は、それだけ増加するから、後者は前者からその差額分の利益を取得したことと評価しうるとしました。したがって、この利益を無償で取得すれば、相続税法第9条の「みなし贈与」に該当すると解すべきであると判示しました。

(2) 複数の親族から新株引受権の贈与があったとみなされる場合、そのいずれからどれだけの贈与があったかは、国税庁長官通達昭和34年直資10の61条（現行：相基通9-5）によるのが合理的であるとしました。

┌┈┈(**相続税法**)┈┈┈┈┈┈┈┈┈┈┈┈┈┈┈┈┈┈┈┈┈┈┈┈┈┈┐

（贈与又は遺贈により取得したものとみなす場合）

第9条 第5条から前条まで及び次節に規定する場合を除くほか、対価を支払わないで、又は著しく低い価額の対価で利益を受けた場合においては、当該利益を受けた時において、当該利益を受けた者が、当該利益を受けた時における当該利益の価額に相当する金額（対価の支払があつた場合には、その価額を控除した金額）を当該利益を受けさせた者から贈与（当該行為が遺言によりなされた場合には、遺贈）により取得したものとみなす。

（以下略）

└┈┈┈┈┈┈┈┈┈┈┈┈┈┈┈┈┈┈┈┈┈┈┈┈┈┈┈┈┈┈┈┈┈┈┈┈┘

ポイントの整理

Point 1▶ 本事案のように株式の価値の移動の問題は多々あります。増資時に既存の株主が平等に応じる場合は問題ありませんが、そうでない場合は注意が必要です。

Point 2▶ 株式の価値の移転を考えるときの時価は、同族株主か同族株主以外かで変わります。財産評価基本通達の規定により同族株主であれば原則的評価方式による評価額、同族株主以外であれば配当還元方式による価額となります。そのため、同族株主以外が配当還元価額で増資に応じた場合、株式価値の移転があったとして増資に応じた株主への課税はないと考えられますが、同族株主が配当還元価額で増資に応じた場合、原則的評価方式による価額との差額の利益を受けたとして課税関係が生じると考えられます。

Point 3▶ 一部の株主が発行法人に株式を低額で譲渡したような場合も、それ以外の株主に対し同様の課税関係が生じる可能性があります（詳しくは403ページ参照）。

【株式価値移転のイメージ】

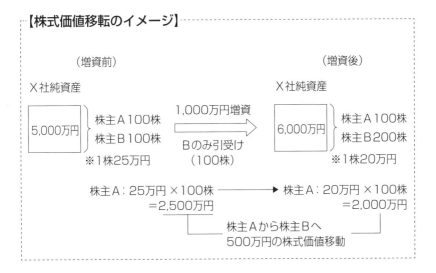

（増資前）　　　　　　　　　　　　　　　（増資後）

X社純資産　　　　　　　　　　　　　　　X社純資産

| 5,000万円 | 株主A100株
株主B100株 | → | 6,000万円 | 株主A100株
株主B200株 |

1,000万円増資
Bのみ引受け
（100株）

※1株25万円　　　　　　　　　　　　　　※1株20万円

株主A：25万円×100株 ──→ 株主A：20万円×100株
　　　　＝2,500万円　　　　　　　　　　　＝2,000万円

株主Aから株主Bへ
500万円の株式価値移動

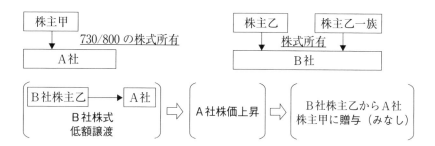

判決概要

1　原告A社が本件株式を時価に比して低い価額で譲受けた結果、譲受価額と時価との差額に相当する金額が原告A社の隠れた資産となり、同社の純資産が増加したこと、原告A社の株式は純資産増加分だけ価値を増し、従って原告A社の株主は株式の持分数に応じその保有する株式が価値を増したことによる財産上の利益を享受したこと、原告A社の発行株式総数800株中730株を所有する株主として、原告A社の純資産が増加したことに伴い、所有株式の割合に応じた財産上の利益を享受したことが認められる。

2　そして、本件株式の譲渡が訴外乙から原告甲に対しB会社の経営支配権を移転することを目的としており、この譲渡により原告A社の大半（800分の730）の株式を所有する原告甲は、B会社の株式を間接的に所有する結果となったことに照らすと、原告甲が財産上の利益を得たと認められる限度において、訴外乙から原告甲に対し贈与があったものとみなすのが相当である。

（増資に伴い株式の価値の移動がある場合（法人株主から個人株主へ））

15　会社の増資に際し、法人株主に割り当てられた新株引受権が失権し、個人が新株を引き受けた場合に一時所得として課税された事例

昭和49年1月31日　裁決

内容に入る前に

　事例**14**（292ページ参照）は増資に際し、親族間で株式価値の移転が発生した場合で、そのようなときは相続税法第9条により価値の移転分について贈与とみなされるというものでした。

　本事案は、子会社の増資に当たり親会社が増資に応じず、代わりに親会社の代表取締役が新株を引受けたケースです。

裁決内容

1　事案の概要・結果

(1)　審判所は、株式会社の増資払込に際し、当該会社の全株式を所有する親会社が、割当を受けた新株引受権を失権したため、親会社の社長が株主である地位に基づかないで、当該新株引受権を与えられて払込を行なった場合には、新株引受によって額面価額を上回る経済的利益を受けているのであるから、この経済的利益は収入金額となり、一時所得として課税するのが相当であると判断しました。

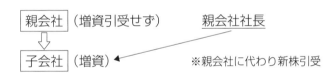

親会社（増資引受せず）　　親会社社長

子会社（増資）←　　　　※親会社に代わり新株引受

297

(2) また、請求人は、本件新株式の取得によって得たプレミアム相当部分は、未実現の利益であるから課税されるべきでないと主張するが、所得税法第36条第1項および令第84条第1項により、当該プレミアム相当部分が課税対象たる収入金額に該当すると規定されている以上、請求人に対する一時所得の課税は免れないというべきであるとしました。

ポイントの整理

Point ▶ 本事案も事例14（292ページ参照）と同じく増資時に起こった株式価値の移転のケースです。本事案は、親族以外の者（親会社）からの価値の移転による利益のため一時所得の課税が行われました。

「株式価値移転のイメージ」は295ページを参照してください。

（法人に資産を低額譲渡することによる株式価値の移動（類似業種比準価額及び純資産価額の計算））

16 同族法人が個人Bから土地持分を時価より低い価額の対価で譲り受けたことにより、同族法人の株主である個人Aは、株式価値の上昇に伴う経済的利益を受けたとして贈与税が課税された事例（相続税法9条適用） 平成24年11月13日 裁決

内容に入る前に

個人が法人に著しく低い金額で資産を譲渡した場合には、以下のような論点があります。

① 個人に対する譲渡所得（所得税法59条）の問題

② 買受者である法人の受増益の問題（法人税法22条）

③ 法人の株主の保有する株式の評価額が変化する（価値の移動）問題（相続税法9条）

本裁決では、上記のうち③について問題になったものです。

また、価値の移動の計算について類似業種比準価額を使う場合の算定方法及び純資産価額を計算する上で法人が取得した資産が課税時期前3年以内のもの（通常の取引価額で算定）に該当するか否かについてもポイントとなりました。

なお、**第1編の事例7**（49ページ）も類似する事例のため合わせて参照ください。

① 事案の概要・結果

1　請求人の母は同族会社（特例有限会社）に土地の持分を1,000,000円で譲渡しました。

※　下記事例では土地持分2、3となっています。なお、土地持分1は請求人の母が請求人に対し譲渡したもので、それについても著しく低い価額として贈与税の課税が行われています。なお、そちらについては第1編（59ページ）を参照してください。

2　原処分庁は、売買代金が著しく低額であり、それにより請求人の出資額の価値が増加し、請求人の母から請求人に対する贈与があったものとみなされるとして贈与税の課税を行いました。一方、請求人は譲渡価額が時価であるとして処分の取消しを求めました。

3　審判所は、近隣土地の売買実例等を基に土地の時価を算定し、請求人の母から同族会社に対して著しく低い価額で譲渡があり、その結果請求人の所有する同族会社の株式価値が増加したとして、請求人の母から請求人に贈与があったものとみなす判断を行いました。

4　土地の譲渡の前後で株価を計算し、その差異について贈与があったものとみなされましたが、類似業種比準価額（土地の譲渡後のもの）の計算上、D（簿価純資産）について、土地の時価と売買価額のとの差異を加算し、純資産価額の計算については、譲受けた土地を課税時期前3年以内の取得とはみない（相続税評価額で算定）とされました。

② 事実関係とそのポイント

```
┌──────────┐              ┌──────────┐  出 資  ┌────────┐
│ 請求人の母 │─────────────▶│ 同族法人  │◀────────│ 請求人  │
└──────────┘              │(有限会社)│         └────────┘
                          └──────────┘  ※発行済株式110株の一部
   土地持分2、3
   （274ページ参照）         ┌────────────────────────┐
   売却（H21.12.28）         │ 売買代金が著しく低額で        │
   （売買代金 1,000,000円）   │ あり、それにより請求人       │
                            │ の出資額の価値が増加        │
                            │ （請求人の母から請求人       │
                            │ に対する贈与課税）          │
                            └────────────────────────┘
                            ※同族法人は小会社区分
```

【出資金の算定】

① 出資金の価額の計算上、類似業種比準価額と純資産価額との併用で算定（対象法人は小会社区分）

② 土地の売買前後で上記①の金額を算定し、差額について贈与課税

③ 土地の売買後の類似業種比準価額の算定に際し、D（簿価純資産）の計算上、土地の売買価額と通常の取引価額との差額を加算

④ 土地の売買後の純資産価額の計算に際し、法人が取得した土地は課税時期前3年以内に該当しないとして相続税評価を採用（通常の取引価額ではない。）

※①～④（本件土地持分2）、⑤（本件土地持分3）

番号	所　　在	地番	地目 （現況）	地　　積	持分割合
①	■■■■■ ■■■	■■■■	宅地 （雑種地）	56.19㎡	4分の2
②	■■■■■ ■■■	■■■■	宅地 （雑種地）	33.05㎡	16分の2
③	■■■■■ ■■■	■■■■	宅地 （雑種地）	85.95㎡	28分の14

			宅地 (雑種地)	72.72㎡	4分の2
④	■■■■■ ■■■	■■■■			
⑤	■■■■■ ■■■	■■■■	宅地 (雑種地)	37.81㎡	4分の2

【争点】

　本件法人が本件持分2及び本件持分3を譲り受けたことにより請求人が得た経済的利益の有無及びその価額

③　当事者の主張

1　原処分庁の主張

（土地の時価関係）

　請求人の母から同族会社に譲渡された不動産について下記AないしIのとおり算定した価額（以下「原処分庁主張額2」という。）が本件持分2及び本件持分3の通常の取引価額であるから、原処分時に本件持分2及び本件持分3の時価として算定した価額（以下「原処分時算定額」という。）は通常の取引価額に相当する金額である。

A　本件売買実例1の1㎡当たりの取引価格に、本件公示地の公示価格に係る地価変動を基にした本件売買実例1の取引時から本件持分2及び本件持分3の譲受けの時までの時点修正率を乗じる。

B　上記Aの結果に、本件売買実例地1の1㎡当たりの相続税評価額に対する本件土地2の1㎡当たりの相続税評価額の割合による場所的修正率を乗じる。

C　上記Aの結果に、本件売買実例地1の1㎡当たりの相続税評価額に対する本件土地3の1㎡当たりの相続税評価額の割合による場所的修正率を乗じる。

D　平成21年公示価格に、本件公示地の公示価格に係る地価変動を基にした平成21年1月1日から本件持分2及び本件持分3の譲受けの時までの時点修正率を乗じる。

E　上記Dの結果に、本件公示地の1㎡当たりの相続税評価額に対する本件土地2の1㎡当たりの相続税評価額の割合による場所的修正率を乗じる。

F　上記Dの結果に、本件公示地の1㎡当たりの相続税評価額に対する本件土地3の1㎡当たりの相続税評価額の割合による場所的修正率を乗じる。

G　上記Bの結果と上記Eの結果を平均した価額に、本件土地2の各面積及び本件持分2の各持分割合を乗じて合計する。

H　上記Cの結果と上記Fの結果を平均した価額に、本件土地3の面積及び本件持分3の持分割合を乗じる。

I　上記Gにより算定した価額と上記Hにより算定した価額を合計する。

（土地の譲渡前後での株式価値の移転関係）

⑴　請求人は、本件法人が本件持分2及び本件持分3を譲り受けたことにより、下記JないしLのとおり算定した価額○○○円の経済的利益を受けている。

J　原処分時算定額と本件持分2及び本件持分3の譲受価額の差額である△△△円を本件法人の受贈益の額として加算して算定した本件株式の類似業種比準価額と、原処分時算定額を本件法人の資産に加算して算定した本件株式の1株当たりの純資産価額に、それぞれ0.5を乗じて合計する。

K　本件持分2及び本件持分3を譲り受ける前の本件株式の1株当

たりの類似業種比準価額と１株当たりの純資産価額に、それぞれ
0.5を乗じて合計する。

L　上記Ｊにより算定した価額と上記Ｋにより算定した価額の差額
に、本件株式の株式数を乗じる。

(2)　評価基本通達185は、１株当たりの純資産価額（相続税評価額に
よって計算した金額)」の算定につき、評価しようとする株式の発
行会社が課税時期前３年以内に取得した土地の価額については、課
税時期における通常の取引価額に相当する金額によって評価する旨
を定めているので、本件法人が本件持分２及び本件持分３を譲り受
けた後の本件株式の１株当たりの純資産価額の算定に当たって資産
の部に加算すべき金額は、本件持分２及び本件持分３の相続税評価
額ではなく、通常の取引価額である。

2　請求人の主張

(1)　本件土地２及び本件土地３の所有関係、地域の状況、景気及び地
価の状況などを考慮すれば、譲受価額である1,000,000円が本件持分
２及び本件持分３の実際に売れる価額、すなわち時価であるから、
請求人は、土地譲渡者から本件法人に対する本件持分２及び本件持
分３の譲渡により経済的利益を受けていない。

(2)　仮に、譲受価額である1,000,000円が本件持分２及び本件持分３の
時価でないとしても、本件持分２及び本件持分３の相続税評価額に
基づき請求人が受けた経済的利益を算定すべきである。

3　審判所の判断

（法令等解釈）

(1)　相続税法第９条は、法人が無償で又は時価より低い価額の対価で

財産を譲り受けたことにより当該法人の株式の価額が増加した場合、当該法人の株主は、対価を支払わないで自らが保有する株式の価額の増加分の経済的利益を受けたこととなるため、同条に基づき、当該法人に対して財産の譲渡をした者から、当該経済的利益の価額に相当する金額を贈与により取得したものとみなされることとなる。

そうすると、法人が無償で又は時価より低い価額の対価で財産を譲り受けたことにより当該法人の株主が受けた経済的利益の有無及びその価額については、当該法人が財産を譲り受けたことによる株式の価額の増加額によって、すなわち、当該法人が財産を譲り受けた後の当該法人の株式の価額と財産を譲り受ける前の当該法人の株式の価額の差額によって判断及び算定すべきこととなる。

(2)　そして、本件株式のように取引相場のない小会社の株式の価額の評価方法については、評価基本通達179においてその経営実態において個人企業に近い小会社の株式は、流動性が少なく、その会社の資産に着目して取引されると考えられることから、原則として純資産価額方式により評価することとしつつ、小会社の中にもその経営実態において中会社に近いものもあることから、中会社の株式との均衡を図るため、類似業種比準価額と1株当たりの純資産価額の併用方式（以下「併用方式」という。）を納税者が選択することを認めていることは合理的であって、その取扱いは当審判所においても相当であると認められる。

そこで、本件法人が本件持分2及び本件持分3を譲り受けたことにより、請求人が受けた経済的利益の有無及びその価額については、本件法人が本件持分2及び本件持分3を譲り受けた後の本件株式の価額と譲り受ける前の本件株式の価額を純資産価額方式と併用方式によってそれぞれ評価し、いずれか請求人に有利な方により判断及

び算定すべきこととなる。

（土地の譲渡前後での株式価値の移転の計算）

⑴　評価基本通達180は、類似業種比準価額の算定に当たり「１株当たりの純資産価額（帳簿価額によって計算した金額)」を比準要素とする旨を定めているところ、ここでいう帳簿価額とは法人税法上の適正な帳簿価額を意味すると解すべきであるから、本件法人が本件持分２及び本件持分３を譲り受けた後の本件株式の類似業種比準価額を算定する際の「１株当たりの純資産価額（帳簿価額によって計算した金額)」については、本件持分２及び本件持分３の時価を基礎として算定すべきこととなる。

⑵　評価基本通達185は、評価基本通達179の「１株当たりの純資産価額（相続税評価額によって計算した金額)」の算定方法につき原処分庁は、本件法人が本件持分２及び本件持分３を譲り受けた後の本件株式の１株当たりの純資産価額については、評価基本通達185の括弧書きに基づき、本件持分２及び本件持分３の通常の取引価額を基礎として算定すべきである旨主張する。

　　しかしながら、課税実務上、相続税及び贈与税の課税価格の計算の基礎となる財産については、評価基本通達に定める評価方法により画一的に評価がなされていることからすれば、評価基本通達は、法令ではないとしても、原則としてその文言に忠実に解釈するのが相当であるところ、本件法人が本件持分２及び本件持分３を譲り受けたことにより請求人が経済的利益を受けたとして、請求人が当該経済的利益の価額に相当する金額を贈与により取得したものとみなされる場合の贈与税の課税時期は、本件持分２及び本件持分３を**譲り受けた時**であることから、本件持分２及び本件持分３が評価基本

通達185の括弧書きの定める「課税時期**前**3年以内に取得した土地等」に含まれるものと解することはできず、この点に関する原処分庁の主張を採用することはできない。

　したがって、本件法人が本件持分2及び本件持分3を譲り受けた後の本件株式の1株当たりの純資産価額については、本件持分2及び本件持分3の相続税評価額を基礎として算定すべきこととなる。

（請求人が受けた経済的利益の価額）

　本件法人が本件持分2及び本件持分3を譲り受けたことにより、請求人が受けた経済的利益の有無及びその価額については、本件法人が本件持分2及び本件持分3を譲り受けた後の本件株式の価額と譲り受ける前の本件株式の価額を純資産価額方式と併用方式によってそれぞれ評価し、いずれか請求人に有利な方により判断及び算定すべきであるところ、本件法人が本件持分2及び本件持分3を譲り受ける前の本件株式の価額と譲り受けた後の本件株式の価額との1株当たりの価額の差額を純資産価額方式及び併用方式によりそれぞれ算定すると併用方式による場合の方が請求人に有利となるため併用方式を採用する。

（土地の時価関係）

⑴　原処分庁は、平成21年公示価格及び本件売買実例1の1㎡当たりの取引価格を基礎として、1㎡当たりの相続税評価額の割合による

場所的修正率を乗じるなどして算定した原処分庁主張額2が本件持分2及び本件持分3の時価である旨主張する。

　しかしながら、1㎡当たりの相続税評価額の割合による場所的修正率を乗じることにより本件土地2及び本件土地3と本件売買実例地1及び本件公示地の具体的な個別的要因の違いを十分に考慮することができているとは認め難い。

　また、本件土地2及び本件土地3の近隣の住宅地域における売買実例としては、本件売買実例1の他にも、本件売買実例2ないし本件売買実例4があることが認められることから、本件売買実例1だけでなく、これらの売買実例の取引価格も本件持分2及び本件持分3の時価の算定の基礎に採用すべきである。したがって、原処分庁主張額2を本件持分2及び本件持分3の時価であると認めることはできない。

(2)　そこで、当審判所において、平成19年公示価格、本件売買実例1ないし本件売買実例4の1㎡当たりの取引価格を基礎として、これらに本件公示地の公示価格に係る地価変動を基にした本件土地2及び本件土地3の譲受けの時までの時点修正率を乗じた上で、土地価格比準表に準じて、本件土地2、本件土地3、本件公示地及び本件売買実例地1ないし本件売買実例地4について、地積、街路条件、交通・接近条件、環境条件、画地条件及び行政的条件による個別的要因の格差補正を行い、本件土地2及び本件土地3の宅地としての1㎡当たりの価額をそれぞれ算定したところ、本件土地2については○○円となり、本件土地3については、□□円となる。なお、本件土地3はいわゆる帯状画地であるところ、当審判所において不動産鑑定評価の専門機関である△△に照会した結果によれば、帯状画地は、市場性が低いため、不動産鑑定評価の実務上、70％から80％

308

程度の減価補正を行うことが一般的であると認められることから、80％の減価補正をした。

ポイントの整理

Point 1▶ 本裁決では、請求人の母から法人へ土地（本件持分2、3）を売却した際、その売買代金が著しく低額であり、それにより請求人所有の出資持分の価額が増加したとして、請求人の母から請求人に対する贈与があったものとみなされました。

Point 2▶ 土地の時価については、原処分庁の売買実例1つのみでは不足（原処分庁の時価は不採用）として、審判所が4つの売買実例を基に時価を算定しています。

Point 3▶ 対象となった法人は小会社の区分のため、出資金の価額の計算上、類似業種比準価額と純資産価額との併用で算定（純資産価額のみでの評価額より少額であった）しています。

　なお、土地の売買前後で上記の金額を算定し、差額について贈与とみなされました。

Point 4▶ 類似業種比準価額の算定に当たり「1株当たりの純資産価額（帳簿価額によって計算した金額）」を比準要素とする旨が規定されていますが、ここでいう帳簿価額とは法人税法上の適正な帳簿価額を意味すると解すべきであるから、対象法人が土地を譲り受けた後の株式（出資持分）の類似業種比準価額を算定する際の「1株当たりの純資産価額（帳簿価額によって計算した金額）」については、土地の時価を基礎として算定すべきと判断されました。

　具体的には、土地の売買後の類似業種比準価額の算定に際し、D（簿価純資産）の計算上、土地の売買価額と時価との差額が加算されることになります(注)。

(注) 311ページの**事例17**でも同様の内容となっていますが、**事例17**では、課されるべき法人税相当額を控除した残額を加算するとしています。

Point 5▶ 純資産額の計算については、審判所は「課税実務上、相続税及び贈与税の課税価格の計算の基礎となる財産については、評価基本通達に定める評価方法により画一的に評価がなされていることからすれば、評価基本通達は、法令ではないとしても、原則としてその文言に忠実に解釈するのが相当であるところ、本件法人が本件持分2及び本件持分3を譲り受けたことにより請求人が経済的利益を受けたとして、請求人が当該経済的利益の価額に相当する金額を贈与により取得したものとみなされる場合の贈与税の課税時期は、本件持分2及び本件持分3を譲り受けた時であることから、本件持分2及び本件持分3が評価基本通達185の括弧書きの定める「課税時期前3年以内に取得した土地等」に含まれるものと解することはできず、この点に関する原処分庁の主張を採用することはできない。」と判断しています。

つまり、**贈与税の課税時期は、譲渡時**（対象法人からみると取得時）であるのに対し、通常の取引価額で評価するのは、課税時期**前3年以内のため**、これには該当しないとの判断です。

結果として、対象法人が土地を譲り受けた後の株式（出資持分）の1株当たりの純資産価額については、<u>土地の相続税評価額を基礎として算定すべき</u>こととなります。

（同族会社に著しく低い価額で出資持分の譲渡が行われたことに
よる株式価値の変動・実質的な同族関係者の判断）
**17 同族会社に著しく低い価額で出資持分の譲渡が行われたこ
とで株式の価値の増加があり、譲渡者から株主に対して贈与
があったとみなされた事例**

平成26年10月29日 東京地裁判決（納税者控訴）
平成27年4月22日 東京高裁判決（棄却）

内容に入る前に

　個人が法人に著しく低い金額で資産を譲渡した場合には、以下のよ
うな論点があります。
① 　個人に対する譲渡所得（所得税法59条）の問題
② 　買受者である法人の受贈益の問題
③ 　法人の株主の保有する株式の評価額が変化する（価値の移動が生
　　ずる）問題

　本判決は、上記のうち③について問題になったものです。
　なお、法人が受けた受贈益については、335ページの**事例18**を参
照してください。

　相続税法基本通達９－２では、同族会社の株式の価額が増加した場
合も経済的利益を受けた場合に該当するとして４つの例を示していま
す。そのうち(4)では、ある者が会社に対して時価よりも著しく低い価
額の対価で財産の譲渡をした場合には、その他の株主の価額が増加す
るので、その財産の譲渡をした者から他の株主に対して贈与税を課す
と規定してます。

311

（株式又は出資の価額が増加した場合）

9－2　同族会社（法人税法（昭和40年法律第34号）第2条第10号に規定する同族会社をいう。以下同じ。）の株式又は出資の価額が、例えば、次に掲げる場合に該当して増加したときにおいては、その株主又は社員が当該株式又は出資の価額のうち増加した部分に相当する金額を、それぞれ次に掲げる者から贈与によって取得したものとして取り扱うものとする。この場合における贈与による財産の取得の時期は、財産の提供があった時、債務の免除があった時又は財産の譲渡があった時によるものとする。

・・・

(4)　会社に対し時価より著しく低い価額の対価で財産の譲渡をした場合
　　当該財産の譲渡をした者

(注)　通達の全文は408ページを参照してください。

また、大きなポイントとして、この事案では、形式的には同族関係者に該当しないが、実質的には同族関係者であるとして（52％の議決権を保有する株主（13社）が議決権につき白紙委任等）評価方法の判定をした課税庁の主張が認められています。

判決内容

1　事案の概要・結果

1　本件は、原告甲の母であり、原告乙（原告甲の子）の祖母でもある丙が、その保有するC社（有限会社）の持分をA社（株式会社）及びB社（合名会社）に対し譲渡したところ、所轄税務署長が、その譲渡が時価より著しく低い価額の対価でされたものであり、その

譲渡によっていずれも同族会社であるＡ社の株式及びＢ社の持分の
価額が増加したことから、相続税法第9条の規定によりその増加し
た部分に相当する金額をＡ社及びＢ社の株主及び社員である原告甲
及び原告乙が丙から贈与により取得したものとみなされるとして、
原告らに対し、贈与税の決定処分等をしたものです。

【売買内容・課税関係】

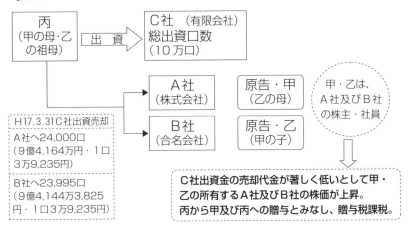

※　裁判所はＣ社出資について、最終的にＡ社への譲渡時価を19億4,889
万6,000円、Ｂ社への譲渡時価を19億4,848万9,980円と判断しました。

2　原告は、相続税法第9条の「当該利益を受けた者」とは、当該利
益の「対価」の支払義務を負っている者と解すべきであり、また、
同族会社が財産の低額譲渡を受けた場合における同社の株式の含み
益（評価益）は相続税法第9条の「利益」には該当しないと主張し、
上記処分の取消しを求めました。

3　裁判所は、本件についての相続税法第9条の適用を認め、相続税
法基本通達9－2⑷の定めは、同法第9条の規定に該当する場合の

313

例示として適当なものというべきであるとしました。

　また、裁判所は、譲渡されたＣ社出資について、Ｃ社は形式的には原告等の同族関係者ではないが、実質的に同族関係者であるとしました。

　なお、Ｃ社出資の価額の評価についてはＣ社が株式保有特定会社に該当するため㊟評価通達189－3に定める純資産価額方式又は「Ｓ１＋Ｓ２」方式によることが相当としました。

> ㊟　Ｃ社が保有するＡ社株式（当初配当還元価額で評価）について、Ｃ社とＡ社が同族関係者と判断されたことからＡ社の株価が大きく上昇し、結果として、Ｃ社の出資評価額は大幅に増加しました（後述参照）。

4　本件各譲渡後にＣ社の出資者（13社）がＣ社の出資１口当たり5,000円で譲渡しており、それを時価と判断できるかどうかについても争われましたが裁判所は認めませんでした（後述326ページ参照）。

5　Ａ社株式及びＢ社株式の価額の増加分の計算について、類似業種比準価額のＤ（簿価純資産）を修正（実際のＣ社出資受入時の価額とＣ社出資の時価との差額をＤに加算㊟）して行うこととしました（後述329ページ参照）。なお、同様の論点が問題となった事例（299ページ）もありますので参考にしてください。

> ㊟　課されるべき法人税相当額を控除した残額を加算。

　以下、かなり込み入っているところもありますが、裁判が判断した内容について見ていきましょう。

② 出資関係の整理・検討／C社、A社は同族関係者に該当するか否か

1　甲・乙は、B社の出資口数の総数60万口のうち40万口を保有して
いたため、B社は甲・乙の同族関係者に該当します。

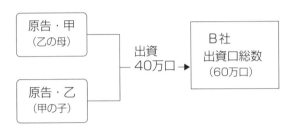

(注)　B社は、不動産賃貸を目的とする会社で出資の価格の総額が3,000
万円（60万口）の合名会社（当時）であり、同族会社に該当し、同
社の平成17年3月31日（上記C社出資が売却された日）当時の社員
及びその出資の価格等は、原告甲が1,990万円（39万8,000口）、原告
乙が10万円（2,000口）及びA社が1,000万円（20万口）でした。
　B社の平成16年1月1日から同年12月31日までの事業年度における
法人税の申告書及び決算書等によれば、同日における従業員数は4人、
同日以前1年間の取引金額は2億4,602万6,276円、同日における同社の
有する各資産を評価通達に定めるところにより評価した価額の合計額
のうちに占める株式及び出資の価額の合計額の割合は70%でした。

2　丙（甲の母）及び甲の有するC社の議決権数は、次図に示すとお
りその議決権総数の50%を超えないから、評基通188⑴を形式的に
適用すると、C社は丙、甲及び乙の同族関係者には該当しないこと
になります。なお、上述のとおり、丙のC社出資はA社及びB社に
譲渡され、譲渡後でみれば同様にC社は甲、乙及びB社の同族関係
者には該当しないことになります。

3　A社（酒類食料品卸売業）の取引先13社（酒造メーカー）が先代
（甲の父）からC社出資持分（52％）を購入した経緯及び動機、社
員総会には出席せず白紙委任等をしていた事実関係からすると、C
社は、一貫して甲及び丙とその同族関係者（B社・丙から譲受後）
によって実質的に支配されていたと認められます。

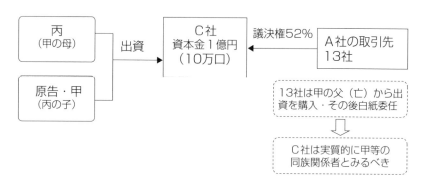

4　上記3より、甲及びその同族関係者（乙、B社、C社）の有する
　　A社の議決権数は、その議決権総数の50％を超えるため、A社は甲
　　らの同族関係者に該当します（評基通188(1)。法法令②)。

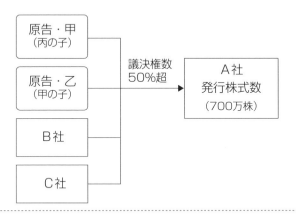

(注)　原告甲が39万1,150株、原告乙が5万株、B社が198万9,100株、
　　　C社が200万株を保有（合計443万250株）していました。なお、
　　　A社の平成16年12月31日における従業員数は約1,650人でした。

5　甲及びその同族関係者であるA社及びB社の有するC社の議決権
　　数は、その議決権総数の30％以上であるため、甲、B社及びA社も
　　C社の同族株主に該当します。

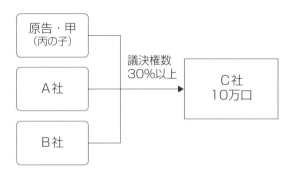

㊟ 原告甲５口、Ａ社24,000口（丙から譲受後）、Ｂ社75,995口（丙
及び本件13社から譲受後※）

※ 本件13社は、平成17年８月25日、本件13社の保有する本件Ｃ
社出資をＢ社に対し１口当たり5,000円で譲渡するよう依頼さ
れ、同年10月から同年12月にかけて、Ｂ社に対し、それぞれ、
本件Ｃ社出資のうち4,000口を代金2,000万円（１口当たり5,000
円）で売却しました。

6　５のことから、本件各譲渡によりＡ社及びＢ社が取得したＣ社出
資は、「同族株主以外の株主が取得した株式」には該当しないと判
断されました㊟。

㊟ 次ページ④にもあるようにＣ社は株式保有特定会社に該当しま
す。

③　譲渡されたＣ社出資を純資産価額で評価する場合の20％評価減の可否

1　Ｃ社は、甲及びその同族関係者によって実質的に支配されていた
から、評価通達185（純資産）のただし書を適用することは、その
定めを設けた趣旨にもとるというべきであって、その点において、
評価通達の定める評価方式以外の評価方式によるべき特段の事情が
あるというべきであると判断されました。

2　Ｃ社出資の価額を純資産価額方式によって評価する場合、純資産
価額の20％の評価減を行うことはできないとされました。

財産評価基本通達185（一部抜粋）

・・・ただし、179《取引相場のない株式の評価の原則》の(2)の算式及び

　(3)の1株当たりの純資産価額（相続税評価額によって計算した金額）については、株式の取得者とその同族関係者（188《同族株主以外の株主等が取得した株式》の(1)に定める同族関係者をいう。）の有する議決権の合計数が評価会社の議決権総数の50％以下である場合においては、上記により計算した1株当たりの純資産価額（相続税評価額によって計算した金額）に100分の80を乗じて計算した金額とする。

④　C社が保有するA社株式の評価

　317ページの4によりA社は、甲、乙、B社、C社で50％超の議決権を保有されていることから、甲らの同族関係者となります。そのため、C社の保有するA社の株式式の価額は、「同族株主以外の株主の取得した株式」の価額の評価について同通達188−2に定める評価方式（配当還元方式）によって評価されるものではない（同通達188）と判断されました。

　また、A社は大会社の区分に該当（従業員約1,650人）するため、大会社の株式の価額の原則的な評価方式である類似業種比準方式によって評価するのが相当である〔評価通達179(1)〕とされました。

　そして、本件各譲渡の時における類似業種比準方式で評価した場合のA社の株式1株当たりの価額は、4,047円と算定され（この算定の基となった金額等の数値は、当事者間に争いがない。）、C社が保有していたA社の株式200万株の価額は、80億9,400万円（1株当たり4,047円×200万株）になるとされました。

　なお、A社の株式以外にC社の有する各資産について、評価通達に定めるところにより評価した価額の合計額は、1億3,095万8,000円でした（当事者間に争いがない。）。

　以上によれば、C社資産に占める株式保有割合は、98.4％〔80億

9,400万円÷（80億9,400万円＋1億3,095万8,000円）＝0.984〕であり、50％以上であることは明らかであるから、本件各譲渡の時においてC社は株式保有特定会社に該当するとされました。

⑤ 最終的な課税状況

1　本件各譲渡により、丙は、A社に対し、C社出資2万4,000口を、時価19億4,889万6,000円のところ、9億4,164万円で譲渡し、また、B社に対し、C社出資2万3,995口を、時価19億4,848万9,980円のところ、9億4,144万3,825円で譲渡したものであって、本件各譲渡については、時価より著しく低い価額の対価でされたものであると認められるとされました。

2　本件各譲渡によって、原告らは、それぞれ保有するA社の株式及びB社の持分の価額が、原告甲につき合計3億9,155万6,650円、原告乙につき合計249万6,000円増加していることから、原告らは、相続税法9条に規定する「対価を支払わないで、又は著しく低い価額の対価で利益を受けた」と認められるとされました。

⑥ 判決内容一部抜粋

1　本件各譲渡に関し原告らについて相続税法9条の規定を適用することができるか〔争点⑴〕について

⑴　相続税法9条は、贈与契約の履行により取得したものとはいえないが、関係する者の間の事情に照らし、実質的にみて、贈与があったのと同様の経済的利益の移転の事実がある場合に、租税回避行為を防止するため、税負担の公平の見地から、その取得した経済的利益を贈与により取得したものとみなして、贈与税を課税することとしたものであると考えられる。そして、相続税法基本

通達9－2は、相続税法9条の規定に該当する場合を例示したものとして定められたものと解されるところ、同通達9－2⑷の定めるように、同族会社に該当する会社に対する時価より著しく低い価額の対価での財産の譲渡がされるときには、当該譲渡をした者と当該会社ひいてはその株主又は社員との間にそのような譲渡がされるのに対応した相応の特別の関係があることが一般であり、このことを踏まえると、当該譲渡により譲渡を受けた当該会社の資産の価額が増加した場合には、当該会社の株主又は社員は、その株式又は出資の価額が増加することにより、実質的にみて、当該譲渡をした者から、その増加した部分に相当する金額を贈与により取得したものとみることができるものと考えられる。そうすると、このような場合には、同法9条に規定する「対価を支払わないで、又は著しく低い価額の対価で利益を受けた」と認められるから、同通達9－2⑷の定めは、同法9条の規定に該当する場合の例示として適当なものというべきである。

・・・

2　本件各譲渡は時価より著しく低い価額の対価でされたものか（本件各譲渡に係る本件C社出資の時価はいくらか）〔争点⑵〕について

・・・

⑵　評価通達の定めによって評価した場合、本件各譲渡に係る本件C社出資の1口当たりの価額はいくらか〔争点⑵ア〕について

ア　C社の設立から本件13社が本件C社出資をB社に譲渡するまでの事実関係等

前提事実に証拠及び弁論の全趣旨を併せると、次の事実が認められる。

(ア) 先代（原告甲の父）は、平成2年6月8日、A社株式200万株（先代（原告甲の父）が認識していた1株当たりの時価は3,200円であり、総額は64億円であった。）と、土地及び建物（先代（原告甲の父）が認識していた時価は約13億2,000万円であった。）をC社を設立するに当たり現物出資し、上記土地及び建物に付随する先代（原告甲の父）の借入金の債務4億円を同社に承継させた上、金員4,600万円を払い込み、同社の出資9万9,995口（1口当たりの金額は1,000円である。）を取得した。また、原告甲は、金員5,000円を払い込み、同社の出資5口を取得した。

　C社は、A社の株式200万株を、1株当たり25円、合計金額5,000万円という帳簿価額による現物出資として受け入れ、また、上記土地及び建物を4億399万5,000円という帳簿価額による現物出資として受け入れており、上記4,600万円及び5,000円の払込み及び借入金の債務の承継と合わせて、資産の合計を5億円、負債の合計を4億円、資本金を1億円とし、出資の口数を10万口として設立されたものである。

(イ) 先代（原告甲の父）は、平成3年12月5日、A社の取引会社のうち、長年にわたって酒類を卸してきた有力な取引先である本件13社に対し、本件C社の出資のうち各4,000口（合計5万2,000口、同社の総出資口数の52パーセント相当）を1口当たりのいわゆる額面額である1,000円で売却した。その結果、先代（原告甲の父）の保有する本件C社出資の口数は4万7,995口となり、原告甲の保有する5口と併せて、先代（原告甲の父）及び原告甲のC社における出資の割合は48パーセントとなった。

㈢　本件13社各社が先代（原告甲の父）から本件Ｃ社出資を購入した経緯及び動機については、以下のとおりであった。

　a （社）

　A社側から当社の秘書室に対して文書により依頼があり、同室から担当部署にその案件が引き継がれた。当社は、Ａ社が大事な得意先であり、現在の関係を維持する必要があること、依頼を承諾することにより、今後の関係を強化することができること、当社を含めた13社に同内容の依頼があると聞いていること、購入金額が400万円であることから、本件Ｃ社出資を購入した。

　b （社）

　先代（原告甲の父）と原告甲から当時の当社の社長に対して依頼があった。社長は、Ａ社が当社の最上の得意先であり、今後の取引上、依頼を引き受けざるを得ず、相互に関係を強化したいという考えもあったこと、購入金額もさほど大きくないことから、本件Ｃ社出資を購入した。

┄┄┄┄┄┄┄┄┄┄┄┄┄┄┄┄┄┄┄┄┄┄┄┄┄┄┄┄┄
┊　㈲　他の会社も類似した経緯及び動機で購入しています。　　　┊
┄┄┄┄┄┄┄┄┄┄┄┄┄┄┄┄┄┄┄┄┄┄┄┄┄┄┄┄┄

　・・・

　d(a)　原告甲及び丙（原告甲の母・先代（夫）から相続）の有する議決権は、Ｃ社の議決権総数の50パーセントを超えないから、評価通達188⑴を形式的に適用すると、Ｃ社は、原告甲及び丙（原告甲の母・先代（夫）から相続）の同族関係者には該当しないことになる（法人税法施行令４条２項２号参照）。

　(b)　しかしながら、Ｃ社はその設立時には先代（原告甲の

父）及び原告甲が持分の全てを保有していたところ、先代
（原告甲の父）から本件13社に対する本件Ｃ社持分の譲渡
の後においても、先代（原告甲の父）及び原告甲が、出資
の口数の総数の過半数に極めて近い48パーセントという高
い比率の持分を保有していたものである上、先代（原告甲
の父）の死亡後は、原告甲の母である丙が、先代（原告甲
の父）の保有していた本件Ｃ社出資を取得したほかは、本
件各譲渡に至るまで、Ｃ社の社員及び出資の口数には変更
がなかった。そして、本件13社各社が先代（原告甲の父）
から本件Ｃ社出資を購入した経緯及び動機をみると、本件
13社の中には、先代（原告甲の父）又は原告甲から直接に
依頼を受けたものもあるところ、本件13社は、いずれも、
Ａ社側からの依頼を受け、Ａ社との取引関係の強化又は維
持を動機として本件Ｃ社出資を購入したものであり、現に、
上記購入後、本件13社がＢ社に対して本件Ｃ社出資を売却
した平成17年当時までの間、Ａ社は、本件13社にとっての
得意先又は主要な取引先であり続けたと認められる。

　また、本件13社は、Ｃ社の社員であった間、社員総会へ
の出席をせず、白紙委任し、又は賛成する旨の委任状を提
出するなどしており、これらの事実からすると、Ｃ社の経
営に関し、本件13社は、他の社員でありＣ社の代表者であ
る原告甲及び同じく他の社員であり同原告の母である母
（本件各譲渡後はＡ社及びＢ社）の意向に反するような行
動をとることは全くなかったと認められる。

　以上の事実関係によれば、Ｃ社は、本件13社が社員であ
った間、一貫して、原告甲及びその同族関係者 ｛本件各譲

渡までは甲及び丙〔評価通達188⑴、法人税法施行令４条１項１号参照〕、本件各譲渡後は甲、Ａ社及びＢ社〕によって実質的に支配されていたと認められる。

(c)　評価通達188及び同通達188－２は、「同族株主以外の株主等が取得した株式」の価額について例外的な方法である配当還元方式によって評価することとしたものであるところ、これは、いわゆる少数株主が取得した株式について、その株主は単に配当を期待するにとどまるという実質のほか、評価手続の簡便性をも考慮して、例外的な方法を採用したものである。

そして、特定の株主等が評価会社において同通達188⑴の「同族株主」に該当するかどうかを判定するに当たっては、株主の１人及びその同族関係者の有する議決権の割合をみる必要があるところ、同定めにおいて、上記「同族関係者」に該当するための要件の一つとして、法人税法上の同族会社の意義につき定める法人税法施行令４条２項が、判定会社株主等の１人又はこれと特殊の関係のある個人等が他の会社の50パーセントを超える議決権を有することを定めている例によるものとしているのは、ある株主等（及びその同族関係者である個人等）が他の会社を支配している場合には、その会社も同族関係者とし、その同族関係者たる会社を含めて、当該株主等が、評価会社について単に配当を期待するにとどまる少数株主といえるかどうかを判定するべきであるという趣旨に出たものであると考えられる。

そうすると、本件における原告甲及びＢ社とＣ社との関

係のように、前者が後者を実質的に支配する関係にある場合において、同通達188(1)及び同令４条２項を形式的に適用することは、結局のところ、上記のとおりの同通達188及び同通達188－２の趣旨にもとるものというべきであって、上記の場合には、後者を前者の同族関係者とみることとするのが相当であり、その点において、同通達の定める評価方式以外の評価方式によるべき特段の事情があるというべきである。
・・・

(3) 本件各譲渡に係る本件Ｃ社出資の時価は本件13社が本件各譲渡後にＢ社に対してした譲渡の対価の価額である１口当たり5,000円であるといえるか〔争点(2)イ〕について
・・・

売却した際の代金は、本件13社が本件Ｃ社出資を購入した際の代金は１口当たり1,000円であったのに対し、購入時の５倍である１口当たり5,000円としたい旨のＣ社からの依頼に応じて、そのとおりの代金とされたものである。

以上のような本件13社による本件Ｃ社出資の購入及び売却の経緯等からすると、本件各譲渡の後にされた上記の各売却の際の対価の価額をもって、反復継続的な取引がされることにより形成される市場価格などと同視することは困難であるというほかない。

ウ また、原告らは、本件13社が、Ｂ社に対する本件Ｃ社出資の譲渡に当たり、対価の価額等について十分に検討した上で、合理的な経営判断として譲渡に応じたものであると主張するところ、本件13社の中には、Ｂ社に対する本件Ｃ社出資の売却に当

326

たり、過去の配当実績や、Ｃ社からの売却依頼に係る書面に添付された類似業種比準金額及び簿価純資産価額の算定根拠等に加え、いわゆる税務リスクを踏まえて、売却代金が合理的なものか検討したものがあるほか、本件13社は、いずれも、関係部署等による検討、協議、稟議、決裁又は決議等を経て、売却の依頼に応じたと認められる。

　しかしながら、本件Ｃ社出資の本件各譲渡の時における客観的な交換価値について検討するに当たっては、前述した事情をも踏まえて評価すべきであり、これを踏まえると、本件13社が本件各譲渡の後にされた■■■■■■■■からの依頼を契機とする本件Ｃ社出資の譲渡に当たり譲渡の対価の価額等について十分に検討していたとしても（ただし、これらの検討等を通じ、本件Ｃ社出資が既に平成17年３月31日の時点において本件各譲渡により対価の価額を１口当たり３万9,235円として譲渡されていたことが認識されていたことを認めるに足りる証拠はない。）、そのことをもって、本件13社による売買代金に相当する１口当たり5,000円について、本件Ｃ社出資の本件各譲渡の時における客観的な交換価値であることを根拠付けるものとみることはできないというべきである。

エ　以上によれば、本件Ｃ社出資の本件各譲渡の時における客観的な交換価値が１口当たり5,000円であるということはできず、この点に関する原告らの主張を基に、本件Ｃ社出資の本件各譲渡の時における時価の評価について、評価通達の定める評価方式以外の評価方式によるべき特段の事情があるということもできない。

　　　・・・

3　原告らは本件各譲渡により相続税法９条に規定する「対価を支払わないで、又は著しく低い価額の対価で利益を受けた」と認められるか、また、そのように認められる場合、当該利益の価額に相当する金額はいくらか〔争点(3)〕について

　・・・

(2)　Ａ社の株式の価額の増加について

　　本件各譲渡の時において、原告甲はＡ社の株式を39万1,150株、原告乙はＡ社の株式を５万株保有していた。そして、A社の株式の価額は類似業種比準方式によって評価することになる。その上で、本件各譲渡によるＡ社の株式の価額の増加額については、被告の主張するとおり、①直前期末において本件各譲渡があったものと仮定して計算した類似業種比準価額から、②直前期末において本件各譲渡がなかったものとして計算した類似業種比準価額を控除した金額によることが相当である。

ア　直前期末において本件各譲渡がなかったものとして計算したＡ社の株式１株当たりの価額の評価額

　　直前期末において本件各譲渡がなかったものとして計算したＡ社の株式の１株当たりの類似業種比準価額は、4,047円

イ　直前期末において本件各譲渡があったものとして計算したＡ社の株式１株当たりの価額の評価額

　　直前期末において本件各譲渡があったものと仮定した場合の類似業種比準価額の計算は、被告の主張するとおり、評価通達180の定める算式の〈Ｄ〉の金額を修正することにより行うのが相当であり、その金額は、直前期末において本件各譲渡がな

かったものとして計算した類似業種比準価額の計算上の〈D〉
の金額の計算の基とした純資産価額に、本件各譲渡により取得
した財産の時価に相当する金額から本件各譲渡に係る対価の価
額を控除した金額（本件各譲渡について課されるべき法人税等
の額を控除した金額）を加算した金額を直前期末現在の発行済
株式数で除して計算した1株当たりの金額によるものとし、こ
の場合における本件各譲渡により取得した財産の時価は、法人
税の税務計算上の価額によるのが相当である。

　ところで、弁論の全趣旨によれば、A社の平成17年1月1日
から同年12月31日までの事業年度における法人税について、所
轄税務署長は、丙から受けた本件C社出資2万4,000口の譲渡
について、その対価の額が1口当たり 8万1,177円 と評価され
た時価に比して低く、その差額に相当する受贈益につき益金の
額への計上漏れがあるとして、法人税の更正処分をしたことが
認められ、その事実によれば、本件C社出資の1口当たりの法
人税の税務計算上の価額は、8万1,177円と認められる。

　そして、直前期末において本件各譲渡がなかったものとして
計算した類似業種比準価額の計算上の〈D〉の金額の計算の基
とした純資産価額を修正する計算を行い、これを用いて、直前
期末において本件各譲渡があったものと仮定して計算した1株
当たりの類似業種比準価額を算定すると、（同表の⑱欄の直
前々期欄を488億7,522万4,000円、同表の⑲欄の直前々期欄を
492億3,006万5,000円と改める。）、4,058円 となる。

ウ　原告らの保有するＡ社の株式１株当たりの価額の増加額及び原告らが受けた利益の価額に相当する金額

　　以上によれば、本件各譲渡による原告らの保有するＡ社の株式１株当たりの価額の増加額は、前記イの金額4,058円から前記アの金額4,047円を控除した差額である１株当たり11円となる。

　　そして、これに原告らの保有する株式数を乗じて計算すると、原告甲につき430万2,650円（１株当たり11円×39万1,150株）、原告乙につき55万円（１株当たり11円×５万株）が、原告らそれぞれが受けた利益の価額に相当する金額となる。

⑶　Ｂ社の持分の価額の増加について

　　本件各譲渡の時において、原告甲はＢ社の持分を39万8,000口（出資の価格1,990万円）、原告乙はＢ社の持分を2,000口（出資の価格10万円）保有していた。そして、Ｂ社の持分の価額の評価方式についてみるに、Ｂ社は、平成16年12月31日における従業員数が４人であり、不動産賃貸を目的とし、同日以前１年間の取引金額が２億4,602万6,276円であったことからすると、本件各譲渡の時において、評価通達178の定める中会社に該当すると認められ、また、平成16年12月31日における同社が所有する各資産を同通達に定めるところにより評価した価額の合計額のうちに占める株式及び出資の価額の合計額の割合は70パーセントであったこと及び弁論の全趣旨によれば、本件各譲渡の時において、株式保有特定会社通達に定める株式保有特定会社に該当すると認められるから、Ｂ社の持分の価額は、純資産価額方式又は「Ｓ１＋Ｓ２」方式によって評価することになる。

ア　本件各譲渡がされる前のＢ社の持分１口当たりの価額の評価額

弁論の全趣旨によれば、Ｂ社は、課税時期（平成17年３月31日）に仮決算を行っていないところ、課税時期における同社の資産及び負債の金額は明確でなく、また、同社の直前期末から課税時期までの間の資産及び負債について著しい増減がなく、純資産価額方式による評価額の計算に影響が少ないと認められることから、本件各譲渡がされる前の同社の持分１口当たりの価額の評価額の算定に当たっては、評価明細書通達に基づき、直前期末における各資産及び各負債を基にして算出するのが相当である。そうすると、本件各譲渡がされる前のＢ社の持分１口当たりの価額の評価額は、9,589円。

イ　本件各譲渡がされた後のＢ社の持分１口当たりの価額の評価額

(ア)　本件各譲渡がされた後のＢ社の持分１口当たりの純資産価額（相続税評価額）の計算上、本件各譲渡がされる前と比較して、資産の部の有価証券は、19億4,848万9,980円（本件Ｃ社出資１口当たりの時価８万1,204円×２万3,995口）増加する。

また、弁論の全趣旨によれば、Ｂ社は、銀行からの本件Ｃ社出資の購入のための資金を銀行からの借入金により調達しており、同借入金は、Ｂ社において短期借入金として経理処理されていると認められることから、本件各譲渡がされた後、Ｂ社の負債の部の短期借入金は、本件各譲渡がされる前と比較して、９億4,144万3,825円（本件Ｃ社出資の１口当たりの売買代金額３万9,235円×２万3,995口）増加する。

さらに、法人が時価に比し著しく低い価額の対価で財産の

譲渡を受けた場合には、時価と対価との差額に相当する含み益（受贈益）が生じ、当該受贈益は法人税の課税対象となることから、本件各譲渡がされた後、Ｂ社の負債の部の未払法人税等は、本件各譲渡がされる前と比較して、19億4,784万2,115円 |本件Ｃ社出資の１口当たりの法人税の税務計算上の価額| 8万1,177円 〔前記(2)イ〕× 2万3,995口| から本件Ｃ社出資の対価の価額9億4,144万3,825円（本件Ｃ社出資の１口当たりの売買代金額3万9,235円× 2万3,995口）を控除した金額に42パーセントを乗じた4億2,268万7,281円の法人税等相当額が増加することになる。

(イ) 前記(ア)に述べたところを踏まえ、本件各譲渡がされた後のＢ社の持分１口当たりの価額の評価額を算定すると、 1万562円 となる。

ウ 原告らの保有するＢ社の持分１口当たりの価額の増加額及び原告らが受けた利益の価額に相当する金額

以上によれば、本件各譲渡による原告らの保有するＢ社の持分の価額の増加額は、前記イの金額 1万562円 から前記アの金額 9,589円 を控除した差額である１口当たり 973円 となる。

そして、これに原告らの保有する持分の口数を乗じて計算すると、原告甲につき3億8,725万4,000円（１口当たり973円×39万8,000口）、原告乙につき194万6,000円（１口当たり973円× 2,000口）が、原告らそれぞれが受けた利益の価額に相当する金額となる。

ポイントの整理

Point 1 ▶ 丙から譲渡されたC社出資持分について、C社は形式的には原告甲等の同族関係者ではない（原告等の議決権は48%で50%超にならない）が、実質的に同族関係者であると判断されました。52%の議決権を持つ13社が先代経営者（丙の夫・原告甲の父）から出資持分を購入しており、また、議決権に関し白紙委任していたこと等によりこのような判断がされました。

　実質的に同族関係者か否かの判断は、今後も重要なポイントになると考えられます。

Point 2 ▶ また、C社出資の価額の評価についてはC社が株式保有特定会社に該当するため、評価通達189-3に定める純資産価額方式又は「S1+S2」方式によることが相当としました。C社が保有するA社株式（当初配当還元価額で評価）について、**Point1**の関係からC社とA社が同族関係者と判断されたためA社の株価が大きく上昇し、結果としてC社の出資評価額は大幅に増加し、それに伴い贈与とみなされる金額も増加しています。

Point 3 ▶ 本件各譲渡後にC社の出資者（Point1の13社）がC社の出資1口当たり5,000円で譲渡しており、それを時価と判断できるかどうかについても争われましたが裁判所は認めませんでした。純然たる第3者かどうかの判断についても、裁判所はそのような者には該当しないといった解釈でした。ここでも価額決定の合理性が問われました。

Point 4 ▶ A社が取得したC社の出資部分について、類似業種比準価額の算定に当たり「1株当たりの純資産価額（帳簿価額によって計算した金額）」を比準要素とする旨が規定されていますが、ここ

でいう帳簿価額とは法人税法上の適正な帳簿価額を意味すると解すべきであるから、対象法人が出資持分を譲り受けた後の株式の類似業種比準価額を算定する際の「1株当たりの純資産価額（帳簿価額によって計算した金額）」については、出資持分の時価を基礎として算定すべきとされました。

　具体的には、出資持分の売買後の類似業種比準価額の算定に際し、Ｄ（簿価純資産）の計算上、出資持分の売買価額と時価との差額が加算（課されるべき法人税相当額は控除）されることになります(注)。

> ㊟　299ページの**事例16**でも類似の判断がされており参考となります。

> （出資持分の低額譲受／受贈益相当額は法人税法第22条第2項の「収益」に該当・実質的な同族関係者の判断）
> 18　同族株主（個人）から低い価額で出資持分の譲渡が行われたことで受贈益の計上漏れが指摘された事例
>
> 平成27年3月27日 東京地裁判決

内容に入る前に

個人が法人に著しく低い金額で資産を譲渡した場合には、以下のような論点があります。

①　個人に対する譲渡所得（所得税法59条）の問題

②　買受者である法人の受贈益の問題（法人税法22条）

③　法人の株主の保有する株式の評価額が変化する（価値の移動が生ずる）問題

本判決は、上記のうち②について問題になったものです。

なお、法人の株主が受けた利益（株式価値の増加）については、**事例17**（311ページ）を参照してください。

判決内容

1　事案の概要・結果

1　この事案は、原告P1社と原告P2社に対し受贈益の課税がされ、原告P1社、P2社ともに処分の取消しを求めたものです。

○原告P1社関係

同原告がP3（個人）から譲り受けた（平成17年3月31日売

335

○原告Ｐ２社関係

同原告がＰ３（個人）及びＰ11社他から譲り受けた有限会社Ｐ４の出資持分につき低額であるとして更正処分等を受けたもの（平成17年１月１日から同年12月31日まで、平成18年１月１日から同年12月31日まで、平成19年１月１日から同年12月31日までの各事業年度に係る法人税）。

【売買内容・関係図】

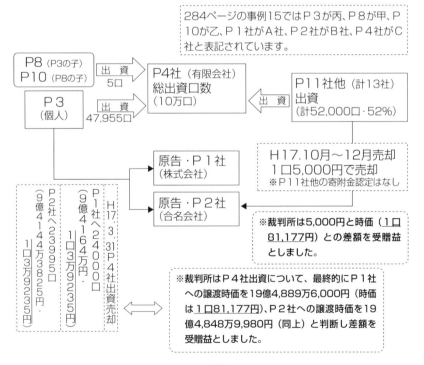

284ページの事例15ではＰ３が丙、Ｐ８が甲、Ｐ10が乙、Ｐ１社がＡ社、Ｐ２社がＢ社、Ｐ４社がＣ社と表記されています。

Ｐ８（P3の子）
Ｐ10（P8の子）
出　資
5口

Ｐ３（個人）
出　資
47,955口

Ｐ４社（有限会社）
総出資口数
（10万口）

Ｐ11社他（計13社）
出資
（計52,000口・52％）

H17.10月～12月売却
１口5,000円で売却
※Ｐ11社他の寄附金認定はなし

原告・Ｐ１社
（株式会社）

原告・Ｐ２社
（合名会社）

※裁判所は5,000円と時価（１口81,177円）との差額を受贈益としました。

H17.3.31Ｐ４社出資売却

Ｐ１社へ24000口・１口3万9235円・（9億4164万円・１口3万9235円）

Ｐ２社へ23995口・１口3万9235円・（9億4144万3825円）

※裁判所はＰ４社出資について、最終的にＰ１社への譲渡時価を19億4,889万6,000円（時価は１口81,177円）、Ｐ２社への譲渡時価を19億4,848万9,980円（同上）と判断し差額を受贈益としました。

336

2　P3（個人）から原告P1社及び原告P2社にP4社の出資持分を譲渡した後に、P4社の出資者（計13社）がP2社に対しP4社の出資1口当たり5,000円で譲渡しており、その金額（5,000円）を時価と判断できるかどうかについても争われました。裁判所は、この計13社出資持分譲渡は、発行会社の属するグループ企業と特別な協力関係を有する13社が、同グループ企業の要請を受けて行われたものであり、当該取引が「適正と認められる」売買実例に該当するということは困難であるといわざるを得ず、したがって、法基通9－1－14に従って評価することは妨げられないとしました。

3　原告P2社については、P3（個人）出資持分譲渡の当時、P8（個人）及びP8の子であるP10（個人）の議決権割合が原告P2社の議決権総数の100分の50を超えることから、P8（個人）と特殊の関係にある法人であると認められ、原告P2社はP8の「同族関係者」に当たるといえると判断されました。

─〈補足説明〉─

　P8・P10は、原告P2社の出資口数の総数60万口のうち40万口を保有していたため、P2社はP8・P10の同族関係者に該当します。

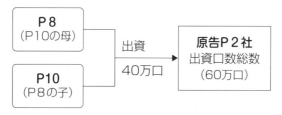

　㊟　P2社は、不動産賃貸を目的とする会社で出資の価格の総額

が3,000万円（60万口）の合名会社（当時）であり、同族会社に該当し、同社の平成17年3月31日（上記P4社出資が売却された日）当時の社員及びその出資の価格等は、P8が1,990万円（39万8,000口）、P10が10万円（2,000口）及び原告P1社が1,000万円（20万口）でした。

P2社の平成16年1月1日から同年12月31日までの事業年度における法人税の申告書及び決算書等によれば、同日における従業員数は4人、同日以前1年間の取引金額は2億4,602万6,276円、同日における同社の有する各資産を評価通達に定めるところにより評価した価額の合計額のうちに占める株式及び出資の価額の合計額の割合は70%でした。

4　P3（個人）の各出資持分譲渡の時点において、P8（個人）及びこれと特殊の関係のある法人である原告P2社が、P4社の経営に対する強い影響力を行使していた等、P4社は、P8（個人）及び原告P2社によって実質的に支配されていたと認められるとされました。

─〈補足説明〉─

P3（個人）、P8（個人）の有するP4社の議決権数は、以下のとおりその議決権総数の50%を超えないため、評基通188(1)を形式的に適用すると、P4社はP3、P8及びP10（P8の子）の同族関係者には該当しないことになります。なお、上述のとおり、P3のP4社出資は原告P1社及び原告P2社に譲渡され、譲渡後でみれば同様にP4社はP8、P10及び原告P2社の同族関係者には該当しないことになります。

（注）　Ｐ４社は、不動産賃貸を目的とする資本の総額が１億円（10万口）の有限会社（当時）であり、同族会社に該当します。平成17年３月31日（Ｐ４社出資金の売却時）当時の社員並びにその出資の金額及び口数（ただし、Ｐ３が原告Ｐ１社及び原告Ｐ２社に持分を譲渡する前のもの）は、Ｐ３が4,799万5,000円（４万7,995口）及びＰ８が5,000円（５口）であったほか、原告Ｐ１社の取引先である各酒造メーカー等13社（以下、これら13社を併せて「本件13社」という。）が各400万円（各4,000口）でした。本件13社の保有する本件出資（400万円×13社）は、いずれも、先代（Ｐ７）（Ｐ８の父）が平成３年12月５日に１口当たり1,000円で売却したものでした。

　原告Ｐ１社（酒類食料品卸売業）の取引先13社（酒造メーカー）が先代（Ｐ７）（Ｐ８の父）からＰ４社出資（52％）を購入した経緯及び動機、社員総会には出席せず白紙委任等をしていた事実関係からすると、Ｐ４社は、一貫してＰ８及びＰ３とその同族関係者（Ｐ２社・Ｐ３から譲受後）によって実質的に支配されていたと認められます。

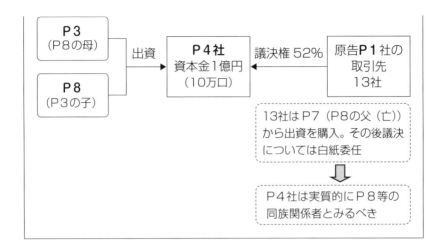

5　上記4からP4社については、P8（個人）等の「同族関係者」
　と判定すべき特別の事情があるというべきであるとし、そうすると、
　原告P1社は、P8等が有する原告P1社における議決権割合が議
　決権総数の100分の50を超えることから、P8（個人）等と特殊の
　関係のある法人となり、「同族関係者」に当たることになると判断
　しました。結果として、本件P3（個人）出資持分譲渡に関し、原
　告P1社が取得した出資持分は、「同族株主のいる会社の株式のう
　ち、同族株主以外の株主の取得した株式」には該当しないこととな
　るとされました。

─〈補足説明〉──────────────────────
　　上記4よりP8（個人）及びその同族関係者（P10（個人）、
　原告P2社、P4社）の有する原告P1社の議決権数は、その
　議決権総数の50％を超えるため、原告P1社はP8（個人）ら
　の同族関係者に該当します（評基通188⑴、法令②）。

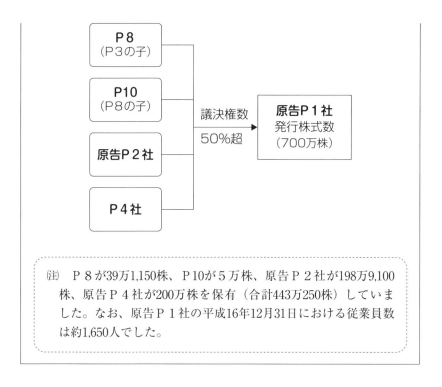

㊟　P8が39万1,150株、P10が5万株、原告P2社が198万9,100株、原告P4社が200万株を保有（合計443万250株）していました。なお、原告P1社の平成16年12月31日における従業員数は約1,650人でした。

6　P4社の設立の経緯、原告P1社と原告P2社の資本構成等を鑑みると、P8（個人）と原告P2社及び原告P1社等から構成されるP27一族グループが、一体となってP4社を実質的に支配し、同社を経営しているとみることができ、原告P1社には、P4社の中心的な同族株主と同視すべき特段の事情があるということができるとしました。

〈補足説明〉

　P8（個人）及びその同族関係者である原告P1社及び原告P2社の有するP4社の議決権数は、その議決権総数の30％以上であるため、P8（個人）、原告P2社及び原告P1社もP4社の同族株主に該当します。

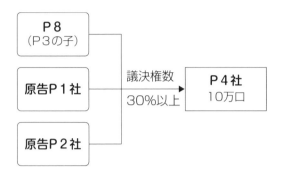

> （注）　P8は5口、原告P1社24,000口（P3から譲受後）、原告P
> 2社75,995口（P3及び本件13社から譲受後※）。なお、P4社
> は原告P1社の発行株式総数700万株の内200万株を保有（25
> ％超）のため、原告P1社はP4社に対する議決権を有しない。
> ※　本件13社は、平成17年8月25日、本件13社の保有する本件
> 　P4社出資を原告P2社に対し1口当たり5,000円で譲渡す
> 　るよう依頼され、同年10月から同年12月にかけて、原告P
> 　2社に対し、それぞれ、P4社出資のうち4,000口を代金
> 　2,000万円（1口当たり5,000円）で売却しました。

　そうすると、原告P1社が保有するP4社の出資持分は、「中心
的な同族株主のいる会社の株主のうち、中心的な同族株主以外の同
族株主で、その者の株式取得後の議決権の数がその会社の議決権総
数の5％未満であるものの取得した株式」には該当しないこととな
り、原告P1社が取得した出資持分は、「同族株主以外の株主等が
取得した株式」には該当しないとしました。

7　裁判所は、原告P1社、P2社がP3（個人）から譲受けたP4
社出資持分及び原告P2社が13社から譲受けたP4社出資持分に
ついて低額であったとして時価との差額について受贈益計上漏れと
判断しました。

⟨具体的な金額⟩

1　原告Ｐ１社（平成17年12月期）

○　受贈益計上漏れ　　　　　　　　　　　10億660万8,000円

　　上記金額は、原告Ｐ１社が、平成17年３月31日にＰ３（個人）から譲り受けた本件出資持分の１口当たりの譲受価格３万9,235円と当該本件出資持分の１口当たりの適正価額８万1,177円との差額４万1,942円に譲受口数である２万4,000口を乗じて得られた金額です。

2　原告Ｐ２社（平成17年12月期）

○　受贈益計上漏れ　　　　　　　　　　　49億6,760万2,290円

　　上記金額は、次の㋐及び㋑の金額の合計金額です。

㋐　Ｐ３（個人）から本件出資持分を譲り受けた際に生ずる受贈益　　　　　　　　　　　　　　　　10億639万8,290円

　　　原告Ｐ２社が、平成17年３月31日にＰ３から譲り受けた本件出資持分の１口当たりの譲受価格３万9,235円と当該本件出資持分の１口当たりの適正価額８万1,177円との差額４万1,942円に譲受口数である２万3,995口を乗じて得られた金額です。

㋑　本件１３社から本件出資持分を譲り受けた際に生ずる受贈益　　　　　　　　　　　　　　　　39億6,120万4,000円

　　　原告Ｐ２社が、平成17年10月ないし同年12月に本件13社から譲り受けた本件出資持分の１口当たりの譲受価格5,000円と当該本件出資持分の１口当たりの適正価額８万1,177円との差額７万6,177円に譲受口数である５万2,000口を乗じて得られた金額です。

1 原告P1株式会社 (原告P1社)

原告P1社は、昭和22年11月21日に設立された、酒類食料品の卸売等を業とする資本金35億円の株式会社であり、平成17年3月31日 (P3から原告P1社へP4社の出資持分が売却された日と同日)、資本金を3億5,000万円から上記額に増資し、その発行済株式総数が700万株となっている。

2 原告P2株式会社 (原告P2社)

① 原告P2社は、大正7年1月25日に合名会社として設立された、不動産賃貸等を業とする資本金3,000万円の会社である。

② 原告P2社は、平成18年7月10日 (P3から原告P2社へP4社の出資持分が売却された後)、合名会社から株式会社に組織変更するとともに、商号をP5合名会社からP6株式会社に変更し、平成19年8月1日、P4社を吸収合併した。その後、原告P2社は、平成22年12月1日、商号を現在のP2株式会社に変更した。

3 有限会社P4 (P4社)

(1) P4社は、平成2年6月8日に有限会社として設立された、不動産賃貸を業とする資本金1億円の会社である。P4社は、上記のとおり、平成19年8月1日 (P3から原告P1社及び原告P2社へP4社の出資持分が売却された後)、原告P2社に吸収合併されて解散した。

(2) P4社は、設立と同時に、P7 (個人) (P8の父。) から、①同人が当時保有していた原告P1社の株式200万3,640株のうち200万株と、②東京都中央区α×番2所在の土地及び同土地上に

344

存する建物のそれぞれ持分7分の6の各現物出資を受け、当該土地及び建物に付随するP7に係るP9銀行本店からの借入金4億円を承継した上、P7から4,600万円の払込みを受けた。そして、P7は、P4社の出資持分9万9,995口（1口につき金額1,000円）を取得した。また、P4社は、P8（個人）から、5,000円の払込みを受け、同人は、同社の出資持分5口を取得した。

(3)　P4社は、原告P1社の株式200万株を、1株当たり25円、合計5,000万円の帳簿価格による現物出資として受け入れ、また、上記(2)の土地及び建物の各持分を合計4億399万5,000円の帳簿価格による現物出資として受け入れており、4,600万円及び5,000円の各払込み並びに借入金の承継と併せて、資産の合計を5億円、負債の合計を4億円、資本金を1億円とし、出資口数を10万口として設立された。

(4)　以上の設立の経緯により、P4社の設立当時における本件出資持分は、P7（個人）（P8の父）が9万9,995口（額面金額9,999万5,000円）、P8（個人）・5口（額面金額5,000円）であった。

(5)　①　P3は、P7の妻であり、P8の母である。

②　P8は、P3の子であり、平成17年3月31日から平成18年3月20日までの間、原告P1社、原告P2社及びP4社の代表者を務めていた。

③　P10は、P8の子であり、原告P1社の取締役及び原告P2の代表者を務め、平成17年3月31日（P3が原告P1社及び原告P2社へP4社出資持分を売却した日）当時、原告P1社の株式を5万株、原告P2社の出資持分を2,000口保有していた。

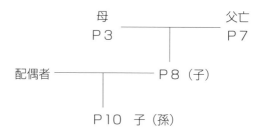

母　　　　　　　　　　父亡
P3　　　　　　　　　　P7

配偶者 ──────┬────── P8（子）
　　　　　　　　│
　　　　　　P10　子（孫）

⑹　P11株式会社ほか12社（本件13社）は、原告P1社の取引会社
　　であり、原告P1社に対して長年にわたってビール・日本酒等の
　　酒類を卸してきた有力な取引先である。

4　P4社の出資が譲渡に至るまでの経緯及びその後の譲渡の状況

⑴　P7（個人）（P8の父）から本件13社に対する本件出資持分の
　譲渡

　①　P7（個人）は、平成3年12月5日、本件13社に対し、保有す
　　る本件出資持分9万9,995口のうち合計5万2,000口を、1社当た
　　り4,000口でそれぞれ売却した。その売買代金は、1口につき額
　　面金額の1,000円、1社当たり400万円、合計5,200万円であった。
　　上記の結果、譲渡後のP7（個人）の本件出資持分は、4万
　　7,995口となり、P8（個人）（P7の子）の本件出資持分5口と
　　併せて、両名の本件出資持分は4万8,000口、その出資割合は48
　　パーセントとなった。また、本件13社の出資割合は、1社当たり
　　4パーセント、合計で52パーセントとなった。

　②　本件13社は、後記の出資持分譲渡（本件13社出資持分譲渡）ま
　　での間、P4社から毎期配当金を受領していたが、社員総会等に
　　ついては、一度も出席することなく、白紙委任状又は決議案に全
　　て賛成する趣旨の委任状を提出していた。

③　P7（個人）は、平成3年12月13日、死亡し、同人が保有していた本件出資持分4万7,995口は、P3（個人）（P7の妻）が相続した。この相続後、P4社の出資者及びその出資持分は、P3（個人）が4万7,995口、本件13社が合計5万2,000口（1社当たり4,000口）、P8（個人）（P7、P3の子）が5口の合計10万口となった。

(2)　問題になったP4社出資持分の譲渡の状況

①　P3（個人）（P8の母）は、平成17年3月31日、原告P1社に対し、本件出資持分2万4,000口を譲渡し（代金9億4,164万円（1口につき3万9,235円、また、原告P2社に対し、本件出資持分2万3,995口を譲渡した（9億4,144万3,825円（1口につき3万9,235円）。

②　本件13社は、平成17年10月4日から同年12月6日にかけて、原告P2社に対し、それぞれ本件出資持分を譲渡した（出資持分各4,000口（合計5万2,000口）を代金各2,000万円（1口につき5,000円、合計2億6,000万円）。

③　原告P1社は、平成18年3月20日、P3から譲り受けた本件出資持分2万4,000口を原告P2社に譲渡した（代金9億8,500万8,000円（1口につき4万1,042円）。

② **判決内容一部抜粋（※及びアンダーラインは加筆部分）**

1　争点1（資産の低額譲受けにつき受贈益相当額が法人税法22条2項の「収益」に該当するか否か）について

(1)　法人税法第22条第2項は、内国法人の各事業年度の所得の金額の計算上当該事業年度の益金の額に算入すべき金額は、別段の定

めがあるものを除き、資産の販売、有償又は無償による資産の譲渡又は役務の提供、無償による資産の譲受けその他の取引で資本等取引以外のものに係る当該事業年度の収益の額とする旨規定しており、無償による資産の譲受けが収益の発生原因となることを認めている。

　同項は、「無償による資産の譲受け」に係る金額を収益の額とする旨規定しているところ、これは、無償による資産の譲受けについては、譲受けの時点で当該資産の適正な価額相当の経済的価値が実現し、税法上、収益があると認識すべきであることから、そのことを明らかにする趣旨でおかれた規定であると解される。

　これに対し、同項は、適正な額より低い対価をもってする資産の譲受け（低額譲受け）の場合について明示的な言及を欠く。しかしながら、「無償による資産の譲受け」は「その他の取引で資本等取引以外のもの」の例示であると解することができるところ、低額譲受けの場合であっても、譲受けの時点において、資産の適正な価額相当額の経済的価値の実現が認められることは無償譲受けの場合と同様であるから、同項の上記の趣旨に照らせば、この価値を収益として認識すべきであると解することが相当である。また、たまたまその一部のみを対価として現実に支払ったからといって、無償譲受けの場合と異なり、時価相当額との差額部分の収益が認識され得ないものとすることは、公平を欠くこととなる。

　したがって、適正な額より低い対価をもってする資産の譲受けの場合も、当該資産の譲受けに係る対価の額と当該資産の譲受時における適正な価額との差額（受贈益）が、無償による資産の譲受けに類するものとして、収益の額を構成するものと解するのが相当である。（なお、平成22年法律第6号により追加された法人

税法第25条の2第3項は、低額譲受けも益金に算入すべきことを前提として、100パーセントグループ法人間の受贈益については例外として益金に算入しないことを規定したものと解される。）

(2)　原告らは、租税法規の解釈に当たっては文理解釈が強く要請されること、最高裁平成6年（行ツ）第75号同7年12月19日第三小法廷判決・民集49巻10号3121頁が資産の低額譲渡を有償による資産の譲渡に当たるものとしていること、租税法上「低額」取引と無償取引との区別を前提とする規定が存在することからすれば、資産の低額譲受けは無償による資産の譲受けには該当しない旨主張する。

　　しかし、法人税法第22条第2項が、「有償又は無償による資産の譲渡」を挙げる一方、「無償による資産の譲受け」を挙げて有償による資産の譲受けを挙げなかったのは、通常、資産の譲渡の場合には、適正な価額によって有償で譲渡された場合であっても、受領した金員と原価等との差額が譲渡益となるのに対し、資産の譲受けの場合には、適正な価額によって有償で譲り受けた場合、収益の発生が認められないという収益の発生構造の差異に由来するものと解することができる。このような差異に照らすと、上記最高裁平成7年12月19日第三小法廷判決が資産の低額譲渡を有償による資産の譲渡に当たるものとしていることや、租税法上「低額」取引と無償取引との区別を前提とする規定が存することは、資産の低額譲受けにおいて認識できる受贈益を、「無償による資産の譲受け」に類するものとして、収益の額を構成するものと解することの妨げとなるものとまではいえない。

　　したがって、原告らの上記主張は、採用することができない。

2 争点2(本件出資持分の価額を法人税基本通達9-1-14に従って評価することの適否)について(※本件13社から取得したP4社の出資持分に関するもの)

(1) 法人税基本通達9-1-13(1)は、上場有価証券等以外の株式の価額について、売買実例のあるものについては、当該事業年度終了の日前6か月間において売買の行われたもののうち適正と認められるものの価額を当該株式の価額とする旨規定している。

しかるところ、本件13社は、平成17年10月4日から同年12月6日までの間、原告P2社に対し、各自その保有する本件出資持分4,000口を、代金2,000万円(1口につき5,000円)で譲渡している(本件13社出資持分譲渡)。そして、原告らは、本件13社出資持分譲渡が、同通達9-1-13(1)が規定する「適正と認められる」売買実例に該当する旨主張するので、この点について検討する。

(2) 認定事実

・・・

イ 本件13社は、原告P1の取引会社のうち、原告P1に対して長年にわたってビール・日本酒等の酒類を卸してきた有力な取引先であり、本件13社にとっても、原告P1は、主要な取引先の1つであった。

・・・

オ 本件13社は、原告P1側から依頼を受けて本件出資持分の取得を行ったもので、その取得目的は、主に、将来的に原告P1との間で取引が増加することや、競合他社だけが依頼に応じて原告P1との取引関係が悪化するのを避けることにあり、上記取得の際、本件13社がP4社の議決権を行使して積極的に経営

に参画することには、重点が置かれていなかった。

　本件13社は、平成17年10月から同年12月にかけて行われた本件13社出資持分譲渡までの間、Ｐ４社から毎期１口につき50円の配当金を受領していたが、社員総会等については、一度も出席することがなく、白紙委任状又は決議案に全て賛成する趣旨の委任状を提出していた。

カ　原告Ｐ１の経理部副部長であったＰ28は、平成17年３月１日当時、Ｐ４社の出資の時価を１口につき３万9,235円と算定していた。これは、評価通達179に基づき、評価上の区分を小会社、Ｌの割合を0.5とした類似業種比準価額1,406円と純資産価額７万7,065円の併用方式により算定されたものであり、純資産価額は、評価通達185ただし書による「１株当たりの純資産額」に80パーセントを乗じて計算されたものであった。

　　　・・・

ク　Ｐ４社は、同年８月25日頃、本件13社に対し、同日付け「有限会社Ｐ４の出資金買受の件」と題する書面を送付し、同書面には、「ただ今、Ｐ29グループのガバナンスの見直しを行っており、有限会社Ｐ４につきまして、Ｐ５合名会社にその出資を集約する運びとなりました。つきましては、貴社が保有されております有限会社Ｐ４の出資を、Ｐ５合名会社（※原告Ｐ２社に社名変更）にて買い受けたく、お願い申し上げます。貴社におかれましては、安定社員として当社の経営に何かとご協力下さり、感謝致しております。そこで、買取価格につきましては、１口当たり額面金額が1,000円のところ5,000円でお願いします。算定根拠ですが、毎期５％の配当を実施しておりまして、配当還元方式ですと１口500円となり、その10倍と致しました。参

考ですが、類似業種の比準価額は1,406円（別紙Ⅰ）、簿価純資産価額は3,010円（別紙Ⅱ）となっておりますので詳細は、別紙をご参照ください。」と記載されていた。

　　そして、上記書面には、「別紙Ⅰ」として、上記「類似業種の比準価額」に係る「類似業種比準価額等の計算明細書」が添付され、また、「別紙Ⅱ」として、Ｐ４社16年12月期の決算報告書の貸借対照表と損益計算書が添付されていた。

　　・・・

コ　本件13社出資持分譲渡に関し、本件13社の間で情報交換は行われていなかった。

(3)　**検討**

ア　上記認定事実によれば、①本件13社がＰ７（※個人、Ｐ３の夫・Ｐ８の父）から本件出資持分を買い受けたのは、本件13社が原告Ｐ１と相互に密接な取引関係にあり、その関係を維持ないし発展させるためであり、しかも、その買受価格は、１口につき額面金額の1,000円とするもので、原告Ｐ１の株式を200万株保有していたＰ４社の平成３年12月５日当時における純資産価額等を適切に反映していたとは考え難いこと、②その後、本件13社は、本件出資持分を保有している間、毎期１口につき50円の配当金を受領する一方、Ｐ４社の社員総会等については、一度も出席することなく、白紙委任状又は決議案に全て賛成する趣旨の委任状を提出しており、本件13社がＰ４社の安定社員として、同社の経営に協力する形となっていたこと、③このような状況の下で、本件13社出資持分譲渡は、本件13社が、Ｐ27一族グループのガバナンスの見直しの一環としてＰ４社の出資

を原告Ｐ２に集約する旨の、Ｐ４社からの説明及び依頼を受け
て、平成17年10月４日から同年12月６日までという近接した時
期に、各自の本件出資持分全部を原告Ｐ２に譲渡したものであ
ること、④この際、本件13社は、Ｐ４社から提示された資料、
すなわち「有限会社Ｐ４の出資金買受の件」と題する書面に記
載された算定根拠（配当還元方式、類似業種比準方式及び簿価
純資産方式）とその添付資料である「類似業種比準価額等の計
算明細書」並びにＰ４社16年12月期の貸借対照表及び損益計算
書を検討し、関係部署等による検討、協議、稟議、決裁又は決
議等を経て、譲渡を行ったが、１口につき額面金額の５倍の
5,000円という価額の適切さを独自に資料を収集して検証した
ことはうかがわれず、譲渡前に本件13社間で本件出資持分の価
額に関し情報交換を行ったこともなかったことが認められる。

　以上のとおり、本件13社出資持分譲渡の経緯については、も
ともと、本件13社が、原告Ｐ１側からの依頼を受けて、原告Ｐ
１との取引関係を維持ないし発展させるという目的の下におい
て、本件出資持分を１口につき額面金額で4,000口ずつ引き受け、
これを14年近くにわたり保有し続けていたところ、その後、Ｐ
４社から、「Ｐ29グループ」のガバナンスの見直しの一環とし
て買戻しをしたいとの要望を受け、その買戻し金額の提案が取
得価額を明らかに上回るものであったことから、その提案どお
りの金額で、各社が近接した時期に譲渡したという事情が認め
られ、このような事情の下においては、本件13社出資持分譲渡
における価額の形成の要因には、本件出資持分それ自体の価値
以外の要素が相当程度含まれているものとみざるを得ないし、
その価額をもって純然たる第三者との間で想定される取引の気

配値とみなし得るような一般性のある取引とも評価し難い。このように、本件13社出資持分譲渡は、発行会社の属するグループ企業と特別な協力関係を有する本件13社が、同グループ企業の要請を受けて行われたものであり、一般性のない価額の形成要因を相当程度有する取引であるというべきであるから、当該取引が「適正と認められる」売買実例に該当するということは困難であるといわざるを得ない。したがって、本件13社出資持分譲渡は「適正と認められる」売買実例に当たらないから、本件出資持分に法人税基本通達9-1-13(1)は適用されず、同通達9-1-14に従って評価することは妨げられないというべきである。

イ　原告らは、本件13社と原告Ｐ２とは、相互に独立した立場にある純然たる第三者の関係にあるところ、本件13社は、譲渡価額の妥当性について十分な検討をした上、合理的な経営判断として譲渡に応じたものであるから、１口につき5,000円という本件出資持分の譲渡価額は、不特定多数の当事者間で自由な取引が行われる場合に通常成立する価額である旨主張し、これに沿う本件13社等の陳述書及び証人尋問調書の各記載がある。しかしながら、本件13社と原告Ｐ２が相互に独立した立場にあり、それぞれが合理的な経営判断として取引を行ったものであるとしても、そのことと、本件13社出資持分譲渡が売買実例として適正なものかどうかは異なる問題であって、本件13社出資持分譲渡における価額の形成の要因には、本件出資持分それ自体の価値以外の要素が相当程度含まれているものとみざるを得ず、その価額をもって純然たる第三者との間で想定される取引の気配値とみなし得るような一般性のある取引とも評価し難いこと

354

　からすると、原告らの主張する上記の事情は、上記アの判断を
左右するものとまではいえない。
　　したがって、原告らの上記主張は、採用することができない。
ウ　原告らは、本件13社出資持分譲渡について、本件13社に寄附
金課税がされていないことから、同譲渡において原告Ｐ２は経
済的利益を受けていない旨主張する。
　　しかし、本件13社出資持分譲渡に伴う本件13社に対する寄附
金の認定課税と原告Ｐ２に対する受贈益の認定課税は、納税義
務者やその認定の主体が異なるから、本件13社に寄附金課税が
されていないことをもって、直ちに原告Ｐ２が受贈益を受けて
いないことにはならない。
　　原告らの上記主張は、採用することができない。

3　争点3（原告Ｐ１社が取得した本件Ｐ４社出資持分が「同族株主
以外の株主等が取得した株式」に該当し配当還元方式で評価すべき
か否か）について
⑴　評価通達188《同族株主以外の株主等が取得した株式》の趣旨
等について
　　・・・
　　法人税基本通達9－1－14が、上場有価証券等以外の株式につい
て、評価通達178ないし189－7の例によって算定した価額によっ
ているときは、課税上弊害がない限りにおいてこれを認めるもの
と規定しており、上記評価通達の各規定を形式的に適用すること
につき課税上弊害があると認められるときはその形式的な適用を
排することがあり得るとしていることをも考慮すれば、法人税の
課税に係る上場有価証券等以外の株式の評価額の算定という場面

においては、ある法人が、評価通達188が特例的な評価方式を定めた上記のような趣旨に照らして「同族関係者」と判定すべき特別の事情があると認められるときは、当該法人が形式上は法人税法施行令4条2項各号が規定する会社に当たらない場合でも、評価通達188の適用上、法人税法施行令4条2項にいう特殊関係法人と同視して取扱う余地があると解することが相当である。

(2) 本件における評価通達188の適用上の問題点

ア 評価通達188(1)は、「同族株主以外の株主等が取得した株式」の1つとして、「同族株主のいる会社の株式のうち、同族株主以外の株主の取得した株式」を挙げ、この「同族株主」とは、課税時期における評価会社の株主のうち、「株主の1人」及びその「同族関係者」(法人税法施行令4条に規定する特殊の関係のある個人又は法人をいう。ただし、当該法人の判定については、同条2項中「株式の総数」は「議決権の数」と、「発行済株式の総数」は「議決権総数」と、「数の株式」は「数の議決権」と読み替える。)の有する議決権の合計数がその会社の議決権総数の30パーセント以上(その評価会社の株主のうち、株主の1人及びその同族関係者の有する議決権の合計数が最も多いグループの有する議決権の合計数が、その会社の議決権総数の50パーセント超である会社にあっては、50パーセント超)である場合におけるその株主及びその同族関係者をいう旨規定している。

本件P3(※個人)(P8の母)出資持分譲渡1(P1社への譲渡)の時点(※平成17年3月31日)で、同時に本件P3出資持分譲渡2(P2社へ譲渡)も行われていることにより、P

4社の出資持分の保有者及び保有口数は、Ｐ8（※個人）（Ｐ3の子）が5口、原告Ｐ1社が2万4,000口、原告Ｐ2社が2万3,995口、本件13社が合計5万2,000口であった。

※

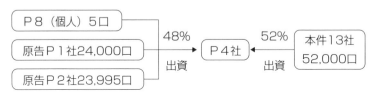

　もっとも、Ｐ4社は、本件Ｐ3（※個人）出資持分譲渡1の時点で、原告Ｐ1社の発行済株式総数700万株のうち200万株を保有しており、原告Ｐ1の総株主の議決権の4分の1を超える議決権（28.571パーセント）を有するため、原告Ｐ1社は、その保有する本件出資持分については議決権を有しない（有限会社法41条、商法241条3項）。そのため、Ｐ4社の議決権割合については、原告Ｐ1が保有する2万4,000口を除く7万6,000口を基に算定することとなり（評価通達188-4）、Ｐ8（※個人）が0.006パーセント、原告Ｐ2社が31.572パーセント、本件13社が68.421パーセントとなる。

　以上を前提として、本件出資持分につき、評価通達188⑴の適用の可否を検討すると、Ｐ8（※個人）を「株主の1人」とした場合、本件13社がＰ8（※個人）の「同族関係者」に当たらないことは明らかであり、Ｐ4社は、「株主の1人及びその同族関係者の有する議決権の合計数が最も多いグループの有する議決権の合計数が、その会社の議決権総数の50パーセント超である会社」ではない。そうすると、原告Ｐ2社及び原告Ｐ1

社がいずれもＰ８（※個人）の「同族関係者」であれば、「議決権の合計数がその会社の議決権総数の30パーセント以上」となることから、原告Ｐ１社は、Ｐ４社の「同族株主」に当たることとなる。

　しかるに、原告Ｐ２社については、本件Ｐ３（※個人）出資持分譲渡１の当時、総出資口数が60万口で、Ｐ８（※個人）が39万8,000口を、Ｐ10（※個人）が2,000口をそれぞれ保有していたところ、Ｐ10（※個人）（Ｐ８の子）はＰ８（※個人）の親族として法人税法施行令４条１項１号に規定する特殊の関係のある個人であり、Ｐ８（※個人）及びＰ10（※個人）の議決権割合が、原告Ｐ２社の議決権総数の100分の50を超える（66.666パーセント）ことから、Ｐ８（※個人）と法人税法施行令４条２項１号に規定する特殊の関係のある法人であると認められ、原告Ｐ２社は、Ｐ８（※個人）の「同族関係者」に当たるといえる。

　そこで、原告Ｐ１社が、Ｐ８（※個人）の「同族関係者」に当たるかどうかが問題となるので、この点について後記(3)で検討する。

イ　また、評価通達188(2)は、「同族株主以外の株主等が取得した株式」の１つとして、「中心的な同族株主のいる会社の株主のうち、中心的な同族株主以外の同族株主で、その者の株式取得後の議決権の数がその会社の議決権総数の５％未満であるものの取得した株式」を挙げるとともに、「中心的な同族株主」とは、課税時期において同族株主の１人並びにその株主の配偶者、直系血族、兄弟姉妹及び１親等の姻族（これらの者の同族関係者である会社のうち、これらの者が有する議決権の合計数がそ

の会社の議決権総数の25パーセント以上である会社を含む。）
の有する議決権の合計数がその会社の議決権総数の25パーセン
ト以上である場合におけるその株主をいう旨規定している。

　仮に、原告Ｐ１社がＰ４社の「同族株主」に当たると認めら
れるとしても、上記アのとおり、原告Ｐ１社は議決権を有せず、
また、Ｐ８（※個人）が原告Ｐ１社の議決権を25パーセント有
する株主ではないことから、原告Ｐ１社が、評価通達188(2)に
いう「中心的な同族株主」に当たるか否かが問題となるので、
この点について後記(4)において検討する。

(3)　原告Ｐ１社がＰ８の「同族関係者」に当たるか
　ア　Ｐ８（※個人）とＰ４社との関係
　　　原告Ｐ１社がＰ８（※個人）の「同族関係者」に当たるか否
　　かを検討する前提として、まず、Ｐ８（※個人）とＰ４社との
　　関係を検討する。
　　㋐　本件Ｐ３出資持分譲渡１の当時、Ｐ８及びこれと法人税法
　　　施行令第４条第２項第１号に規定する特殊の関係のある法人
　　　である原告Ｐ２社の、Ｐ４社における議決権割合は、合計
　　　31.578パーセントであり、議決権総数の100分の50を超えない。
　　　したがって、法人税法施行令第４条第２項第２号を形式的に
　　　適用する限り、Ｐ４社は、Ｐ８（※個人）と同号に規定する
　　　特殊の関係のある法人とはいえないこととなる。
　　㋑　しかしながら、Ｐ８（※個人）及び原告Ｐ２社は、以下の
　　　とおり、Ｐ４社を実質的に支配していたということができる。
　　　　すなわち、Ｐ７（※個人）（Ｐ８の父）及びＰ８（※個人）
　　　は、Ｐ４社の設立時において、本件出資持分の全てを保有し

359

ており、Ｐ７（※個人）が本件13社に本件出資持分を譲渡した後も、Ｐ７（※個人）及びＰ８（※個人）の出資割合は48パーセントを占めていた。そして、Ｐ７（※個人）の死亡に伴い、その保有する本件出資持分はＰ３（※個人）（Ｐ７の妻・Ｐ８の母）に相続され、本件Ｐ３（※個人）各出資持分譲渡までの間、Ｐ４社の社員及び出資の口数には変更がなかった。また、Ｐ８（※個人）は、Ｐ７（※個人）の死亡後、原告Ｐ１社、原告Ｐ２社及びＰ４社の代表者に就任し、本件Ｐ３（※個人）各出資持分譲渡の時点でもその地位にあり、また、原告Ｐ２社の出資総数の過半を保有していた。これらの点からすると、本件Ｐ３（※個人）各出資持分譲渡の当時、Ｐ８（※個人）及び原告Ｐ２社によるＰ４社の経営への実質的な影響力は大きなものであったと認められる。

　他方、本件13社についてみると、本件13社は、それぞれ、原告Ｐ１社との取引関係を維持ないし発展させるため、本件出資持分を１口につき額面金額で4,000口ずつ引き受け、これを、毎期20万円の配当金を受領しながら、議案には一切反対することなく14年近くにわたり保有し続けた後、Ｐ27一族グループのガバナンスの見直しの一環として行われるものであるとの説明を受けた上、取得価額を明らかに上回る価額による取引であったことから、Ｐ４社の提案どおりの金額で、同社の求める相手方に対し、各社近接した時期に譲渡したものである。また、本件13社は、１社ずつでみれば出資割合が４パーセントしかなく、単独でＰ４社の経営に影響を与えることは困難であったといえる上、本件13社は、市場で競合関係にあり、いずれも原告Ｐ１との取引関係を維持ないし発展

させたいとの動機を有していたのであるから、複数社あるい
は全社が連携して、Ｐ４社の経営に影響を及ぼそうとする可
能性も低かったものというべきである。加えて、本件出資持
分の譲渡は、Ｐ４社の定款上制限されていたから、本件13社
が第三者に本件出資持分を譲渡し、上記の状況を変更するこ
とも想定し難い。そうすると、形式的には、本件13社の出資
割合は52パーセントを占める（議決権割合でいえば68.421パ
ーセントを占める。）ものの、そのＰ４社の経営への影響力
は、極めて乏しいものであったといわざるを得ない。

　以上のとおり、本件Ｐ３（※個人）各出資持分譲渡の時点
において、Ｐ８（※個人）及びこれと法人税法施行令４条２
項１号に規定する特殊の関係のある法人である原告Ｐ２社が、
Ｐ４社の経営に対する強い影響力を行使していた一方で、本
件13社のＰ４社の経営への影響力は、極めて乏しいものであ
ったといえるから、Ｐ４社は、Ｐ８（※個人）及びその同族
関係者である原告Ｐ２社によって実質的に支配されていたと
認められる。そうすると、Ｐ４社については、評価通達188
(1)が特例的な評価方式を定めた上記(1)の趣旨に照らして、Ｐ
８（※個人）の「同族関係者」と判定すべき特別の事情があ
るというべきである。したがって、Ｐ４社は、評価通達188
の適用上、Ｐ８（※個人）と法人税法施行令４条２項２号の
特殊の関係のある法人と同視して取り扱うことが相当である
というべきである。

イ　Ｐ８（※個人）と原告Ｐ１社との関係

　原告Ｐ１社は、本件Ｐ３（※個人）出資持分譲渡１の当時、
発行済株式総数が700万株で、Ｐ８（※個人）が39万1,150株を、

P10（※個人）が5万株を、P24が31万6,150株を、P25が30万株を、原告P2社が198万9,100株を、P4社が200万株を保有していた。そして、P10（※個人）（P8の子）、P24及びP25は、P8（※個人）の親族として法人税法施行令4条1項1号に規定する特殊の関係のある個人であり、原告P2社は、上記のとおり、P8（※個人）と法人税法施行令4条2項1号に規定する特殊の関係のある法人である。

　他方、P4社は、P8（※個人）と法人税法施行令4条2項2号に規定する特殊の関係のある法人ではないが、評価通達188の適用上、法人税法施行令4条2項2号の特殊の関係のある法人と同視して取り扱うことが相当である。

　そうすると、原告P1社は、P8（※個人）並びにこれと特殊の関係のある個人及び法人が有する原告P1社における議決権割合が議決権総数の100分の50を超える〔発行済株式総数700万株に対し合計504万6,400株であることにより72.091パーセント。なお、原告P1社は、P4社の総出資口数の4分の1を超えない2万4,000口（24パーセント）を保有していたのみであるから、P4社は、原告P1の議決権を有していたもので、ほかにP8（※個人）及びその同族関係者が原告P1社の議決権を行使することができない事情もうかがわれない。〕ことから、P8（※個人）と法人税法施行令4条2項3号に規定する特殊の関係のある法人となり、評価通達188(1)の「同族関係者」に当たることになる。

ウ　以上によれば、原告P1社は、P8（※個人）の「同族関係者」であるから、P4社の「同族株主」に当たり、本件P3出資持分譲渡1に関し、原告P1が取得した本件出資持分は、

「同族株主のいる会社の株式のうち、同族株主以外の株主の取得した株式」には該当しないこととなる。

(4)　原告P1が「中心的な同族株主」に当たるか

　ア　上記のとおり、評価通達188(2)を形式的に当てはめると、原告P1はP4社の中心的な同族株主に当たらない。

　イ　もっとも、取引相場のない株式について、評価通達188(2)及び同通達188-2が、「中心的な同族株主のいる会社の株主のうち、中心的な同族株主以外の同族株主で、その者の株式取得後の議決権の数がその会社の議決権総数の5％未満であるものの取得した株式」を特例的評価方式である配当還元方式によって評価するものとした趣旨は、同族株主であっても、ほかに事業経営への影響力が大きい中心的な同族株主がいて、そのグループに属さない株主については、同通達188(1)の同族株主以外の株主と同様の状況にあることから、評価手続も同様なものとするのが相当であるという点にあるものと解される。

　　そして、同通達188(2)は、中心的な同族株主か否かの判定を、株式取得後の議決権割合が5パーセント未満かどうかという単純な数値によることとしているところ、同通達188(2)及び同188-2の上記趣旨に照らせば、上記の基準は、事業経営への影響力の大きさを計測するための客観的かつ簡易な方法を明らかにしたものにすぎず、一切の例外を許さない趣旨とは解されないところである。この点に加え、上記(1)のとおり、法人税基本通達9-1-14が、課税上弊害がない限りにおいて評価通達178ないし189-7の例によって算定した時価を認めるものとしており、上記評価通達の各規定を形式的に適用することにつき課税上弊

害があると認められるときはその形式的な適用を排することがあり得るとしていることをも考慮すれば、法人税の課税に係る上場有価証券等以外の株式の評価額の算定という場面においては、評価通達188(2)の中心的な同族関係者には、これと同視すべき特段の事情のある同族株主を含むと解する余地があるというべきである。

ウ　そこで検討するに、Ｐ４社の設立の経緯、原告Ｐ１社と原告Ｐ２社の資本構成、Ｐ８（※個人）と原告Ｐ２社との関係及びＰ８（※個人）と原告Ｐ１社との関係に鑑みると、Ｐ８（※個人）、原告Ｐ２社及び原告Ｐ１社等から構成されるＰ27一族グループが、一体となってＰ４社を実質的に支配し、同社を経営しているとみることができ、原告Ｐ１社が、中心的な同族株主（Ｐ８（※個人）及びその同族関係者である原告Ｐ２社）のグループには属しないという状況にはないと評価すべきである。したがって、原告Ｐ１社には、Ｐ４社の中心的な同族株主と同視すべき特段の事情があるということができる。

そうすると、原告Ｐ１社が保有する本件出資持分は、「中心的な同族株主のいる会社の株主のうち、中心的な同族株主以外の同族株主で、その者の株式取得後の議決権の数がその会社の議決権総数の５％未満であるものの取得した株式」には該当しないこととなる。

(5)　小括

以上のとおり、本件出資持分に評価通達188(1)及び(2)は適用されないと解されるから、原告Ｐ１社が取得した本件出資持分は、「同族株主以外の株主等が取得した株式」には該当しない。

4　争点４（Ｐ４社の「株式保有特定会社」該当性）について

(1)　本件出資持分の評価に評価通達189⑵を適用すべきか否か

　　評価通達189⑵が前提とする考え方は、会社の株式等の保有状況の実態からすると類似業種比準方式を適用して評価することが適正ではない場合一般に通用し得るものであり、その文言上も、特に租税回避目的がある場合のみに適用すべきものであることがうかがわれないことからすると、同通達189⑵の適用は、会社の設立等やその後の取引において租税回避の意図がある場合に限られると解することは当を得ないというべきである。

(2)　Ｐ４社が株式保有特定会社に該当するか否かの判定に当たり、Ｐ４社が保有する原告Ｐ１社の株式を類似業種比準方式で評価すべきか否か

　　Ｐ４社は、Ｐ８（※個人）及びその同族関係者によって実質的に支配されており、同社は、Ｐ８（※個人）と法人税法施行令４条２項２号に規定する特殊の関係のある法人と同視すべきであるところ、原告Ｐ１社は、Ｐ８（※個人）並びにこれと特殊の関係のある個人及び法人（Ｐ４社を含む。）が保有する原告Ｐ１社における議決権割合が、議決権総数の100分の50を超える。そうすると、原告Ｐ１社は、評価通達188⑴の適用上、「株主の１人及びその同族関係者の有する議決権の合計数が最も多いグループの有する議決権の合計数が、その会社の議決権総数の50パーセント超である会社」であり、Ｐ４社は、原告Ｐ１社において当該グループに属する同族関係者であるから、「同族株主」に該当し、その保有する原告Ｐ１社の株式は、「同族株主以外の株主等が取得した株式」に該当しない。

したがって、Ｐ４社が保有する原告Ｐ１の株式は、原則どおり類似業種比準方式によって評価することになる。

・・・

㊟　Ｐ４社は株式保有特定会社に該当すると判断されている。

6　争点５（本件出資持分の価額の評価における評価通達185ただし書の適用の有無）について

ア　本件Ｐ３（※個人）（Ｐ８の母）各出資持分譲渡に関し、Ｐ４社の各出資者の議決権割合は、既に判示したとおり、Ｐ８（個人）が0.006パーセント、原告Ｐ１社が０パーセント、原告Ｐ２社が31.572パーセントである。仮にこれらを合計するとしても、Ｐ４社の議決権総数の50パーセントには達しない。

しかしながら、本件13社のＰ４社への出資の経緯や経営への関与の状況等に照らせば、本件13社によるＰ４社の経営に対する影響力は極めて乏しいものであったのに対し、Ｐ４社の設立の経緯、原告Ｐ１社と原告Ｐ２社の資本構成、Ｐ８（※個人）と原告Ｐ２社との関係及びＰ８（※個人）と原告Ｐ１社との関係等に照らせば、Ｐ８（※個人）、原告Ｐ２社及び原告Ｐ１社等から構成されるＰ27一族グループは、一体となってＰ４社を実質的に支配し、同社を経営しているとみることができることを総合勘案すると、Ｐ８（※個人）、原告Ｐ２社及び原告Ｐ１社は、Ｐ４社において、同一の同族株主グループに属し、当該グループによって同社は支配されていたものというべきである。

そうすると、本件Ｐ３（※個人）各出資持分譲渡に関して、Ｐ８（※個人）、原告Ｐ２社及び原告Ｐ１社が有するＰ４社の議決権の総数は実質的にみて50パーセント以上あると評価すべきであ

るから、評価通達185ただし書が適用されないことにつき特段の
事情が認められるというべきである。

イ　他方、原告P2社は、本件13社出資持分譲渡によって、P4社
の総出資口数10万口のうち、7万5,995口を、本件平成18年各譲
渡によって、同社の総出資口数10万口のすべてを、それぞれ保有
するに至っており、原告P1社の本件出資持分を考慮するか否か
にかかわらず、P4社の議決権総数の50パーセント以上を有して
いたことになる。

　そうすると、本件13社出資持分譲渡及び本件平成18年各譲渡に
関し、本件出資持分の価額を評価するに当たり、評価通達185た
だし書が適用される余地はない。

ポイントの整理

Point 1▶　法人税法第22条第2項は、「無償による資産の譲受け」
に係る金額を収益の額とする旨規定していますが、適正な額より低
い対価をもってする資産の譲受け（低額譲受け）の場合について明
示されていません。しかし、裁判所は「適正な額より低い対価をも
ってする資産の譲受けの場合も、当該資産の譲受けに係る対価の額
と当該資産の譲受時における適正な価額との差額（受贈益）が、無
償による資産の譲受けに類するものとして、収益の額を構成するも
のと解するのが相当である。」として、本件の受贈益課税を認めて
います。

Point 2▶　原告はP4社の出資の時価を1口につき3万9,235円と
算定していました。評価通達179に基づき、評価上の区分を小会社、
Lの割合を0.5とした類似業種比準価額1,406円と純資産価額7万
7,065円の併用方式により算定されたものであり、純資産価額は、

評価通達185ただし書による「１株当たりの純資産額」に80％を乗じて計算されたものでした。しかし、裁判所は366ページにもあるようにＰ４社を株式保有特定会社と判断しました。また、原告はＰ４社の保有する原告Ｐ１社の株式を配当還元価額で評価していましたが、裁判所はＰ１社を同族関係者と判断し、類似業種比準価額で評価すべきとしました（365ページ参照）（注）。これによりＰ４社の株価は大幅に上昇しました。

> （注）　告Ｐ１社は大会社区分

Point 3▶ 本件13社の保有するＰ４社出資持分を原告Ｐ２社が譲受けた際の売買価額については、本件13社がＰ29グループのガバナンスの見直しの一環として買戻しをしたいとの要望を受け、その買戻し金額の提案が取得価額を明らかに上回るものであったことから、その提案どおりの金額で、各社が近接した時期に譲渡したという事情が認められ、このような事情の下においては、本件13社出資持分譲渡における価額の形成の要因には、本件出資持分それ自体の価値以外の要素が相当程度含まれているものと見ざるを得ないし、その価額をもって純然たる第三者との間で想定される取引の気配値とみなし得るような一般性のある取引とも評価し難いと判断されました。

　そして、裁判所は、このように、本件13社出資持分譲渡は、発行会社の属するグループ企業と特別な協力関係を有する本件13社が、同グループ企業の要請を受けて行われたものであり、一般性のない価額の形成要因を相当程度有する取引であるというべきであるから、当該取引が「適正と認められる」売買実例に該当するということは困難であると言わざるを得ないとしました。

Point 4▶ 原告らは、本件13社出資持分譲渡について、本件13社に寄附金課税がされていないことから、同譲渡において原告Ｐ２は経済的利益を受けていない旨主張しましたが、裁判所は、本件13社出資持分譲渡に伴う本件13社に対する寄附金の認定課税と原告Ｐ２社に対する受贈益の認定課税は、納税義務者やその認定の主体が異なるから、本件13社に寄附金課税がされていないことをもって、直ちに原告Ｐ２が受贈益を受けていないことにはならないと判断しました。本件13社の立場に立ったＰ４社出資持分の時価を考えてみると、寄附金課税がされなかったことは妥当なものと思われます。

Point 5▶ 原告Ｐ１社（酒類食料品卸売業）の取引先13社（酒造メーカー）が先代（Ｐ８の父）からＰ４社出資（52%）を購入した経緯及び動機、社員総会には一度も出席せず白紙委任等(注)をしていた事実関係からすると、Ｐ４社は、一貫してＰ８及びＰ３とその同族関係者（Ｐ２社・Ｐ３から譲受後）によって実質的に支配されていたと判断されました。

> (注)　本件13社は、出資持分譲渡までの間、Ｐ４社から毎期配当金を受領していましたが、社員総会等については、白紙委任状又は決議案に全て賛成する趣旨の委任状を提出していました。また、このことにより、Ｐ８（個人）及びその同族関係者（P10（個人）、原告Ｐ２社、Ｐ４社）の有する原告Ｐ１社の議決権数は、その議決権総数の50%を超えるため、原告Ｐ１社はＰ８（個人）らの同族関係者に該当すると判断されました。
>
> 　結果として、Ｐ８（個人）及びその同族関係者である原告Ｐ１社及び原告Ｐ２社の有するＰ４社の議決権数は、その議決権総数の30%以上であるため、Ｐ８（個人）、原告Ｐ２社及び原告Ｐ１社もＰ４社の同族株主に該当すると判断されました。

19　自己株式の購入価額は適正な価額であるから、資本金等の額のうち取得株式に対応する部分を超える部分については、みなし配当が生じるとした事例　　平成21年3月3日 裁決

内容に入る前に

　発行会社に株式を譲渡するケースは非常に増えています。譲渡者が個人の場合もあれば法人の場合もありますし、同族株主の場合もあれば同族株主以外の場合もあります。

　いずれにしても、その時の株式の時価の算定が必要となります。

　また、譲渡価額が適正であれば、その譲渡価額のうち資本金等の額を超える部分はみなし配当となります。

　本事案は、譲渡価額が適正価額（時価）か高額かが問題となりました。仮に適正であれば上述のとおり譲渡価額が資本金等の額を超える部分は**みなし配当**となり、高額であれば適正価額を超える部分が**寄附金**になると考えられます。

裁決内容

① 裁決の概要・結果

　請求人（発行法人）は、請求人が取得した自己株式の取得価額について、税法上の適性価額（時価）に比して高額であり、当該高額な部分は本件株式の取得の対価ではなく、請求人にとっては売主（個人）に対する寄附金であり、売主にとっては法人からの贈与であるから一時所得になり、みなし配当部分はないから、原処分庁の行った納税告知処分等は違法であると主張しました。

　審判所は、その自己株式の取得価額が、①第三者間における合意に基づく売買として成立したものであること、②平成16年当時の請求人の株式の純資産価額は、取得価額より若干低い程度であったこと及び③その自己株式の購入の約１か月前に請求人は関連会社から自己株式をおおむね同額で購入していることから、正常な取引に基づく時価、すなわち適正価額と認められ、当該高額な部分はなく請求人の主張は採用できないとしました。

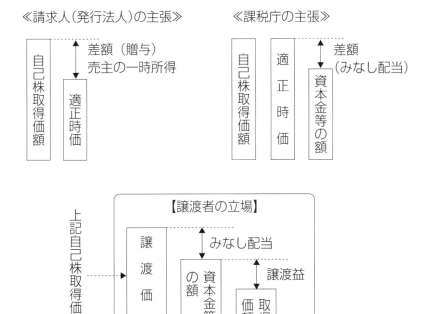

②　事実関係

・請求人は、Ｍ社から平成17年６月９日に請求人株式を１株13,025円で取得

・G（個人）は平成17年7月23日に請求人（発行法人）に1株15,800円で請求人株式を売却
・L、H、J、Kは同族関係者
・請求人は平成19年6月に会社分割（それを目的としたGからの取得）

【Gが売却する前の状況】

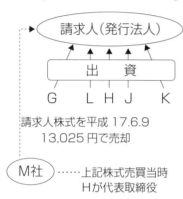

【請求人主張から】
○ 適正時価は配当還元方式での評価額程度（1株250円）
○ 上記の場合、1株当たりの資本金等の額は500円。よって、適正時価は資本金等の額を下回り、みなし配当は生じない。

ポイントの整理

Point ▶ 本事例は、株式発行法人が自己株取得時のみなし配当に対する源泉徴収が問題となった事案でした。

　問題となった株式の時価の算定については、一般的に財産評価基本通達の規定が重視される傾向がありますが、本事案では実際の売買価額が適正時価とされました。これは、本件売買の1月程度前に関連会社から自己株式を買取った金額と本件株式の売買価額がほぼ同額であったことがかなり影響しているものと考えられます。

（参考：個人が法人に株式を譲渡した場合の時価算定上の通達解釈）

20　株式の時価の判断における所基通59の6と評基通188の関係（地裁判決と高裁判決で判断が相違した事例）

平成29年8月30日　東京地裁判決
平成30年7月19日　東京高裁判決
令和2年3月24日　最高裁判決
※　最高裁は地裁判決を支持

内容に入る前に

　所基通59-6の(1)に評価通達に定められた取引相場のない株式の評価方法を適用する際の条件として、「財産評価基本通達188(1)に定める「同族株主」に該当するかどうかは、<u>株式を譲渡又は贈与した個人の当該譲渡又は贈与</u><u>前</u>の議決権の数により判断すること。」と定めています。この点については、東京地裁も東京高裁も同じ判断です。

※　改正前通達

所得税基本通達（株式等を贈与等した場合の「その時における価額」）

59-6　法第59条第1項の規定の適用に当たって、譲渡所得の基因となる資産が株式・・・である場合の同項に規定する「その時における価額」とは、23～35共-9に準じて算定した価額による。この場合、23～35共-9の(4)ニに定める「1株又は1口当たりの純資産価額等を参酌して通常取引されると認められる価額」とは、原則として、次によることを条件に、・・・「財産評価基本通達」（法令解釈通達）の178から189-7まで（（取引相場のない株式の評価））の例により算定した価額とする。

(1)　財産評価基本通達188の(1)に定める「<u>同族株主</u>」に該当するかどうかは、株式を<u>譲渡</u>又は贈与した個人の当該譲渡又は贈与<u>直前の議決権の数</u>により判定すること。

　一方、評価通達188の⑵から⑷までに係る株主区分も、譲渡人の株式譲渡直前の議決権割合により判定することについて、東京地裁は、課税庁の主張を認め譲渡者の株式**譲渡前**の議決権割合で判断するとしましたが、東京高裁は、評価通達188の⑵及び⑷には、「株式取得後」と同⑵から⑷までには「取得した株式」との文言があり、その文理からすると、株式**譲渡後**の譲受人の議決権割合を述べていることが明らかであると判断しました。

　本事例に則して言えば、株式譲渡の直前において、自己及びその同族関係者の有するＡ社（売買された株式の発行会社）の議決権の合計数が同社の議決権総数の30％以上である株主（同族株主）はいないため、本件株式は、評価通達188の⑴及び⑵の株式に該当しません。また、株式譲渡の直前において、被相続人庚（Ａ社株式の売主）及びその同族関係者は、Ａ社の議決権総数の15％以上（22.79％）の議決権を有し、かつ、庚個人も、Ａ社の議決権総数の５％以上（15.88％）の議決権を有していたため、本件株式は、評価通達188の⑶及び⑷の株式にも該当しません。

　したがって、本件株式は、被相続人庚（Ａ社株式の売主）の立場からは、「同族株主以外の株主等が取得した株式」に該当しないため、評価通達178本文、179の⑴により、原則的評価方法である類似業種比準方式により評価すべきことになります。

　一方、Ｂ社（Ａ社株式の買主）の立場からは評価通達188⑶「同族株主のいない会社の株主のうち、課税時期において株主の１人及びその同族関係者の有する議決権の合計数が、その会社の議決権総数の15％未満である場合におけるその株主の取得した株式」に該当する

374

（B社のA社議決権割合は7.88%）ため、配当還元方式の評価となります。

財産評価基本通達（同族株主以外の株主等が取得した株式）

188　178《取引相場のない株式の評価上の区分》の「同族株主以外の株主等が取得した株式」は、次のいずれかに該当する株式をいい、その株式の価額は、次項の定めによる。

⑴　同族株主のいる会社の株式のうち、同族株主以外の株主の取得した株式

　　この場合における「同族株主」とは、課税時期における評価会社の株主のうち、株主の1人及びその同族関係者（法人税法施行令第4条（（同族関係者の範囲））に規定する特殊の関係のある個人又は法人をいう。以下同じ。）の有する議決権の合計数がその会社の議決権総数の30%以上（その評価会社の株主のうち、株主の1人及びその同族関係者の有する議決権の合計数が最も多いグループの有する議決権の合計数が、その会社の議決権総数の50%超である会社にあっては、50%超）である場合におけるその株主及びその同族関係者をいう。

⑵　中心的な同族株主のいる会社の株主のうち、中心的な同族株主以外の同族株主で、その者の株式取得後の議決権の数がその会社の議決権総数の5%未満であるもの（課税時期において評価会社の役員（社長、理事長並びに法人税法施行令第71条第1項第1号、第2号及び第4号に掲げる者をいう。以下この項において同じ。）である者及び課税時期の翌日から法定申告期限までの間に役員となる者を除く。）の取得した株式

　　この場合における「中心的な同族株主」とは、課税時期において同族株主の1人並びにその株主の配偶者、直系血族、兄弟姉妹及び1親等の姻族（これらの者の同族関係者である会社のうち、これらの者が有する議決権の合計数がその会社の議決権総数の25%以上である会社を含む。）の有する議決権の合計数がその会社の議決権総数の25%以上である場合

におけるその株主をいう。

(3)　同族株主のいない会社の株主のうち、課税時期において株主の1人及びその同族関係者の有する議決権の合計数が、その会社の議決権総数の15%未満である場合におけるその株主の取得した株式

(4)　中心的な株主がおり、かつ、同族株主のいない会社の株主のうち、課税時期において株主の1人及びその同族関係者の有する議決権の合計数がその会社の議決権総数の15%以上である場合におけるその株主で、その者の株式取得後の議決権の数がその会社の議決権総数の5%未満であるもの（(2)の役員である者及び役員となる者を除く。）の取得した株式

　　この場合における「中心的な株主」とは、課税時期において株主の1人及びその同族関係者の有する議決権の合計数がその会社の議決権総数の15%以上である株主グループのうち、いずれかのグループに単独でその会社の議決権総数の10%以上の議決権を有している株主がいる場合におけるその株主をいう。

　以下、東京地裁の判決内容の記載後、東京高裁、最高裁の内容を続けて記載します。

判決内容

1　事案の概要・結果

　　　　　　　　　　　　　　　　　　　　　※　被相続人は
　　　　　　　　　　　　　　　　　　　　　　　H19.12に相続開始
　　　　　　　　　　　　H19.8.1 売却
　被相続人庚 ──────────────────→ B社
　　　　　　　　　A社株式 725,000 株
　　　　　　　　（1株 75 円／配当還元価額）
　　　　　　　　売買金額・54,375,000 円

①　A社の発行株式数920万株

②　被相続人庚はA社の代表取締役

③　被相続人及び同族関係者のＡ社への出資割合（上記売買前22.79％、売買後14.91％）

④　Ｂ社はＡ社の役員、従業員等が出資している会社（Ｂ社は被相続人庚の同族関係者には該当しない。）

⑤　Ｂ社のＡ社への出資割合（上記売買前０％、売買後7.88％）

○　原告は、株式の時価については、譲受者（Ｂ社）の譲受後の議決権割合で判断すべきであり、そうすると譲受者（Ｂ社）は少数株主であり、75円（配当還元価額）が時価となり、結果として所得税法59条の適用はないと主張。

○　被告は、株式の時価については、譲渡者（被相続人庚）の譲渡前の議決権割合で判断すべきであり、そうすると１株2,990円（類似業種比準価額／異議決定で2,505円に変更）となり、所得税法59条の適用があると主張。

○　裁判所（地裁）は、被告の主張を支持。

[2]　**前提事実**

〈関係者について〉

①　Ａ社について

　昭和25年９月に設立され、本件株式譲渡の直前の事業年度である平成19年１月期の売上金額は約236億5,000万円、平成19年１月現在の従業員数は449人である。

　本件株式譲渡の時点（平成19年８月１日）において、Ａ社の発行済株式総数は920万株であり、Ａ社の株主は、１株につき１個の議決権を有する。また、Ａ社においては、定款においてその株式の譲渡につき取締役会の承認を要する旨を定めている。

【A社の株主構成〔括弧内は発行済株式総数に対して占める割合〕】

ア　本件株式譲渡前（平成19年７月31日以前）

(ｱ)　庚　146万700株（15.88％）

(ｲ)　庚の親族（以下「○○親族ら」という。）

　　合計63万5,820株（6.91％）

　　以上合計　209万6,520株（22.79％）

(ｳ)　有限会社Ｃ（以下「Ｃ社」という。）

　　222万4,400株（24.18％）

(ｴ)　A社経営研究会持株会（以下「研究会持株会」という。）

　　221万730株（24.03％）

(ｵ)　A社従業員持株会（以下「従業員持株会」という。）

　　231万5,150株（25.16％）

(ｶ)　その他の個人株主　合計35万3,200株（3.84％）

イ　本件株式譲渡後（平成19年８月１日以後）

(ｱ)　庚　73万5,700株（8.00％）

(ｲ)　○○親族ら　合計63万5,820株（6.91％）

　　以上合計　137万1,520株（14.91％）

(ｳ)　Ｂ社　72万5,000株（7.88％）

(ｴ)　Ｃ社　222万4,400株（24.18％）

(ｵ)　研究会持株会　221万730株（24.03％）

(ｶ)　従業員持株会　231万5,150株（25.16％）

(ｷ)　その他の個人株主　合計35万3,200株（3.84％）

ウ　なお、庚及び○○親族らは、評価通達188の適用において、相互に「同族関係者」に当たる。

② 　B社について

ア　B社は、平成16年2月に金銭の貸付業、株式投資業等を目的
として設立された会社である。（なお、B社及び後記のC社は、
いずれも会社法の施行に伴う関係法律の整備等に関する法律施
行前の有限会社であるが、以下では、その社員を「株主」、そ
の出資を「株式」と表記する。）

イ　庚について

庚は、本件株式譲渡の当時（平成19年8月1日）、A社の代
表取締役社長の地位にあった者であり、平成19年12月○日死亡
した（以下、庚を被相続人とする相続を「本件相続」という。）。

ウ　庚の相続人について

庚の相続人は、配偶者である原告甲（以下「原告甲」とい
う。）、子である原告乙（以下「原告乙」という）、原告丙（以
下「原告丙」という。）、原告丁（以下「原告丁」といい、原告
乙、原告丙と併せて「原告乙ら」という。）及び戊（以下「戊」
という。）並びに孫（代襲相続人）である己（以下「己」とい
う。）の6名である。

[3]　争点

○　本件株式譲渡が所得税法59条1項2号の低額譲渡に当たるか

低額譲渡の判定の基礎となる本件株式譲渡の時における本件株式
の価額について、被告は評価通達に定める類似業種比準方式により
評価すべきであると主張するのに対し、原告らはこれを争っており、
具体的な争点は、①所得税基本通達59－6の⑴の条件下における評
価通達188の議決権割合の判定方法（争点①）、②本件株式譲渡にお
ける譲渡代金額をもって時価といえるか（争点②）である。

⑴ 争点（本件株式譲渡が所得税法59条1項2号の低額譲渡に当たるか）について

ア 所得税基本通達59−6の⑴の条件下における評価通達188の議決権割合の判定方法（争点①）について

【被告の主張】

(ア) 所得税基本通達59−6の⑴は、取引相場のない株式について、株式を譲渡した個人の当該譲渡直前の議決権割合により、評価通達188の定めに基づき、当該株式が「同族株主以外の株主等が取得した株式」に当たるか否かを判断すべきことを定めたものである。

これは、譲渡所得課税制度の趣旨が、譲渡人に帰属する資産の保有期間中の増加益を所得として課税する点にあることからすれば、その増加益は株式の譲渡人の譲渡直前の議決権割合により判定することが最も合理的といえるためである。

(イ) 本件株式譲渡の直前において、自己及びその同族関係者の有するA社の議決権の合計数が同社の議決権総数の30％以上である株主（同族株主）はいないから、本件株式は、評価通達188の⑴及び⑵の株式に該当しない。また、本件株式譲渡の直前において、庚及びその同族関係者（○○親族ら）は、A社の議決権総数の15％以上（22.79％）の議決権を有し、かつ、庚個人も、A社の議決権総数の5％以上（15.88％）の議決権を有していたから、本件株式は、評価通達188の⑶及び⑷の株式にも該当しない。

したがって、本件株式は、「同族株主以外の株主等が取得し

た株式」に該当しないから、評価通達178本文、179の⑴により、原則的評価方法である類似業種比準方式により評価すべきことになる。

㈦　よって、本件株式譲渡の時における本件株式の価額は、１株当たり2,505円であり、本件株式譲渡は、この価額の２分の１に満たない金額によるものであるから、所得税法59条１項２号の低額譲渡に当たる。

【原告らの主張】

㈠　所得税基本通達59－６は、取引相場のない株式の価額につき、一定の条件の下で評価通達の例により算定すべきものと規定し、その条件としての⑴は、評価通達188の⑴に定める「同族株主」に該当するかどうかは、株式を譲渡した個人の当該譲渡直前の議決権の数により判定すると規定している。他方で、同様の条件は評価通達188の⑵～⑷については規定されていない。

そうすると、評価通達188の⑶のうち、「同族株主のいない会社」であるかどうかの判定（会社区分の判定）は、所得税基本通達59－６の⑴により株式譲渡直前の議決権の数により行うことになるとしても、「課税時期において株主の１人及びその同族関係者の有する議決権の合計数が、その会社の議決権総数の15％未満である場合におけるその株主の取得した株式」に該当するかどうかの判定（株主区分の判定）は、その文言どおり、株式の取得者の取得後の議決権割合により行うのが相当である。このような評価通達の文言に忠実な解釈は、実務上、通達も法律に準じ広く一般に周知され、納税者の指針となっていることに鑑みれば、租税法律主義の下で課税に関する予測可能性を保

障するという要請に適うものといえる。

　また、所得税法59条1項の趣旨は、譲渡人に帰属するキャピタル・ゲインの清算課税を行うというものであるが、このことから直ちに株式の価額の評価を譲渡人の議決権割合に基づいてすべきということにはならず、清算すべき「その時における価額」、すなわち客観的交換価値の評価の在り方が問題となる。取引相場のない株式の売買を行う場合には、譲受人が取得株式に期待するものが何かという譲受人側の事情が、取引価額の決定要素となり、譲受人が少数株主となる場合には配当を期待して売買価額を決定することになるため、配当還元方式により評価することが合理的である。

(イ)　本件株式譲渡の直前において、A社には、自己及びその同族関係者が30％以上の議決権を有する株主がいないから、A社は「同族株主のいない会社」である。そして、B社の本件株式取得後の議決権割合は、7.88％であり、B社には同族関係者がおらず、その議決権割合は15％未満にとどまる。

　したがって、本件株式は、評価通達188の(3)の株式に該当するから、評価通達188－2に従い、配当還元方式により評価すべきことになる。

(ウ)　よって、本件株式譲渡の時における本件株式の価額は、1株当たり75円と評価され、本件株式譲渡の対価はこれと同額であるから、本件株式譲渡は、所得税法59条1項2号の低額譲渡には当たらない。

イ　本件株式譲渡における譲渡代金額をもって時価といえるか（争点②）について

【被告の主張】

(ア)　庚は、A社の株主でもあるC社及びA社の役員らが庚の実効支配下にあったことなどから、A社のみならず、A社の役員らが株主であるB社においても極めて強い権限を有しており、これらの会社では、本件株式譲渡の前後を通じて株主総会や取締役会が開催されたことはなく、株式の移動や人事、報酬などの株主総会や取締役会で決定される事項は、全て庚が意思決定をするという庚による実効支配体制が確立していた。

　そして、本件株式譲渡の譲渡価額を決定するに当たり、庚やB社において合理的な検討はされておらず、本件株式譲渡は、○○一族が有するA社の議決権割合を15％未満にして相続税負担を軽減させることを目的に行われたものである。

　以上によれば、本件株式譲渡における譲渡価額は、純然たる第三者間で種々の経済性を考慮して算定されたものではなく、時価であるとはいえない。

(イ)　よって、本件株式譲渡は、時価による取引であるとはいえず、前記のとおり、譲渡の時の価額の2分の1に満たない金額によるものであるから、所得税法59条1項2号の低額譲渡に当たる。

【原告らの主張】

(ア)　所得税法上の低額譲渡の場合における適正価額の認定は、動態的評価の場面である。資産を売買する場合のような動態的評価の場面では、同じ資産であっても、売買に至る経緯や事情等の主観的要因により成立する取引価額は異なるから、当該取引の売買価額が適正であるかどうかの判断は、相当な幅をもって弾力的に行うべきである。

そして、市場が形成されていない非上場株式等の動態的評価の場合には、客観的な市場価額が存在しないことに加え、当該株式の議決権の程度等の経営参画の法的度合いが異なるなど売買価額の形成に影響を及ぼす個別的要因を考慮する必要がある点で、適正価額の認定には極めて困難を伴う。そのため、利害相反する第三者間で成立した売買価額は、税務上、原則として正常な取引条件で成立した適正価額（時価）と取り扱われることになる。

(イ) 本件の場合、B社は、既存のA社の持株会を補完するものとしてA社の役員や従業員の福利厚生を目的に設立され、現に株主の負担においてB社への出資がされており、B社から株主への配当もされている等、B社は、庚とは独立した第三者であり、本件株式譲渡は、利害相反する第三者間で行われたものである。

そして、A社の少数株主となるにすぎないB社にとって、本件株式の実質的な経済的価値は配当への期待のみであり、このような買主の主観的事情を考慮すれば、本件株式を配当還元方式により評価することは当然であるから、本件株式譲渡は「時価」によりなされたものである。

(ウ) よって、本件株式譲渡は、時価による譲渡であるため、評価通達の解釈を論ずるまでもなく、所得税法59条1項2号の低額譲渡には当たらない。

⑤ 裁判所の判断

1 争点⑴（本件株式譲渡が所得税法59条1項2号の低額譲渡に当たるか）について

⑴ 本件株式の所得税基本通達及び評価通達に定める方法による評価

等について

ア　所得税基本通達及び評価通達に定める評価方法の合理性について

(ウ)　所得税基本通達59－6が上記の評価通達に定められた取引相場のない株式の評価方法を適用する際の一定の条件として規定した内容の合理性について検討すると、そもそもそのような一定の条件を設けたのは、評価通達が本来的には相続税や贈与税の課税価格の計算の基礎となる財産の評価に関する基本的な取扱いを定めたものであって、譲渡所得の収入金額の計算とは適用場面が異なることから、評価通達を譲渡所得の収入金額の計算の趣旨に則して用いることを可能にするためであると解される。

　　すなわち、相続税や贈与税が、相続や贈与による財産の移転があった場合にその財産の価額を課税価格としてその財産を取得した者に課される税であるのに対し、譲渡所得に対する課税は、資産の値上がりによりその資産の所有者に帰属する増加益（キャピタル・ゲイン）を所得として、その資産が所有者の支配を離れて他に移転するのを機会に、これを清算してその譲渡人である元の所有者に課税する趣旨のものと解されるのであって〔最高裁昭和41年（行ツ）第102号同47年12月26日第三小法廷判決・民集26巻10号2083頁、最高裁昭和47年（行ツ）第4号同50年5月27日第三小法廷判決・民集29巻5号641頁参照〕、そのような課税の趣旨からすれば、譲渡所得の基因となる資産についての低額譲渡の判定をする場合の計算の基礎となる当該資産の価額は、当該資産を譲渡した後の譲受人にとっての価値ではなく、その譲渡直前において元の所有者が所有している状態

における当該所有者（譲渡人）にとっての価値により評価するのが相当であるから、評価通達188の(1)～(4)の定めを取引相場のない株式の譲渡に係る譲渡所得の収入金額の計算上当該株式のその譲渡の時における価額の算定に適用する場合には、各定め中「（株主の）取得した株式」とあるのを「（株主の）有していた株式で譲渡に供されたもの」と読み替えるのが相当であり、また、各定め中のそれぞれの議決権の数も当該株式の譲渡直前の議決権の数によることが相当であると解される。

　所得税基本通達59－6の(1)が、評価通達188の(1)に定める「同族株主」に該当するかどうかは、株式を譲渡した個人の当該譲渡直前の議決権の数により判定する旨を定めているのは、上記の趣旨を「同族株主」の判定について確認的に規定したものであり、上記の読替え等をした上で評価通達188の(1)～(4)の定めを適用すべきであることを当然の前提とするものと解されるから、この規定もまた一般的な合理性を有すると認められる。

イ　所得税基本通達59－6の(1)の条件下における評価通達188の議決権割合の判定方法（争点①）について

(ｱ)　評価通達188の(1)～(4)の定めを取引相場のない株式の譲渡に係る譲渡所得の収入金額の計算上当該株式のその譲渡の時における価額の算定に適用する場合には、原告らのいう会社区分の判定においても、株主区分の判定においても、譲渡直前の譲渡人の議決権割合によるのが相当である。

(ｲ)　原告らの主張について

　a　原告らは、売買取引の価格決定に際しては、譲渡人が同族株主であるとしても、譲受人が少数株主であれば、その取得

株式の経済的価値を前提として価額が決定されるものであり、非上場株式の譲渡が低額譲渡により行われたか否かに関わる時価の認定は、譲受人の議決権割合によって評価通達の定める評価方法で判断されるべきであること、所得税法59条１項２号のみなし譲渡課税は、取引社会で現実に行われる取引と比較して時価の２分の１未満の低額な取引に規制を加えるものであり、一般的な第三者間でも行われることのないような取引を擬制して行うというものではないこと、譲受人の議決権割合により判定しなければ、同一の価格で売買が成立したとしても、個人への譲渡については適正価額とされるのに、法人への譲渡の場合には低額譲渡となるという矛盾が生じること等を主張する。

　確かに、譲渡所得に対する課税は当事者間において資産の譲渡が成立することが前提であり、譲渡価額の決定に際しては、譲受人側の事情も重要な要素であるということはできる。

　しかしながら、譲渡人が所有している状態における株式が、一定の議決権割合を占め事業経営への影響力のあるもの（支配力を有するもの）であったのであれば、譲渡人としてはその支配力をも加味した価値のある株式を有していたというべきであり、現に成立した取引において、譲渡人がその有する株式のうちの少数のみを分割して譲受人に譲渡し、譲受人が取得する株式が事業経営への影響力のない株式（少数株式）になったとしても、それは、譲渡人があえて経営への影響力を廃する形で分割譲渡した結果にほかならない。そのため、譲受人が取得した株式が少数株式にとどまるからといって、譲渡人が所有していた状態における資産としての株式の価値

を、当該譲渡により分割された後の少数株式の状態で評価することは、譲渡所得に対する課税の趣旨に反することになるというべきである。

　また、取引相場のない株式は、通常売買実例等に乏しく、仮に売買実例があるとしても、その売買価額が当事者間の主観的事情に左右されることが避け難く、一般に当該株式の客観的価値を反映したものと考えることはできないために、所得税基本通達59－6においては、その評価を原則として一定の条件の下に評価通達の例によることとして、実際の売買実例における価額に依拠しない、評価会社の規模や株主の会社支配力に応じた同通達所定の評価方法によることとしているのであり、このような定めには、取引相場のない株式の実情という観点からも、譲渡所得に対する課税の趣旨への適合性という観点からも、一般的な合理性が認められるのであるから、現に成立する売買においては譲受人側の事情の影響が大きいとしても、そのような売買実例における価額に依拠しない上記の評価方法によることが、所得税法59条1項2号の趣旨に反するということにはならない。

　なお、個人への譲渡と法人への譲渡とで矛盾が生じるとの指摘は、そもそもそのような矛盾は所得税法59条1項2号が低額譲渡として法人に対するもののみを規定していることに起因するものであるから、同号の規定を前提とした上で議決権割合の判定を譲渡人又は譲受人のいずれを基準として行うべきかという判断に直接影響はしないというべきである。

b　また、原告らは、所得税基本通達59－6の(1)が評価通達188の(1)に定める「同族株主」に該当するかの判定に限り、譲

渡直前の議決権の数による旨定めていることの文理解釈によれば、評価通達188の(3)の株主区分の判定においては、所得税基本通達59－6の(1)は適用されず、譲渡後の譲受人の議決権割合により判定すべきであるとも主張する。

　しかしながら、評価通達188の(3)が一文で定める株式の要件に関して原告が主張するような異なる判断基準を混在させることに合理的な理由は見出し難く、譲渡所得に対する課税の趣旨に鑑みれば、前記のとおりに解釈するのが相当である。譲渡所得に対する課税の趣旨から前記のような解釈を導き出すことはさほど困難なことではないから、このように解しても課税に関する予測可能性を損なうとはいえない。

ウ　所得税基本通達及び評価通達に定める方法による本件株式の評価

(ア)　以上によれば、本件株式譲渡直前
　の時点において、Ａ社には合計して30％以上の議決権を有する株主及びその同族関係者がおらず、Ａ社は「同族株主のいない会社」に当たるから、本件株式は、評価通達188の(1)及び(2)の株式には該当しない。また、本件株式譲渡直前の時点において、譲渡人である庚及びその同族関係者である○○親族らは、合計して15％以上（22.79％）の議決権を有し、庚個人も５％以上（15.88％）の議決権を有していたから、本件株式は、評価通達188の(3)及び(4)の株式にも該当しない。

　よって、本件株式は、評価通達188の株式のいずれにも該当しないから、評価通達178本文、179の(1)により類似業種比準方式により評価すべきこととなる。そして、証拠及び弁論の全趣

旨によれば、その評価額は1株当たり2,505円となることが認められる。

(2) 本件株式譲渡における譲渡代金額をもって時価といえるか（争点②）について

ア　認定事実

(ア)　B社について

a　株主の移動状況等について

B社の設立（平成16年2月）時の株主は、H、I、Jの3名であり、それぞれが、庚から100万円ずつ借り入れてこれを出資金の原資とし、各1,000株（1株当たり1,000円）を取得した。なお、この借入金は後に庚に返還されている。

その後、B社の株式は譲渡され、平成19年5月7日時点で、Jを含む合計10名の者が各300株（30万円分相当）ずつを有することとなった。この株式譲渡に当たっては、譲受人はいずれも自己の資金を出捐して株式を取得した。

なお、B社の設立時以降の株主は、全てA社の役員又は従業員である。

b　B社の活動

B社は、平成16年11月26日、A社の100％子会社であるD社から借り入れた金員を原資として、C社の株式を、Tから2,600株、研究会持株会から1,400株、合計4,000株、代金合計400万円で購入した。

B社では、設立以降、本件株式譲渡（平成19年8月1日）を受けた第5期（平成19年3月1日から平成20年2月29日までの事業年度）までは配当を行っていなかったものの、第6

期（平成20年3月1日から平成21年2月28日までの事業年度）においては1株当たり100円の配当を決定し、平成21年6月にその配当金が支払われており、以後も配当を行っている。

(イ)　本件株式譲渡に関する事情について

D社は、本件株式譲渡において代金の支払期限とされた平成19年8月10日、B社に対し、本件株式譲渡の代金と同額である5,437万5,000円を、利息年2.2％の割合、返済期限平成29年8月末日までなどとして貸し付け、B社は、この借入金を本件株式譲渡の代金支払の原資とした。

本件株式譲渡について、庚は、自身の相続に係る相続税対策という目的を有していた。

イ　判断

上記認定事実のとおり、B社の株主は自己の資金を出捐してB社の株式を取得しており、その株式の譲渡も行われていたことや、B社では、本件株式譲渡によりA社の株式を取得するのみならず、設立後間もなくC社の株式も取得していること、本件株式譲渡が行われた事業年度の翌事業年度から配当が行われていたこと等らすれば、B社には、その関連会社の株式の取得及び保有を通じて利益を上げ、株主であるA社の役員や従業員にこれを還元するという活動実態があるということができる。そして、本件株式譲渡について、B社の側から見れば、B社が取得した本件株式に係るA社での議決権割合は7.88％にすぎず、評価通達188を適用すれば同項の(3)の株式に該当し、「同族株主以外の株主等が取得した株式」に該当するから、配当還元方式による評価額を譲渡対価

とした本件株式譲渡が、B社にとって不合理な取引であったとは
いえない。

　しかしながら、本件株式の譲渡人である庚の側から見れば、庚
は、本件株式譲渡前には、単独でも15.88％の議決権割合となる
株式を有していたものであり、これを一括して他に譲渡するか、
又はその一部に限って譲渡するとしても、その譲渡する議決権を
合わせたA社での議決権割合が15％以上となるような株主に対し
てこれを譲渡していれば、本件株式譲渡の譲渡対価（1株当たり
75円）よりも高額の類似業種比準方式による評価額（1株当たり
2,505円）に相当する金額程度の対価を得られる可能性があり、
また、庚が株主としての会社支配力の低下等を懸念してそのよう
な譲渡を望まず、あるいはそのような譲渡に応じる者がいないと
いうのであれば、譲渡しないこともできたのに、あえてその有す
る株式のうちの一部のみをB社に対して譲渡したことによって、
本件株式が事業経営への影響力が著しく減退した少数株式となり、
配当還元方式による評価額相当の低額な対価を得るにとどまった
ものである。このような譲渡をしたことの目的としては、庚の側
では、自己が代表取締役社長を務めるA社の役員及び従業員が株
主になっていて、平時においては敵対的な議決権行使等をしない
ことが一般的に期待できるB社に本件株式のみを譲渡することに
よって、A社における経営の安定を一定程度保持しつつ、本件株
式の譲渡による対価収入を減らしてでも、自身の相続人の相続税
の負担を軽減するということ以外には考え難く、譲渡対価による
収益を目的とする通常の取引としての合理性には乏しいものとい
わざるを得ない。また、本件株式譲渡において、庚の有する資産
としての価値が真摯に検討されて、B社との交渉を経るなどして

本件株式の譲渡価額が決定されたといった事情も認められない。

　以上のような本件株式譲渡の経緯や実態等に鑑みると、本件株式譲渡を原告らのいう利害相反する第三者間の取引（正常な株式の売買）とみることはできず、その対価をもって本件株式の時価（客観的交換価値）ということはできない。

　その他、本件の全証拠によっても、類似業種比準方式によっては本件株式の客観的交換価値を適正に算定することができない特別な事情があるとは認められない。

〔平成30年7月19日東京高裁判決について〕

　東京高裁は、所基通59-6の(1)に評価通達に定められた取引相場のない株式の評価方法を適用する際の条件として、「財産評価基本通達188(1)に定める「同族株主」に該当するかどうかは、株式を譲渡又は贈与した個人の当該譲渡又は贈与前の議決権の数により判断すること。」と定めている点は合理的であると指摘しました。一方で高裁は、課税庁の主張（評価通達188の(2)から(4)までに係る株主区分も、譲渡人の株式譲渡直前の議決権割合により判定する旨）については、評価通達188の(2)及び(4)には、「株式取得後」と同(2)から(4)までには「取得した株式」との文言があり、その文理からすると、株式譲渡後の譲受人の議決権割合を述べていることが明らかであるとしました。

　本件について裁判所は、A社には株式譲渡直前に議決権総数の30%以上の議決権を有する株主及びその同族関係者は存在しないため、同社は「同族株主のいない会社」に当たるとし、評価通達188の(3)のとおり、譲受人であるB社の株式取得後の議決権割合は7.88%であり、B社には同族関係者がおらず、その議決権割合はA社の議決権総数の15%未満にとどまるため、配当還元方式により評価すべきであると判断しました。

（判示事項）

1 本件は、法人に対する株式の譲渡につき、被上告人らが、当該譲渡に係る譲渡所得の収入金額を譲渡代金額と同額として所得税の申告をしたところ、当該代金額が所得税法59条1項2号に定める著しく低い価額の対価に当たるとして、更正処分等を受けた事案であり、当該株式の当該譲渡の時における価額が争われている。

2 原審は、要旨次のとおり判断して、被上告人らの請求を一部認容した。
通達の意味内容については、課税に関する納税者の信頼及び予見可能性を確保する見地から、その文理に忠実に解釈するのが相当であり、評価通達188の⑵～⑷の「株主が取得した株式」などの文言を「株主が譲渡した株式」などと殊更に読み替えることは許されない。
そうすると、譲渡所得に対する課税においても、評価通達188の⑵～⑷の少数　株　主に該当するかどうかは、その文言どおり株式の取得者の取得後の議決権の割合により判定されるというべきであり、所得税基本通達59－6はこのことを定めたものとして合理性を有するところ、本件株式の譲受人であるC社は評価通達188の⑶の少数株主に該当するから、本件株式の価額は配当還元方式によって算定した1株当たり75円であると認められる。

3 しかしながら、原審の判断は是認することができない。その理由は、次のとおりである。

4 所得税法59条1項所定の「その時における価額」につき、所得税基本通達59－6は、譲渡所得の基因となった資産が取引相場のない株式である場合には、同通達59－6の⑴～⑷によることを条件に評価通達の例により算定した価額とする旨を定める。評価通達は、相続税及び贈与税の課税における財産の評価に関するものであるところ、取引相場のない株式の評価方法について、原則的な評価方法を定める一方、事業経営への

影響の少ない同族株主の一部や従業員株主等においては、会社への支配力が乏しく、単に配当を期待するにとどまるという実情があることから、評価手続の簡便性をも考慮して、このような少数株主が取得した株式については、例外的に配当還元方式によるものとする。そして、評価通達は、株式を取得した株主の議決権の割合により配当還元方式を用いるか否かを判定するものとするが、これは、相続税や贈与税は、相続等により財産を取得した者に対し、取得した財産の価額を課税価格として課されるものであることから、株式を取得した株主の会社への支配力に着目したものということができる。

5　これに対し、本件のような株式の譲渡に係る譲渡所得に対する課税においては、当該譲渡における譲受人の会社への支配力の程度は、譲渡人の下に生じている増加益の額に影響を及ぼすものではないのであって、譲渡所得に対する課税の趣旨に照らせば、譲渡人の会社への支配力の程度に応じた評価方法を用いるべきものと解される。

6　そうすると、譲渡所得に対する課税の場面においては、相続税や贈与税の課税の場面を前提とする評価通達の前記の定めをそのまま用いることはできず、所得税法の趣旨に則し、その差異に応じた取扱いがされるべきである。所得税基本通達59-6は、取引相場のない株式の評価につき、少数株主に該当するか否かの判断の前提となる「同族株主」に該当するかどうかは株式を譲渡又は贈与した個人の当該譲渡又は贈与直前の議決権の数により判定すること等を条件に、評価通達の例により算定した価額とする旨を定めているところ、この定めは、上記のとおり、譲渡所得に対する課税と相続税等との性質の差異に応じた取扱いをすることとし、少数株主に該当するか否かについても当該株式を譲渡した株主について判断すべきことをいう趣旨のものということができる。

7　ところが、原審は、本件株式の譲受人であるB社が評価通達188の(3)の少数株主に該当することを理由として、本件株式につき配当還元方式により算定した額が本件株式譲渡の時における価額であるとしたものであ

ポイントの整理

Point 1 ▶ 個人株主が法人に株式を譲渡した場合、一般的には、譲
渡者（個人）が譲渡時に同族株主であり、また、譲渡後も譲渡者
（個人）及び譲受者（法人）は同族株主であるケースが多いため（関
連する法人への譲渡が多いため）、本件のような問題はあまり顕在
化しないものと思われます。ただ、本件では、譲渡後に譲受者（法
人）が少数株主に該当するため所得税法59条の適用に当たって、
原則的な評価方法である類似業種比準価額か配当還元価額で判断す
るかが問題になりました。

Point 2 ▶ 所得税基本通達59-6と財産評価基本通達188の関連及
び解釈について、東京地裁と東京高裁で分かれましたが、最高裁は
地裁の判断を支持し、課税庁の処分内容が認められています。

　なお、本件で譲受者（法人）は、対象となった株式の発行法人の
役員、従業員等が出資者であったことも議論があるところと思われ
ます。

Point 3 ▶ 高裁では、所得税基本通達59-6の規定ぶりでは、評価
基本通達188の読み替えが納税税者にはできないとしており、最高
裁でも補足意見があったことを踏まえ、通達が改正されました。

　なお、改正前の通達と改正後の通達では、文言に相違はあるもの
の、解釈や取扱いの変更はありません。

Point 4 ▶ 通達の改正に伴い、令和２年９月30日付で国税庁から
情報（資産税課情報第22号）が公表されています。実務的な株価

396

計算方法等の事例もあり、留意すべき点もありますので確認される
ことをお勧めします（国税庁 HP で閲覧可）。

内容に入る前に

事例20では、被相続人が相続開始前に法人（Ｂ社）にＡ社株式を譲渡した際の株価について問題となりました。結果的には、被相続人の所有するＡ社株式の譲渡直前の議決権数で判断するとして、原則的評価（財産評価基本通達準用）とされました。

本事案は、上記譲渡後、被相続人の相続開始時点でのＡ社の株式の評価について争いになりました。

相続開始時点では、被相続人の所有するＡ社の株式の議決権は15％未満となっており、その点からは、配当還元方式と考えられますが、Ａ社株式が、「同族株主以外の株主等が取得した株式」に該当しても類似業種比準方式により評価することが正当と是認される特別な事情があるかが焦点となりました。

判決内容

※平成19年12月相続開始

① 原告の主張

原告（納税者・被相続人庚の配偶者）は、課税時期において、Ａ社には合計して30％以上の議決権を有する株主及びその同族関係者がいないため、Ａ社は「同族株主のいない会社」に当たると主張しました。

398

その上で、納税者及びその同族関係者である親族らの有する議決権の合計割合は14.91％であり、「株主の１人及びその同族関係者の有する議決権の合計数が、その会社の議決権総数の15％未満である場合」にも当たるため、本件株式は、評価通達188の(3)の株式に該当するから、「同族株主以外の株主等が取得した株式」に該当することになると主張しました。

> (注)　原告（納税者）の主張する株価（配当還元方式による株価）は75円／１株、被告（課税庁）の主張する株価（類似業種比準方式による株価）は、2,292円／１株です

② 被告の主張

課税庁は、原告が、Ａ社、Ｃ社及びＢ社に対し、広範な業務執行権限に基づき経営方針の決定に関与するなどして実効支配力を有していたとして、Ａ社株式が同族株主以外の株主等が取得した株式に該当しても類似業種比準方式により評価することが正当と是認される特別な事情があると主張しました。

> (注)　原告及びその同族関係者である親族らの有する議決権の合計割合は14.91％であり、仮にこの割合にＣ社及びＢ社のＡ社への議決権割合を加えると、15％以上となり、原告の相続した株式は類似業種比準方式の評価となります。

【参考：Ａ社の株主構成（相続開始直前）】

(ア)　原告　（庚の配偶者）15万9,748株（1.74％）

(イ)　庚（被相続人）73万5,700株（8.00％）

(ウ)　○○親族ら　合計47万6,072株

399

㈑　B社　72万5,000株（7.88%）

㈒　C社　222万4,400株（24.18%）

㈓　研究会持株会　221万0730株（24.03%）（注１）

㈔　従業員持株会　231万5,150株（25.16%）（注２）

㈕　その他の個人株主　合計35万3,200株（3.84%）

　　㈐～㈕合計920万株（100%）

（注１）　A社に金属20年以上勤務する従業員を会員としている民法上の組合。

（注２）　A社に金属10年以上（20年末満）勤務する従業員を会員としている民法上の組合。

3　裁判所の判断

　裁判所は事実関係を判断し、課税庁の主張する「類似業種比準価額が是認される特別な事情」を認めませんでした。

　なお、上記の争点の他、課税庁は、納税者が実質的に同族株主に該当するとも主張しており、その際の法人税法施行令４条６項の解釈についても問題となりました。なお、それに対する裁判所の判断については、ポイント整理を参照してください。

ポイント整理

Point 1▶　裁判所は、A社の株主の中には、C社及びB社も含まれているが、C社又はその株主とB社又はその株主が、それぞれの会

社が有するＡ社の議決権行使につき、原告との間で何らかの合意を
したことはなく、原告から指示をされたこともなかったことからす
ると、Ｃ社及びＢ社がその有するＡ社の議決権について、原告の意
思と同一の内容の議決権を行使することに同意していたと認めるこ
とはできないと判断し、課税庁の主張を認めませんでした（仮に原
告、同族関係者である親族、Ｃ社、Ｂ社のＡ社への議決権割合を合
計した場合は、15％以上）。

Point 2▶　被相続人庚は、相続開始の年にＢ社に対しＡ社株式を譲
渡している事実があります（それにより、庚及び親族のＡ社に対す
る議決権割合は15％未満となりました。）。一方、裁判所は、原告が、
本件相続開始後には代表取締役の１人となってはいるものの、そも
そも本件相続開始時点以後の出来事である上、その目的も庚の姓を
代表取締役として連ねさせることが主眼であって、経営的判断は主
にもう１人の代表取締役であるＫが主導し、原告がＡ社に対する支
配的な影響力を有していたということは到底できないと判断してい
ます。本件は、種々の要素が絡んだ微妙な事案ですが、その詳細を
確認していくことで、参考になるものと考えられます。

Point 3▶　法人税法施行令４条６項の解釈についても争点となりま
したが、裁判所の判断は以下のとおりです。

〔判決文より一部抜粋〕

①　被告は、Ｃ社及びＢ社がその有するＡ社の議決権についてＡ社
　の意思と同一の内容の議決権を行使することに同意していれば、
　法人税法施行令４条６項により、評価通達188の適用上、その議
　決権はＡ社が有するとみなされる旨主張する。

　　しかしながら、評価通達188は、評価会社の株主の「同族関係
　者」の定義として、法人税法施行令４条を引用しており、同条６

項は当該「同族関係者」に当たる同条３項に定める特殊の関係の
ある法人についてのその該当性の判断等に関して設けられた規定
である。

　そうすると、評価通達188の適用上、評価会社における株主の
議決権割合の判定そのものに同条６項が適用されるわけではない
から、仮にＣ社及びＢ社がその有するＡ社の議決権についてＡ社
や原告の意思と同一の内容の議決権を行使することに同意してい
たとしても、評価会社であるＡ社における株主の議決権割合の判
定において、Ｃ社及びＢ社の有する議決権をＡ社や原告が有する
とみなされることになるものではない。

　したがって、被告の上記主張は、評価通達188の解釈を誤った
独自の見解というべきものである。

② 　被告が主張するＡ社における評価通達188の議決権割合の判定
に際し、Ｃ社及びＢ社の有する議決権の数を、Ａ社の議決権総数
から除外すること、あるいは、原告の有する議決権の数に合算す
ることは、いずれも相当であるとはいえない。

5 自己株式の論点（時価と低額譲渡）

1 個人の株主が発行会社に低額で株式を譲渡した場合

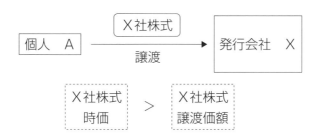

⑴ 売主にとっての時価

　自己株式の譲渡であっても、法人への譲渡には変わりがないため、基本的には所得税基本通達59−6での時価判定になると考えられます⑾。

　そうすると、発行法人の同族株主は原則的評価方式（財産評価基本通達の準用）による評価額、同族株主以外の少数株主は特例的評価方式による評価額（配当還元価額）となります。

　⑾　詳しくは247ページの**事例９**を参照願います。

　①　売主が同族株主…………株式の原則的評価額（準用）＞株式の実際の売買価額（１株当たり）の場合には低額譲渡の可能性があります。

　②　売主が同族株主以外……株式の配当還元価額＞株式の実際の売買価額（１株当たり）の場合には低額譲渡の可能性があります。

（株式等を贈与等した場合の「その時における価額」）

59－6　法第59条第１項の規定の適用に当たって、譲渡所得の基因となる資産が株式（株主又は投資主となる権利、株式の割当てを受ける権利、新株予約権（新投資口予約権を含む。以下この項において同じ。）及び新株予約権の割当てを受ける権利を含む。以下この項において同じ。）である場合の同項に規定する「その時における価額」は、23～35共－９に準じて算定した価額による。この場合、23～35共－９の⑷ニに定める「１株又は１口当たりの純資産価額等を参酌して通常取引されると認められる価額」については、原則として、次によることを条件に、昭和39年４月25日付直資56・直審（資）17「財産評価基本通達」（法令解釈通達）の178から189－７まで《取引相場のない株式の評価》の例により算定した価額とする。

⑴　財産評価基本通達178、188、188－６、189－２、189－３及び189－４中「取得した株式」とあるのは「譲渡又は贈与した株式」と、同通達185、189－２、189－３及び189－４中「株式の取得者」とあるのは「株式を譲渡又は贈与した個人」と、同通達188中「株式取得後」とあるのは「株式の譲渡又は贈与直前」とそれぞれ読み替えるほか、読み替えた後の同通達185ただし書、189－２、189－３又は189－４において株式を譲渡又は贈与した個人とその同族関係者の有する議決権の合計数が評価する会社の議決権総数の50％以下である場合に該当するかどうか及び読み替えた後の同通達188の⑴から⑷までに定める株式に該当するかどうかは、株式の譲渡又は贈与直前の議決権の数により判定すること。

【参考（筆者記載）：上記⑴記載通達番号の内容／中心は188】

178………取引相場のない株式の評価上の区分（大、中、小の区分。
　　　　　　　同族株主以外は188、特定の評価会社は189で評価）

> 188………同族株主以外の株主等が取得した株式（同族株主、中心
> 　　　　　的同族株主、同族株主のいない会社の株主、中心的株主
> 　　　　　の規定含む）
>
> 188－６…投資育成会社が株主である場合の同族株主等
>
> 189－２…比準要素１の会社の株式の評価
>
> 189－３…株式保有特定会社の株式の評価
>
> 189－４…土地保有特定会社の株式又は開業後３年未満の会社等の
> 　　　　　株式の評価
>
> 185………純資産価額

(2)　当該株式の価額につき財産評価基本通達179の例により算定する場合（同通達189－３の(1)において同通達179に準じて算定する場合を含む。）において、当該株式を譲渡又は贈与した個人が当該譲渡又は贈与直前に当該株式の発行会社にとって同通達188の(2)に定める「中心的な同族株主」に該当するときは、当該発行会社は常に同通達178に定める「小会社」に該当するものとしてその例によること。

(3)　当該株式の発行会社が土地（土地の上に存する権利を含む。）又は金融商品取引所に上場されている有価証券を有しているときは、財産評価基本通達185の本文に定める「１株当たりの純資産価額（相続税評価額によって計算した金額）」の計算に当たり、これらの資産については、当該譲渡又は贈与の時における価額によること。

(4)　財産評価基本通達185の本文に定める「１株当たりの純資産価額（相続税評価額によって計算した金額）」の計算に当たり、同通達186－２により計算した評価差額に対する法人税額等に相当する金額は控除しないこと。

(2)　買主（発行法人）にとっての時価

　買主である発行法人が、発行法人の同族株主であるかどうかについ

405

ては、判断が難しいところですが、財産評価基本通達からは読み切れ
ないと思われます。売主の時価（同族株主又は同族株主以外の各時
価）に合わせるという考え方もあるかもしれませんが、配当還元価額
が特例的評価であることを考慮すれば、基本的には原則的評価額（財
産評価基本通達準用）と考えた方が良いかと思います。

(3)　低額譲渡をした場合の課税関係（売主）
　①　売主が同族株主
　　　時価（原則的評価額・財産評価基本通達準用）の２分の１未満
　　の価額で譲渡した場合は、時価（原則的評価額）まで引き上げら
　　れて譲渡所得の課税が行われます（所法59①二、所令169）。
　　　なお、時価の２分の１以上の価額での譲渡であっても、同族会
　　社の行為計算否認に該当する場合は、時価まで引き上げられての
　　課税となります（所基通59-３）。
　②　売主が同族株主以外
　　　時価（配当還元価額）の２分の１未満の価額で譲渡した場合は、
　　時価（配当還元価額）まで引き上げられて譲渡所得の課税が行わ
　　れます（所法59①二）。
　　　なお、時価の２分の１以上の価額での譲渡であっても、同族会
　　社の行為計算否認に該当する場合は、時価まで引き上げられての
　　課税となります（所基通59-３）。

(4)　低額譲渡をした場合の課税関係（買主・発行会社）
　通常、法人が売主から時価よりも低い価額で株式を取得すれば時価
と取得価額との差額が経済的利益を受けたとして受贈益が発生します。
　しかし、株式を取得したのがその株式の発行法人であれば、その取

得は払戻し（資本取引）であり、損益は発生しないため、受贈益としての課税はないものと思われます。

　ただ、何らかの利益移転を目的とし、その額が明確な場合は、資本取引と損益取引を分離して受贈益として課税される可能性も残りますが、事例的には限られたものと思われます。

　結果的に発行法人への株式の低額譲渡については、株主間での株式価値の移動につながるため、次の(5)の課税で対応するものと考えます。

(5)　売主以外の株主への影響（課税関係）

　自社株式を発行法人へ低額で譲渡した場合、それにより、株式の価値の移動が生じる場合があります。その際は、その譲渡した個人株主以外の個人株主に贈与税がかかる可能性があります（株式の譲渡前後での株価の差異が贈与税の対象）。

　相続税法基本通達9-2では、同族会社の株式の価額が増加した場合も経済的利益を受けた場合に該当するとして4つ例を示しています。

　そのうち(4)では、ある者が会社に対して時価よりも著しく低い価額の対価で財産の譲渡をした場合には、その他の株主の株式の価額が増加するので、その財産の譲渡をした者から他の株主に対して贈与税を課すと規定しています。これは、ある株主が、発行法人に株式を低額で譲渡した場合も当てはまるものと考えられます。

【株式の低額譲渡とその他株主の株価上昇のイメージ（純資産のケース）】

　X社に対して、株主Aが時価5,000万円するX社株式（A所有分全て）を3,000万円で譲渡したとします。他にB、Cの株主がいるとします。この譲渡が行われた後の、株価（純資産価額）を考えてみると、次のようにB、Cの株価は上昇します。

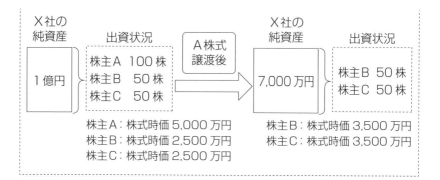

::: 相続税法基本通達 :::

（株式又は出資の価額が増加した場合）

9-2　同族会社（法人税法第2条第10号に規定する同族会社をいう。以下
同じ。）の株式又は出資の価額が、例えば、次に掲げる場合に該当して増
加したときにおいては、その株主又は社員が当該株式又は出資の価額の
うち増加した部分に相当する金額を、それぞれ次に掲げる者から贈与に
よって取得したものとして取り扱うものとする。この場合における贈与
による財産の取得の時期は、財産の提供があった時、債務の免除があっ
た時又は財産の譲渡があった時によるものとする。（昭57直資7-177改
正、平15課資2-1改正）

⑴　会社に対し無償で財産の提供があった場合　当該財産を提供した者

⑵　時価より著しく低い価額で現物出資があった場合　当該現物出資を
した者

⑶　対価を受けないで会社の債務の免除、引受け又は弁済があった場合
当該債務の免除、引受け又は弁済をした者

⑷　会社に対し時価より著しく低い価額の対価で財産の譲渡をした場合
当該財産の譲渡をした者

参考1

〔自己株取引後の類似業種比準価額〕

　類似業種比準価額で譲渡前後の株価を計算する場合、譲渡後の株価については、自己株式数（発行会社取得分）を増加し、簿価純資産価額(D)を減少（発行会社が取得時に支払った金額分）させて計算するものと考えられます。

参考2

〔少数株主からの自己株買取り〕

　少数株主が発行会社に株式を配当還元価額で譲渡した場合、「時価よりも著しく低い価額の対価で財産の譲渡をした場合」に該当するか否かですが、（種々の考え方があると思いますが）少数株主にとっての時価が配当還元価額であるとすれば、該当しない（相続税基本通達9－2に該当しない）とも思われます。つまり、土地等を譲渡した場合（土地等の時価は基本的に誰でも同じ）とは扱いが異なるとも思われます。

2　法人の株主が発行会社に低額で株式を譲渡した場合

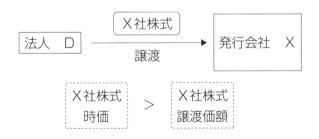

⑴　売主にとっての時価

　発行法人への譲渡であっても売主にとっては、所有資産の譲渡になりますので、時価を算定する上では発行法人との関係が重要となりま

す。基本的には下記の法人税基本通達9-1-14（法基通2-3-4）
での時価判定になると考えられます。

　そうすると、発行法人の同族株主は原則的評価方式（財産評価基本
通達の準用）による評価額、同族株主以外の少数株主は特例的評価方
式による評価額（配当還元価額）となります。

①　売主が同族株主…………株式の原則的評価額（準用）＞株式の
　　　　　　　　　　　　　　実際の売買価額（１株当たり）の場合
　　　　　　　　　　　　　　が低額譲渡となります。

②　売主が同族株主以外……株式の配当還元価額＞株式の実際の売
　　　　　　　　　　　　　　買価額（１株当たり）の場合が低額譲
　　　　　　　　　　　　　　渡となります。

> ### 法人税基本通達
>
> **（上場有価証券等以外の株式の価額の特例）**
>
> **9-1-14**　法人が、上場有価証券等以外の株式（9-1-13の(1)及び(2)に該
> 当するものを除く。）について法第33条第2項《資産の評価換えによる評
> 価損の損金算入》の規定を適用する場合において、事業年度終了の時に
> おける当該株式の価額につき昭和39年4月25日付直資56・直審(資)17「財
> 産評価基本通達」（以下9-1-14において「財産評価基本通達」という。）
> の178から189-7まで《取引相場のない株式の評価》の例によって算定
> した価額によっているときは、課税上弊害がない限り、次によることを
> 条件としてこれを認める。（昭55年直法2 8「三十一」により追加、昭
> 58年直法2-11「七」、平2年直法2-6「三」、平3年課法2-4「八」、
> 平12年課法2-7「十六」、平12年課法2-19「十三」、平17年課法2-14
> 「九」、平19年課法2-17「十九」により改正）
>
> (1)　当該株式の価額につき財産評価基本通達179の例により算定する場

合　（同通達189－3の⑴において同通達179に準じて算定する場合を含む。）において、当該法人が当該株式の発行会社にとって同通達188の⑵に定める「中心的な同族株主」に該当するときは、当該発行会社は常に同通達178に定める「小会社」に該当するものとしてその例によること。

⑵　当該株式の発行会社が土地（土地の上に存する権利を含む。）又は金融商品取引所に上場されている有価証券を有しているときは、財産評価基本通達185の本文に定める「1株当たりの純資産価額（相続税評価額によって計算した金額）」の計算に当たり、これらの資産については当該事業年度終了の時における価額によること。

⑶　財産評価基本通達185の本文に定める「1株当たりの純資産価額（相続税評価額によって計算した金額）」の計算に当たり、同通達186－2により計算した評価差額に対する法人税額等に相当する金額は控除しないこと。

法人税基本通達

（低廉譲渡等の場合の譲渡に係る対価の額）

2-3-4　法人が無償又は低い価額で有価証券を譲渡した場合における法第61条の2第1項第1号《有価証券の譲渡損益の益金算入等》に規定する譲渡の時における有償によるその有価証券の譲渡により通常得べき対価の額の算定に当たっては、4-1-4《上場有価証券等の価額》並びに4-1-5及び4-1-6《上場有価証券等以外の株式の価額》の取扱いを準用する。（平12年課法2-7「四」により追加、平15年課法2-7「八」、平17年課法2-14「四」、平19年課法2-3「十」、平30課法2-8「四」により改正）

㊟　4-1-4本文に定める「当該再生計画認可の決定があった日以前1月間の当該市場価格の平均額」は、適用しない。

9-1-14準用

411

⑵ 買主（発行法人）にとっての時価

買主である発行法人が、発行法人の同族株主であるかどうかについては、判断が難しいところですが、財産評価基本通達からは読み切れないと思われます。売主の時価（同族株主又は同族株主以外の各時価）に合わせるという考え方もあるかもしれませんが、配当還元価額が特例的評価であることを考慮すれば、基本的には、原則的評価額（財産評価基本通達準用）と考えた方が良いかと思います。

⑶ 低額譲渡をした場合の課税関係（売主）

① 売主が同族株主

時価（原則的評価額）より低い価額で譲渡した場合でも、時価（原則的評価額・財産評価基本通達準用）まで引き上げられて課税が行われ、時価と実際の売買価額との差額は寄附金となります（法法37）。

② 売主が同族株主以外

時価（配当還元価額）より低い価額で譲渡した場合でも、時価（配当還元価額）まで引き上げられて課税が行われ、時価と実際の売買価額との差額は寄附金となります（法法37）。

⑷ 低額譲渡をした場合の課税関係（買主）

通常、法人が売主から時価よりも低い価額で株式を取得すれば時価と取得価額との差額が経済的利益を受けたとして受贈益が発生します。

しかし、株式を取得したのがその株式の発行法人であれば、その取得は払戻し（資本取引）であり、損益は発生しないため、受贈益としての課税はないものと思われます。

ただ、何らかの利益移転を目的とし、その額が明確な場合は、資本

取引と損益取引を分離して受贈益として課税される可能性も残りますが、事例的には限られたものと思われます。

　結果的に発行法人への株式の低額譲渡については、株主間での株式価値の移動につながるため、次の(5)の課税で対応するものと考えます。

(5)　売主以外の株主への影響（課税関係）

　自社株式を発行法人へ低額で譲渡した場合、それにより、株式の価値の移動が生じる場合があります。その際は、その譲渡した法人株主以外の個人株主に一時所得、また、その譲渡した法人株主以外の法人株主には受贈益が生じる可能性が考えられます。

【株式の低額譲渡とその他株主の株価上昇のイメージ】

　例えば、Ｘ社に対して、株主Ａが時価5,000万円するＸ社株式（Ａ所有分全て）を3,000万円で譲渡したとします。他にＢ、Ｃの株主がいるとします。この譲渡が行われた後の、株価（純資産価額）を考えてみると、次のようにＢ、Ｃの株価は上昇します。

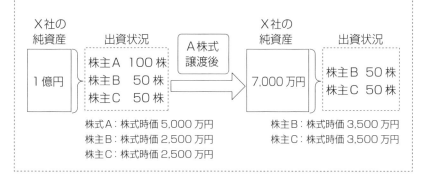

3　低額譲渡をした場合のみなし配当と譲渡収入の区分

⑴　個人株主から発行会社へ低額譲渡があった場合

　発行法人へ株式を売却した場合には、譲渡所得とみなし配当に分かれますが、低額譲渡の場合、時価と実際の売買価額との差がどちらになるかで課税関係はずいぶん違います。

　例えば、時価50,000円と実際の売買価額20,000円の差額30,000円は「譲渡収入」とみなされるのか、「みなし配当」とみなされるのか、ということです。

　これについて、措置法通達37の10-27では、譲渡収入とみなすとしています。

【通常のケース】　　　　　　　　【低額譲渡のケース】

┄┄┄┄┄┄┄┄┄┄┄┄┄┄┄┄┄┄┄┄┄┄┄┄┄┄

　　　　┄┄ 租税特別措置法通達 ┄┄

　（法人が自己の株式又は出資を個人から取得する場合の所得税法第59条の適用）

　37の10・37の11共－22　法人がその株主等から措置法第37条の10第3項

　　第5号の規定に該当する自己の株式又は出資の取得を行う場合において、

　　その株主等が個人であるときには、同項及び措置法第37条の11第3項の

規定により、当該株主等が交付を受ける金銭等（所得税法第25条第1項
《配当等とみなす金額》の規定に該当する部分の金額（以下この項におい
て「みなし配当額」という。）を除く。）は一般株式等に係る譲渡所得等
又は上場株式等に係る譲渡所得等に係る収入金額とみなされるが、この
場合における同法第59条第1項第2号の規定の適用については、次によ
る。

(1)　所得税法第59条第1項第2号の規定に該当するかどうかの判定

　　法人が当該自己の株式又は出資を取得した時における当該自己の株
式又は出資の価額（以下この項において「当該自己株式等の時価」と
いう。）に対して、当該株主等に交付された金銭等の額が、同号に規定
する著しく低い価額の対価であるかどうかにより判定する。

(2)　所得税法第59条第1項第2号の規定に該当する場合の一般株式等に
係る譲渡所得等又は上場株式等に係る譲渡所得等の収入金額とみなさ
れる金額

　　当該自己株式等の時価に相当する金額から、みなし配当額に相当す
る金額を控除した金額による。

(注)　「当該自己株式等の時価」は、所基通59-6《株式等を贈与等した
場合の「その時における価額」》により算定するものとする。

(2)　法人株主から発行会社へ低額譲渡があった場合

　法人株主が法人へ時価の2分の1未満で株式を売却した場合、所得
税法のような時価で譲渡があったものとみなすという規定はありませ
ん。元々法人間の取引は時価が原則ですから、時価で譲渡したものと
のなります。なお、時価と実際の売買価額との差額が、みなし配当に
なるか有価証券の売却収入になるかは、明らかではありませんが、個
人の場合の取扱いが参考になると思います。

4 自己株式の低額処分と給与課税

　発行会社が保有している自社株式を個人に対し時価よりも低額で処分（個人が時価よりも低額で取得）した場合には、所得税の課税対象になるもの考えられます。

　この場合、個人が法人から受けた経済的利益（時価と処分価額との差額）は、雇用関係や委任関係がなければ、一時所得となり、上記の関係がある場合は給与所得になるものと考えられます（詳しくは、給与所得として課税された257ページの**事例10**を参照してください。）。

　なお、上述の事例（判決）では、非上場株式の時価については、所得税基本通達36－36の規定等を踏まえると、所得税基本通達59－6準じた一定の条件を付した上で、評価通達178から189－7までに定める例によって算定するのが合理的であるとしています。

6 その他の参考裁決・判決

譲渡者個人・譲受者個人のケース

（個人間売買時の法人所有不動産の評価）

対象会社の所有する土地建物は鑑定評価及び未償却残高ではなく相続税評価額で評価すべきとし相続税法第7条が適用された事例

平成23年6月30日 裁決

```
個人甲
  │ 株式所有
  ↓
（A社資産内容）
 土地　建物　その他資産
```

```
個人甲 ────→ 個人乙
   A社株式譲渡
（株価評価）　土地：鑑定評価
           建物：帳簿価額
```
→
```
（株価評価）　土地：相続税評価額
           建物：相続税評価額
               （固定資産税
                 評価額）
```

【請求人：株価評価】　　　　　　【審判所：株価評価】

【事案の概要・結果】

① A社株式…………・A社は資本金50,000,000円

　　　　　　　　　　・発行株式総数1,000株

　　　　　　　　　　・財産評価基本通達での会社規模は中会社

　　　　　　　　　　・譲渡人はA社の監査役

② A社株式の譲受人……譲受けの直後において同族株主

③ 売買価額…………1株75,334円×20株＝1,506,680円

④ 本件株式評価に当たっての会社所有土地建物（中古ホテル）の評価について

（A社所有の土地部分の評価）

○　請求人……鑑定価額　86,000,000円

○　原処分庁……166,717,975円（貸家建付地）

　　※170,016,102円（更地価額）、原処分庁の評価は財産評価基本通達に
　　　基づくもの

○　審判所……取引事例と地下公示地を基に算定した土地の時価は
　　192,146,474円

（A社所有の建物部分の評価）

○　請求人………帳簿価額　321,000,000円

○　原処分庁……固定資産税評価額

　　※建物固定資産税評価額＞建物帳簿価額

○　審判所………固定資産税評価額

ポイントの整理

Point ▶　本事例では、株式の譲受者が同族株主であるため、財産
評価基本通達の原則的評価が適用されました。これは、前述した他
の判決・裁決と共通するものです。また、株式の評価上、対象会社
の所有する土地建物について、請求人は土地について鑑定評価額、
建物について帳簿価額（固定資産税評価額より少）を主張しました
が認められませんでした（土地建物は財産評価基本通達に規定する
評価とされました。）。

　　裁決内容からは、実際の原処分庁の処分額が明確ではありません
が、株式の売買価額と財産評価基本通達で規定する評価額とでは、
何倍もの開きがあったと予想されます。

譲渡者法人・譲受者法人のケース（1は個人含む）

（独立第三者間の取引か否かの判断と株式の評価時点が売買時期と相違する場合）

1　B社株式の各譲渡人は、請求人（A社）の代表取締役をはじめ全員が独立第三者とは認められず、B社株式の売買価額の算定方法に経済的合理性が認められないから、B社株式の適正価額と売買価額の差額は受贈益に当たると判断された事例

平成16年1月29日　裁決

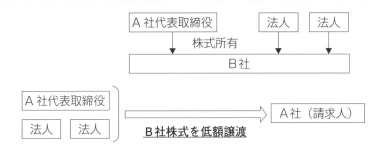

〔裁決の要旨〕

1　譲渡人と譲受法人との関係が、独立第三者の関係にない場合は、合理的な評価時期および評価方法により株式の売買価額を算定する必要があり、これに反する売買価額は当該株式の適正価額とは認められず、当該適正価額が当該売買価額を上回るものである場合には、当該上回る部分の金額は、受贈益として譲受法人の益金の額に算入すべきものと解するのが相当である。

2　本件各譲渡人のうち、本件株式600株を請求人（A社）に譲渡した者は、請求人の代表取締役であり、同者以外の本件各譲渡人も、請求人の実質的な子会社として支配を受ける関係になったものと認められるから、本件各譲渡人は本件各取引の時点で請求人（A社）と独立第三者に関係にあったと認めることはできない。

ポイントの整理

Point 1▶ 審判所は、株式の価額について、法人税基本通達9-1-15（現9-1-14）の定めに基づき本件株式を純資産価額方式により評価することは合理性が認められるとしています。

Point 2▶ 本事案では、請求人も同通達を基に株式の価額を計算しているようですが、評価時点が問題となりました。裁決内容からその詳細までは分かりませんが、審判所の判断では、評価時点は株式の譲渡日であるとしているようです。具体的には、評価時点に最も近い決算期末の各資産及び負債の帳簿価額を基礎として(注)、土地及び有価証券等が評価時点の時価を反映するよう所要の修正を行うとしています。

> (注) 実務上、評価時点もしくはその前月での仮決算数値等も考えられます。請求人の評価時点は、譲渡日よりも前であり評価時点の評価額とかなりの差異があったものと思われます。

（上場予定の株式を所有している会社の株価評価）

2　合併法人が被合併法人が有する株式を譲り受けるに当たり、第三者割当の際の株価が採用されず、被合併法人に寄附金認定及び合併法人に受贈益認定があった事例

平成21年9月17日　東京地裁判決（確定）

【取引の経緯及び課税】

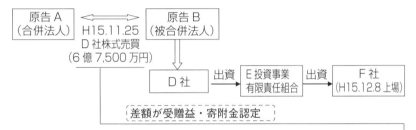

○　F社は上場前に第3者割当増資を1株30万円で行っている（H15.7.31）。
○　F社の株式公開価格（ブックビルディング方式）は75万円ないし100万円。
○　原処分庁は、F社の株式を100万円としてD社の株式評価を行い、その価額を52億738万321円とした。

〔判示事項（抜粋）〕

1　本件は、原告Aが原告Bを合併法人とする被合併法人Bから譲り受けたD株式の譲受価額（6億7500万円）が、時価（52億0738万0321円）に比して低額であるとして、原告Aに対して、本件連結事業年度に係る法人税について、当該譲受価額と時価との差額を受贈益と認定する更正処分をし、原告Bに対しては、本件単体事業年度に係る法人税について寄附金の認定課税をした事例である。

　　Dは、E投資事業有限責任組合他の持分を有し、E投資事業有限責任組合は、平成15年12月8日、Wに上場したF株式を保有している。

2　評基通185が定める１株当たりの純資産価額の算定方式を法人税課税においてそのまま採用すると、相続税や贈与税との性質の違いにより課税上の弊害が生ずる場合には、これを解消するために修正を加えるべきであるところ、このような修正をした上で同通達所定の１株当たりの純資産価額の算定方式にのっとって算定された価額は、一般に通常の取引における当事者の合理的意思に合致するものとして、連基通８‐１‐23(4)及び法基通９‐１‐13(4)にいう「１株当たりの純資産価額等を参酌して通常取引されると認められる価額」に当たるというべきであり、そして、このように解される連基通８‐１‐23(4)及び８‐１‐24並びに法基通９‐１‐13(4)及び９‐１‐14の定めは、法人の収益、寄附金等の額を算定する前提として株式の価額を評価する場合においても合理性を有するものとして妥当するというべきである。

3　Ｄ株式は、非上場株式であり、気配相場や独立当事者間の適当な売買実例がなく、その公開の途上になく、同社と事業の種類、規模、収益の状況等において類似する法人はなかったから、連基通８‐１‐23(4)及び８‐１‐24並びに法基通８‐１‐13(4)及び９‐１‐14に基づき、本件株式売買の日におけるＤ株式の「１株当たりの純資産価額等を参酌して通常取引されると認められる価額」（時価）を評価した上、Ｄ株式に係る本件株式売買に関する収益、寄附金等の額を算定することには合理性があるというべきである。

4　Ｆ株式は、本件株式売買が行われた平成15年11月25日当時、同年10月31日にＷへの上場の承認を受けて同年12月８日にＷへ上場すべく公募が行われていることから、公開途上にある株式で、当該株式の上場に際して株式の公募が行われるもの（連基通８‐１‐23(2)及び法基通９‐１‐13(2)）に該当する。

5　第三者割当と売買とは私法上の法的性質を本質的に異にするものであり、第三者割当を巡る状況も相まって、第三者割当に係る株式の発行価格自体も割当て時点の当該株式の市場価値を反映するものとはいい難い

422

上、税法上も全く異なる規律に服するものであることにかんがみると、連基通8-1-23(1)及び法基通9-1-13(1)の「売買実例」には第三者割当は含まれないものと解するのが相当である。したがって、本件第三者割当に連基通8-1-23(1)及び法基通9-1-13(1)の適用があることを前提としてその発行価格である1株当たり30万円をもってF株式の価額と評価すべきであるとする原告らの主張は理由がないことを前提としてその発行価格である1株当たり30万円をもってF株式の価額と評価すべきであるとする原告らの主張は理由がない。

[譲渡者法人・譲受者個人のケース]

（取引事例等を基に決定された譲渡価額）
取引事例、売買事例等を基に総合的に決めた非上場株式の譲渡価額は適正と認められた事例　　平成4年1月31日 裁決

〔裁決の要旨〕

　本件株式は、公開市場においては取引相場のない株式であるが、①本件会社の従業員持株会が一般株主から買取った取引実例価格、②本件株式会社が単位未満株式の買収請求に基づいた買取り実例価格及び③日刊新聞に記載されている店頭気配値は、それぞれ客観的価値を反映しているものであるから、それらの価格を原処分庁が総合判断して決められた価格は適正価格と認められる。

(注) 請求人（法人）から請求人の代表者へ請求人が所有する株式（A銀行株式）を低額で譲渡した事案。譲渡後、まもなくA銀行は上場している。

（売買実例は適正であることが前提）

1 法人間での株式の低額譲渡・株式の時価と取得価額との差額を受贈益と判示　平成26年5月28日 東京地裁判決

〔判示事項〕

1 株式を有償により譲り受けた原告らが、それぞれの納税地を所轄する税務署長から本件株式の取得に係る取引は時価より低い価額による資産の譲受けであり、本件株式の時価と当該取得価額との差額が受贈益に当たるとして、いずれも法人税の更正の処分及び加算税の賦課決定処分等を受けたことについて、各処分の取消しを求める事案である。

2 法人税基本通達9-1-14は株式の価額につき評価通達の例により算定する場合において、当該法人が当該株式の発行会社にとって同通達188の(2)に定める「中心的な同族株主」に該当するときは、当該発行会社は常に同通達178に定める「小会社」に該当するものとしてその例によるものとする旨を定めているところ、－中略－純資産価額又は純資産価額と類似業種比準価額の併用による方式のいずれかによってこれを評価するものとされたもので、このような評価方法は、取引相場のない株式の適正な時価を算定する方法として一般的な合理性を有するものということができる。

3 法人税基本通達9-1-13の(1)は、上場有価証券等以外の株式のうち売買実例のあるものについては、当該事業年度終了の日前6月間において売買の行われたもののうち適正と認められるものの価額によることとされているが、「適正と認められるもの」に限定されていることに照らすと、上場有価証券等以外の株式の価額を評価するに当たり、上記の定めによるためには、対象となる株式の売買の実例が存在するだけでは足りず、その価額が「適正と認められるもの」である必要があると解される。

4　別件各譲渡の売却単価は、いずれも資産の含み益等が何ら考慮されていないものであって、本件株式が有する客観的な交換価値を反映するものとはいい難い方法により算出されたものであること、売主らは、各譲渡後において、いずれも本件株式の譲渡やその売却単価に不満をのべていることが認められ、本件株式の価額を決定するに当たり、対等の立場にある当事者がその自由な意思決定に基づいてされたものということはできず、当該価額が本件株式の客観的な交換価値を反映したものとは認められないから、当該価額が売買実例のうち「適正と認められるものの価額」であったと認めることはできない。

5　そうすると、本件株式については、1株当たりの純資産価額等を参酌して通常取引されると認められる価額によるべきものとする法人税基本通達9-1-13の(4)の定めるところに準じて評価した上で、それによっては本件株式の客観的な交換価値を適切に算定することができない特別の事情が存するか否かを検討することになる。

6　純資産価額の算定は、本件株式の客観的な交換価値を算定するためにされるものであるところ、本件譲受日である平成18年3月24日は、事業年度終了の日である同年5月31日に近接しており、本件譲受日から同日までの間に重要な財産の譲渡等の本件会社の貸借対照表に大きな影響を及ぼすべき事情があったこともうかがわれないから、本件譲受日における本件株式の評価に当たり、同年5月31日現在の貸借対照表を用いて純資産価額を算定することは合理性を有するものというべきである。

ポイントの整理

Point ▶ 非上場株式の評価を行う上で、売買実例があればそれを採用することも可能ですが、その売買実例は「適正と認められるものの価額」といった前提を満たす必要があります。

本事例について裁判所は、売買価額が、いずれも資産の含み益等が

何ら考慮されていないものであって、本件株式が有する客観的な交換価値を反映するものとは言い難いとし、また、売主らは、各譲渡後において、いずれも本件株式の譲渡やその売買価額に不満を述べていることが認められ、本件株式の価額を決定するに当たり、対等の立場にある当事者がその自由な意思決定に基づいてされたものということはできないと判断し、「適正と認められるものの価額」とは認められないとしました。

　結果的に、法人税基本通達9-1-14は、非上場株式の適正な時価を算定する方法として一般的な合理性を有するものということができるといった判断の基に同通達により評価すべきとされました。

（役員及び従業員より低額で子会社株式を取得した場合）
2　子会社株式を取得するに当たり時価より低いことから、時価と取得価額との差額は、受贈益の額として益金の額に算入すべきであるとされた事例　　　　　　　平成26年6月2日 裁決

〔裁決の要旨〕

1　本件は、審査請求人が、請求人の役員及び従業員から、請求人の子会社の発行済株式総数の約50％の株式を取得したことについて、原処分庁が、子会社の株式の取得価額は適正価額に比べて低額であるから、取得価額と適正価額との差額は受贈益として益金の額に算入すべきであり法人税の更正処分等をしたのに対し、原処分の取消しを求めた事案である。

2　本件株式は、証券取引所に上場されておらず、その気配相場もなく、第三者間における適正な取引価額もないことから、いわゆる上場有価証券等以外の株式である。法人税基本通達4-1-6(注)は、本件株式のように、

株式を保有する法人が評価対象会社にとって評価通達188(2)に定める「中心的な同族株主」に該当するときは、当該株式は評価対象会社が「小会社」に該当するものとして、評価通達の例によって評価することを認めている。そうすると、評価通達179(3)において、類似業種比準方式と純資産価額方式の併用方式による評価を選択することも認められ、本件株式の価額を併用方式により計算すると、1株当たり182,463円となる。したがって、原処分庁が認定した本件株式1株当たりの価額182,463円は、株式譲受けの時点における本件株式の適正な価額（時価）であると認められる。

　㊟　350ページを参照してください。

3　資産の低額譲受けがあった場合においても、時価とその対価の額との差額部分については、無償による資産の譲受けと同様に、その差額は、収益の額として当該事業年度の益金の額に算入すべきものと解されるところ、本件株式譲受けの時点における本件株式の適正な価額（時価）は1株当たり182,463円であり、本件株式譲受けにおける1株50,000円の額は時価より低いことから、その差額は、受贈益の額として平成20年11月期の益金の額に算入すべきことになる。

（参考）上場株式を取得日終値の90％で売買することによる課税関係

　非上場株式の売買ではありませんが、時価の90％で売買することの可否が問題となった事例です。以下参考としてください。

1　グループ企業間で相対取引により上場株式を売買した場合の譲渡損益（寄附金）　平成27年11月19日 東京地裁判決（棄却）

〔判示事項〕

1 本件は、原告が、証券取引所の終値よりも低額で各上場株式を、企業グループ内で譲渡し、その譲渡価額と譲渡原価との差額を損金の額に算入し、また、別件各株式を終値よりも低額で譲り受けていたところ、所轄税務署長から、本件各譲渡株式は具体的な根拠なく時価よりも低額で譲渡したものであるから、譲渡価額と時価との差額は、寄附金の額に該当し、損金算入限度額を超える部分は損金の額に算入されず、また、本件各取得株式は具体的な根拠なく時価より低額で譲り受けたものであるから、その譲受価額と時価との差額は受贈益として益金の額に算入されるなどとして更正処分等を受けたことに対して、その取消しを求める事案である。

2 争点は、本件各処分の適法性であり、具体的には⑴各譲渡差額を寄附金として損金算入限度額の限度で損金の額に算入することの可否、⑵本件各譲受差額を受贈益として益金の額に算入することの適否、である。

3 資産の無償譲渡ないし低額譲渡に係る法人税法の定めについてみると、同法22条は、内国法人の各事業年度の所得の金額の計算上、資産の無償譲渡も収益の発生原因となるものとしている。その趣旨は、法人が資産を他に譲渡する場合には、その譲渡が代金の受入れその他資産の増加を来すべき反対給付を伴わないものであっても、譲渡時における資産の適正な価額に相当する収益があると認識すべきものてあることを明らかにしたものと解される。

4 譲渡時における適正な価額より低い対価をもってする資産の低額譲渡の場合にも、当該資産には譲渡時における適正な価額に相当する経済的価値が認められるところ、たまたま現実に収受した対価がそのうちの一部のみであるからといって適正な価額との差額部分の収益が認識され得ないものとすれば、無償譲渡の場合との間の公平を欠くことになるから、その趣旨からして、この場合に益金の額に算入すべき収益の額には、当

該資産の譲渡の対価の額のほか、これと同資産の譲渡時における適正な価額との差額も含まれるものと解される。

5　他方、資産の低額譲渡の場合、上記差額のうち実質的に贈与したと認められる金額は損金計上の対象たる寄附金の額に含まれるのであるが、寄附金の額について政令で定めるところにより計算した金額を超える部分の金額は、損金の額に算入されない。これは、法人が支出した寄附金の全額を無条件で損金に算入するとすれば、法人税の減収を招き、国の財政収入の確保を阻害するばかりでなく、寄附金の出捐による法人の負担が、法人税の減収を通じて国に転嫁され、課税の公平上適当ではない一方で、法人が支出する寄附金には、それが法人の収益を生み出すのに必要な費用としての側面を有するものであり、これを客観的に判定することが困難であることから、統一的な損金算入制度を設けたものと解される。

6　以上のとおり、法人税法は、資産の低額譲渡がされた場合、当該資産の譲渡の対価の額のほか、同資産の譲渡時における適正な価額との差額も益金の額に含めるべきとした上で、その場合に寄附金に該当する金額については所定の限度でしか損金に算入しないという態度を取っているものである。

2　東証終値の9割相当額で取引された上場株式の譲渡（寄附金）　平成27年1月27日判決　東京地裁判決（却下、棄却）

〔判示事項〕

1　本件は、所轄税務署長が、原告に対し、原告が譲渡した株式の譲渡価額と譲渡株式の譲渡時における適正価額（時価）との差額は、寄附金に該当し、B社から譲り受けた株式の譲受価額と譲受株式の譲受時における時価との差額は、受贈益として益金の額に算入しなければならないと

して各更正処分及び過少申告加算税の各賦課決定処分を行ったことから、原告が各処分等の取消しを求める事案である。

5　証券取引所に上場された株式譲渡が低額譲渡に当たるかどうかについては、取引日における終値を時価とした上で判断されるべきところ、原告は、本件譲渡に係る対価を、譲渡日における譲渡対象株式の証券取引所における終値をおおむね10%程度下回るものにしたというのであり、時価を踏まえた上で意識的にかかる低額の譲渡をしたことは明らかであり、この点について経済取引として是認することができる合理的な理由の存在をうかがわせる事情は認められない。以上によれば、平成20年3月期及び同21年3月期における本件譲渡差額の寄附金認定は適法である。

6　益金の額に算入すべき収益の額には、資産の譲受けの対価の額のほか、これと同資産の譲受時における時価との差額も含まれるものと解される。そして、証券取引所に上場されている株式につき取引日の終値をもって時価とするのは合理的なものというべきであり、本件譲受差額の受贈益課税は適法である。

3　関係法人間で相対取引により上場株式を金融商品取引所の終値の約9割相当額で売買したことに対し、上場株式は金融商品取引所の取引日における終値を時価とするのが妥当であり、本件取引の対価の額を適正な価額とみるべき特段の事情もないことから、譲渡差額に相当する額は寄附金とし、取得差額に相当する額については受贈益であると判断された事例

平成26年2月13日　裁決

〔裁決の要旨〕

1　本件は、審査請求人が、金融商品取引所に上場されている株式を市場

価格よりも低い価額で譲渡又は取得したこと等について、原処分庁が、譲渡した上場株式の市場価格を基に算出した価額と譲渡対価の額との差額は寄附金の額に該当し、取得した上場株式の市場価格を基に算出した価額と取得対価の額との差額は受贈益に該当するなどとして、法人税の更正処分等を行ったのに対し、請求人が上場株式の譲渡及び取得に係る対価の額はいずれも適正な価額であるとして、同処分等の一部の取消しを求めた事案である。

2　本件各譲渡株式は、いずれも上場株式であるから、特段の事情がない限り、上場株式の終値を基礎として算出した各譲渡時市場価額をもって各譲渡株式の適正な価額と認めるのが相当であるところ、本件各譲渡対価の額は、いずれも各売買契約締結日等における金融商品取引所の終値を1割程度減額して約9割相当額の譲渡単価とされている。本件譲渡対価の額を適正な価額とみるべき特段の事情の有無について検討すると、具体的かつ合理的な説明に当たるものでなく、特段の事情があったと認めることはできない。

3　以上によれば、各譲渡時市場価額をもって適正な価額と認めるのが相当であり、請求人は、合理的な理由もなく適正な価額よりも低い対価をもって本件各譲渡株式を譲渡し、各譲渡差額に相当する額を関係会社に供与したというべきであるから、本件各譲渡株式の譲渡により、請求人に各譲渡差額に相当する寄附金の額が発生する。

4　請求人は、相対で取引される株式の売買は、経済取引上お互いの思惑や今後の予見的思慮等が働き売買価額が決定されるものであり、また、本件各譲渡株式の譲渡単価を各売買契約日直近の金融商品取引所における株価の安値と比較しても、いずれも特に異常な取引単価とは認められず、加えて、法人税基本通達で許容される当該株式の価額と払込金額等の差額が当該株式の価額のおおむね10パーセント相当額であるかどうかの判定処理が認められるから、本件各譲渡対価の額は、社会通念上妥当と認

められる価額である旨主張する。

5 　上場株式が終値と異なる価額によって譲渡された場合において、その譲渡の対価の額を適正な価額とみるべきか否かは、当該譲渡に係る個別の事情を勘案し、特段の事情の有無によって判断されるべきものであると考えられる。請求人の上記売買価額決定の主張は、一般に第三者間の取引が前提とされるものであるところ、本件各譲渡株式は、請求人と請求人の株主である法人、請求人と請求人代表者及びその親族が発行済株式総数の過半数を保有する法人との間に行われた取引である等、請求人と特別な資本関係を有する法人と請求人との間で相対取引によって譲渡されたものであり、また、法人税基本通達2-3-7は新たな株式等の発行が有利発行であるかの判定に当たって、その払込金額等の決定方法等の実態をも考慮して定められたものであり、本件の場合とは事情が異なるから、それらのことをもって、本件各譲渡対価の額が適正な価額であるということはできず、この点に関する請求人の主張は採用できない。

6 　本件各取得株式は、いずれも上場株式であるから、特段の事情がない限り、上場株式の終値を基礎として算出した本件各取得時市場価額をもって各取得株式の適正な価額と認めるのが相当であるところ、いずれも各売買契約締結日における金融商品取引所の終値で計算した額を1割程度減額して約9割相当額とされている。本件各取得対価の額を適正な価額とみるべき特段の事情があったと認めることはできない。請求人は、関係会社から当該適正な価額よりも低い対価をもって各取得株式を取得したというべきであるから、本件各取得株式の取得により、請求人には本件取得差額に相当する額の受贈益が発生する。

4　法人間で上場株式を市場価格の9割で売買したことによる課税（受贈益・寄附金）　平成25年3月19日 裁決

〔裁決の要旨〕

1　本件は、審査請求人の被合併法人であるＡ社が、①取得した上場株式の市場価格に基づき算定される価額と取得価額との差額が益金の額に算入されること、②譲渡した上場株式の市場価格に基づき算定される価額と譲渡価額との差額が寄附金の額に該当することを理由として法人税の更正処分をしたのに対し、Ａ社がその全部の取消しを求めた事案である。

2　本件各取得株式はいずれも上場株式であるから、特段の事情がない限り、取得時各市場価格をもって取得株式の適正な価額と認めるのが相当である。Ａ社は、本件各株式取得契約に関し、交渉の記録は特にない旨答述しているところ、当審判所の調査の結果によっても、本件各取得価額を適正な価額とみるべき特段の事情があったと認めるに足りる証拠もない。以上によれば、取得時各市場価格に基づいて算定した価額をもって取得株式の適正な価額と認めるのが相当であり、Ａ社はＢ社から適正な価額よりも低い対価をもって株式を取得したというべきであるから、本件各株式の取得により、Ａ社には取得差額に相当する額の受贈益が発生する。

3　証券会社を通じて株式を売買した場合の売買委託手数料が、通常、売買価額の1％程度にも満たない金額であることからすると、仮にＣ社との間で相対取引により譲渡しなければならない事情があったとしても、譲渡時市場価格の1割相当額を減額して譲渡すべき理由はないといえる。以上によれば、本件譲渡価額を適正な価額とみるべき特段の事情があるとはいえないから、譲渡時市場価格に基づいて算定した価額をもって譲渡株式の適正な価額と認めるのが相当であり、Ａ社は、合理的な理由もなく適正な価額よりも低い対価をもって株式を譲渡し、譲渡差額に相当する額をＣ社に供与したというべきであるから、譲渡差額に相当する寄附金の額が発生する。

7 関連法令、通達、参考事項

＜相続税関係＞

■ 相続税法

（贈与又は遺贈により取得したものとみなす場合）

第7条 著しく低い価額の対価で財産の譲渡を受けた場合においては、当該財産の譲渡があつた時において、当該財産の譲渡を受けた者が、当該対価と当該譲渡があつた時における当該財産の時価（当該財産の評価について第3章に特別の定めがある場合には、その規定により評価した価額）との差額に相当する金額を当該財産を譲渡した者から贈与（当該財産の譲渡が遺言によりなされた場合には、遺贈）により取得したものとみなす。ただし、当該財産の譲渡が、その譲渡を受ける者が資力を喪失して債務を弁済することが困難である場合において、その者の扶養義務者から当該債務の弁済に充てるためになされたものであるときは、その贈与又は遺贈により取得したものとみなされた金額のうちその債務を弁済することが困難である部分の金額については、この限りでない。

（評価の原則）

第22条 この章で特別の定めのあるものを除くほか、相続、遺贈又は贈与により取得した財産の価額は、当該財産の取得の時における時価により、当該財産の価額から控除すべき債務の金額は、その時の現況による。

■ 財産評価基本通達

（取引相場のない株式の評価上の区分）

178 取引相場のない株式の価額は、評価しようとするその株式の発行会社（以下「評価会社」という。）が次の表の大会社、中会社又は小会社のいずれに該当するかに応じて、それぞれ次項の定めによって評価する。ただし、同族株主

以外の株主等が取得した株式又は特定の評価会社の株式の価額は、それぞれ
188《同族株主以外の株主等が取得した株式》又は189《特定の評価会社の株式》
の定めによって評価する。（昭41直資3-19・昭47直資3-16・昭53直評5外・
昭58直評5外・平2直評12外・平6課評2-8外・平10課評2-10外・平11課評
2-2外・平12課評2-4外・平18課評2-2外・平29課評2-12外改正）

規模区分	区 分 の 内 容		総資産価額（帳簿価額によって計算した金額）及び従業員数	直前期末以前1年間における取引金額
大会社	従業員が70人以上の会社又は右のいずれかに該当する会社	卸売業	20億円以上（従業員が35人以下の会社を除く。）	30億円以上
		小売・サービス業	15億円以上（従業員が35人以下の会社を除く。）	20億円以上
		卸売業、小売・サービス業以外	15億円以上（従業員が35人以下の会社を除く。）	15億円以上
中会社	従業員が70人未満の会社で右のいずれかに該当する会社（大会社に該当する場合を除く。）	卸売業	7,000万円以上（従業員が5人以下の会社を除く。）	2億円以上30億円未満
		小売・サービス業	4,000万円以上（従業員が5人以下の会社を除く。）	6,000万円以上20億円未満
		卸売業、小売・サービス業以外	5,000万円以上（従業員が5人以下の会社を除く。）	8,000万円以上15億円未満
小会社	従業員が70人未満の会社で右のいずれにも該当する会社	卸売業	7,000万円未満又は従業員が5人以下	2億円未満
		小売・サービス業	4,000万円未満又は従業員が5人以下	6,000万円未満
		卸売業、小売・サービス業以外	5,000万円未満又は従業員が5人以下	8,000万円未満

上の表の「総資産価額（帳簿価額によって計算した金額）及び従業員数」及び「直前期末以前1年間における取引金額」は、それぞれ次の(1)から(3)により、「卸売業」、「小売・サービス業」又は「卸売業、小売・サービス業以外」の判定は(4)による。

(1)　「総資産価額（帳簿価額によって計算した金額）」は、課税時期の直前に終了した事業年度の末日（以下「直前期末」という。）における評価会社の各資産の帳簿価額の合計額とする。

(2)　「従業員数」は、直前期末以前1年間においてその期間継続して評価会社に勤務していた従業員（就業規則等で定められた1週間当たりの労働時間が30時間未満である従業員を除く。以下この項において「継続勤務従業員」という。）の数に、直前期末以前1年間において評価会社に勤務していた従業員（継続勤務従業員を除く。）のその1年間における労働時間の合計時間数を従業員1人当たり年間平均労働時間数で除して求めた数を加算した数とする。

　　この場合における従業員1人当たり年間平均労働時間数は、1,800時間とする。

(3)　「直前期末以前1年間における取引金額」は、その期間における評価会社の目的とする事業に係る収入金額（金融業・証券業については収入利息及び収入手数料）とする。

(4)　評価会社が「卸売業」、「小売・サービス業」又は「卸売業、小売・サービス業以外」のいずれの業種に該当するかは、上記(3)の直前期末以前1年間における取引金額（以下この項及び181-2《評価会社の事業が該当する業種目》において「取引金額」という。）に基づいて判定し、当該取引金額のうちに2以上の業種に係る取引金額が含まれている場合には、それらの取引金額のうち最も多い取引金額に係る業種によって判定する。

(注)　上記(2)の従業員には、社長、理事長並びに法人税法施行令第71条《使用人兼務役員とされない役員》第1項第1号、第2号及び第4号に掲げる役員は含まないのであるから留意する。

436

（取引相場のない株式の評価の原則）

179　前項により区分された大会社、中会社及び小会社の株式の価額は、それぞ
れ次による。（昭41直資3−19・昭47直資3−16・昭58直評5外・平6課評2−8
外・平10課評2−10外・平12課評2-4外・平29課評2-12外改正）

(1)　大会社の株式の価額は、類似業種比準価額によって評価する。ただし、納
税義務者の選択により、1株当たりの純資産価額（相続税評価額によって
計算した金額）によって評価することができる。

(2)　中会社の株式の価額は、次の算式により計算した金額によって評価する。
ただし、納税義務者の選択により、算式中の類似業種比準価額を1株当た
りの純資産価額（相続税評価額によって計算した金額）によって計算する
ことができる。

類似業種比準価額×L＋1株当たりの純資産価額（相続税評価額によっ
て計算した金額）×（1−L）

上の算式中の「L」は、評価会社の前項に定める総資産価額（帳簿価額
によって計算した金額）及び従業員数又は直前期末以前1年間における取
引金額に応じて、それぞれ次に定める割合のうちいずれか大きい方の割合
とする。

イ　総資産価額（帳簿価額によって計算した金額）及び従業員数に応ずる
割合

卸売業	小売・サービス業	卸売業、小売・サービス業以外	割合
4億円以上（従業員数が35人以下の会社を除く。）	5億円以上（従業員数が35人以下の会社を除く。）	5億円以上（従業員数が35人以下の会社を除く。）	0.90
2億円以上（従業員数が20人以下の会社を除く。）	2億5,000万円以上（従業員数が20人以下の会社を除く。）	2億5,000万円以上（従業員数が20人以下の会社を除く。）	0.75

7,000万円以上（従業員数が5人以下の会社を除く。）	4,000万円以上（従業員数が5人以下の会社を除く。）	5,000万円以上（従業員数が5人以下の会社を除く。）	0.60

　　(注)　複数の区分に該当する場合には、上位の区分に該当するものとする。

　ロ　直前期末以前1年間における取引金額に応ずる割合

卸売業	小売・サービス業	卸売業、小売・サービス業以外	割合
7億円以上 30億円未満	5億円以上 20億円未満	4億円以上 15億円未満	0.90
3億5,000万円以上 7億円未満	2億5,000万円以上 5億円未満	2億円以上 4億円未満	0.75
2億円以上 3億5,000万円未満	6,000万円以上 2億5,000万円未満	8,000万円以上 2億円未満	0.60

(3)　小会社の株式の価額は、1株当たりの純資産価額（相続税評価額によって
　　計算した金額）によって評価する。ただし、納税義務者の選択により、L
　　を0.50として(2)の算式により計算した金額によって評価することができる。

（類似業種比準価額）

180　前項の類似業種比準価額は、類似業種の株価並びに1株当たりの配当金額、
　　年利益金額及び純資産価額（帳簿価額によって計算した金額）を基とし、次の
　　算式によって計算した金額とする。この場合において、評価会社の直前期末に
　　おける資本金額（法人税法第2条《定義》第16号に規定する資本金等の額をい
　　う。以下同じ。）を直前期末における発行済株式数（自己株式（会社法第113条
　　第4項に規定する自己株式をいう。以下同じ。）を有する場合には、当該自己
　　株式の数を控除した株式数。以下同じ。）で除した金額（以下「1株当たりの
　　資本金等の額」という。）が50円以外の金額であるときは、その計算した金額
　　に、1株当たりの資本金等の額の50円に対する倍数を乗じて計算した金額とす
　　る。（昭44直資3-20・昭47直資3-16・昭58直評5外・平12課評2-4外・平18

課評2-27外・平20課評2-5外・平29課評2-12外改正）

$$A \times \left(\cfrac{\cfrac{Ⓑ}{B} + \cfrac{Ⓒ}{C} + \cfrac{Ⓓ}{D}}{3} \right) \times 0.7$$

⑴　上記算式中の「A」、「Ⓑ」、「Ⓒ」、「Ⓓ」、「B」、「C」及び「D」は、それ
ぞれ次による。

　「A」＝類似業種の株価

　「Ⓑ」＝評価会社の1株当たりの配当金額

　「Ⓒ」＝評価会社の1株当たりの利益金額

　「Ⓓ」＝評価会社の1株当たりの純資産価額（帳簿価額によって計算した
　　　　　金額）

　「B」＝課税時期の属する年の類似業種の1株当たりの配当金額

　「C」＝課税時期の属する年の類似業種の1株当たりの年利益金額

　「D」＝課税時期の属する年の類似業種の1株当たりの純資産価額（帳簿
　　　　　価額によって計算した金額）

㊟　類似業種比準価額の計算に当たっては、Ⓑ、Ⓒ及びⒹの金額が183《評価
　　会社の1株当たりの配当金額等の計算》により1株当たりの資本金等の額を
　　50円とした場合の金額として計算することに留意する。

⑵　上記算式中の「0.7」は、178《取引相場のない株式の評価上の区分》に定
　　める中会社の株式を評価する場合には「0.6」、同項に定める小会社の株式を
　　評価する場合には「0.5」とする。

（純資産価額）

185　179《取引相場のない株式の評価の原則》の「1株当たりの純資産価額
（相続税評価額によって計算した金額）」は、課税時期における各資産をこの通
達に定めるところにより評価した価額（この場合、評価会社が課税時期前3年
以内に取得又は新築した土地及び土地の上に存する権利（以下「土地等」とい

439

う。）並びに家屋及びその附属設備又は構築物（以下「家屋等」という。）の価額は、課税時期における通常の取引価額に相当する金額によって評価するものとし、当該土地等又は当該家屋等に係る帳簿価額が課税時期における通常の取引価額に相当すると認められる場合には、当該帳簿価額に相当する金額によって評価することができるものとする。以下同じ。）の合計額から課税時期における各負債の金額の合計額及び186-2《評価差額に対する法人税額等に相当する金額》により計算した評価差額に対する法人税額等に相当する金額を控除した金額を課税時期における発行済株式数で除して計算した金額とする。ただし、179《取引相場のない株式の評価の原則》の(2)の算式及び(3)の1株当たりの純資産価額（相続税評価額によって計算した金額）については、株式の取得者とその同族関係者（188《同族株主以外の株主等が取得した株式》の(1)に定める同族関係者をいう。）の有する議決権の合計数が評価会社の議決権総数の50％以下である場合においては、上記により計算した1株当たりの純資産価額（相続税評価額によって計算した金額）に100分の80を乗じて計算した金額とする。

（昭47直資3-16・昭53直評5外・昭58直評5外・平2直評12外・平12課評2-4外・平15課評2-15外・平18課評2-27外改正）

(注)1　1株当たりの純資産価額（相続税評価額によって計算した金額）の計算を行う場合の「発行済株式数」は、直前期末ではなく、課税時期における発行済株式数であることに留意する。

　　2　上記の「議決権の合計数」及び「議決権総数」には、188-5《種類株式がある場合の議決権総数等》の「株主総会の一部の事項について議決権を行使できない株式に係る議決権の数」を含めるものとする。

（評価会社が有する株式等の純資産価額の計算）

186-3　185《純資産価額》の定めにより、課税時期における評価会社の各資産を評価する場合において、当該各資産のうちに取引相場のない株式があるときの当該株式の1株当たりの純資産価額（相続税評価額によって計算した金額）は、当該株式の発行会社の課税時期における各資産をこの通達に定めるところ

により評価した金額の合計額から課税時期における各負債の金額の合計額を控除した金額を課税時期における当該株式の発行会社の発行済株式数で除して計算した金額とする。

　なお、評価会社の各資産のうちに出資及び転換社債型新株予約権付社債（197－5《転換社債型新株予約権付社債の評価》の(3)のロに定めるものをいう。）のある場合についても、同様とする。（平2直評12外追加、平11課評2－12外・平12課評2－4外・平15課評2－15外改正）

　㊟　この場合における1株当たりの純資産価額（相続税評価額によって計算した金額）の計算に当たっては、186－2《評価差額に対する法人税額等に相当する金額》の定めにより計算した評価差額に対する法人税額等に相当する金額を控除しないのであるから留意する。

（同族株主以外の株主等が取得した株式）

188　178《取引相場のない株式の評価上の区分》の「同族株主以外の株主等が取得した株式」は、次のいずれかに該当する株式をいい、その株式の価額は、次項の定めによる。（昭47直資3－16・昭53直評5外・昭58直評5外・平15課評2－15外・平18課評2－27外改正）

　⑴　同族株主のいる会社の株式のうち、同族株主以外の株主の取得した株式
　　　この場合における「同族株主」とは、課税時期における評価会社の株主のうち、株主の1人及びその同族関係者（法人税法施行令第4条《同族関係者の範囲》に規定する特殊の関係のある個人又は法人をいう。以下同じ。）の有する議決権の合計数がその会社の議決権総数の30％以上（その評価会社の株主のうち、株主の1人及びその同族関係者の有する議決権の合計数が最も多いグループの有する議決権の合計数が、その会社の議決権総数の50％超である会社にあっては、50％超）である場合におけるその株主及びその同族関係者をいう。

　⑵　中心的な同族株主のいる会社の株主のうち、中心的な同族株主以外の同族株主で、その者の株式取得後の議決権の数がその会社の議決権総数の5％未満であるもの（課税時期において評価会社の役員（社長、理事長並びに

法人税法施行令第71条第1項第1号、第2号及び第4号に掲げる者をいう。以下この項において同じ。）である者及び課税時期の翌日から法定申告期限までの間に役員となる者を除く。）の取得した株式

　この場合における「中心的な同族株主」とは、課税時期において同族株主の1人並びにその株主の配偶者、直系血族、兄弟姉妹及び1親等の姻族（これらの者の同族関係者である会社のうち、これらの者が有する議決権の合計数がその会社の議決権総数の25％以上である会社を含む。）の有する議決権の合計数がその会社の議決権総数の25％以上である場合におけるその株主をいう。

⑶　同族株主のいない会社の株主のうち、課税時期において株主の1人及びその同族関係者の有する議決権の合計数が、その会社の議決権総数の15％未満である場合におけるその株主の取得した株式

⑷　中心的な株主がおり、かつ、同族株主のいない会社の株主のうち、課税時期において株主の1人及びその同族関係者の有する議決権の合計数がその会社の議決権総数の15％以上である場合におけるその株主で、その者の株式取得後の議決権の数がその会社の議決権総数の5％未満であるもの（⑵の役員である者及び役員となる者を除く。）の取得した株式

　この場合における「中心的な株主」とは、課税時期において株主の1人及びその同族関係者の有する議決権の合計数がその会社の議決権総数の15％以上である株主グループのうち、いずれかのグループに単独でその会社の議決権総数の10％以上の議決権を有している株主がいる場合におけるその株主をいう。

（同族株主以外の株主等が取得した株式の評価）

188-2　前項の株式の価額は、その株式に係る年配当金額（183《評価会社の1株当たりの配当金額等の計算》の⑴に定める1株当たりの配当金額をいう。ただし、その金額が2円50銭未満のもの及び無配のものにあっては2円50銭とする。）を基として、次の算式により計算した金額によって評価する。ただし、

その金額がその株式を179《取引相場のない株式の評価の原則》の定めにより評価するものとして計算した金額を超える場合には、179《取引相場のない株式の評価の原則》の定めにより計算した金額によって評価する。（昭58直評5外追加、平12課評2-4外・平18課評2-27外改正）

$$\frac{\text{その株式に係る年配当金額}}{10\%} \times \frac{\text{その株式の1株当たりの資本金等の額}}{50円}$$

(注)　上記算式の「その株式に係る年配当金額」は1株当たりの資本金等の額を50円とした場合の金額であるので、算式中において、評価会社の直前期末における1株当たりの資本金等の額の50円に対する倍数を乗じて評価額を計算することとしていることに留意する。

《株式評価制定のフローチャート》

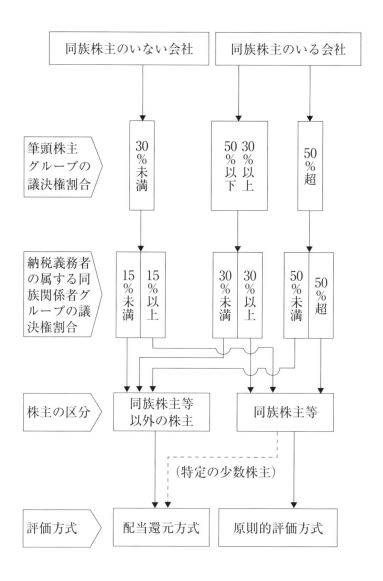

《同族株主の意義》

　「同族株主」とは、課税時期における評価会社の株主のうち、株主の１人（納税義務者に限りません。）及びその同族関係者(注)（同族関係者グループ）の有する議決権の合計数がその会社の議決権総数の30％以上である場合におけるその株主及びその同族関係者をいいます。

　ただし、評価会社の株主のうち、株主の１人及びその同族関係者の有する議決権の合計数が最も多いグループが、その会社の議決権総数の50％超である場合には、その50％超の議決権を有する同族関係者グループに属する株主のみが同族株主となり、その他の株主は、すべて「同族株主以外の株主」となります。

　したがって、法人税法でいう同族会社であるからといって、すべて同族株主に該当するということではありません。

　(注)　同族関係者とは、法人税法施行令第４条（同族関係者の範囲）に規定する特殊の関係のある個人又は法人をいいます。

【同族株主のいる会社の評価区分】

区分	株　主　の　態　様				評価方式
同族株主のいる会社	同族株主	取得後の議決権割合が５％以上の株主			原則的評価方式
		取得後の議決権割合が５％未満の株主	中心的な同族株主がいない場合		
			中心的な同族株主がいる場合	中心的な同族株主	
				役員である株主又は役員となる株主	
				その他の株主	配当還元方式
	同族株主以外の株主				

　(注)　上記の中心的な同族株主等の意義は、次のとおりです。

445

(1)　中心的な同族株主とは、同族株主のいる会社の株主で課税時期において同族株主の１人並びにその株主の配偶者、直系血族、兄弟姉妹及び一親等の姻族（これらの者と特殊の関係にある会社（法人税法施行令第４条第２項に掲げる会社をいいます。）のうち、これらの者が有する議決権の合計数がその会社の議決権総数の25％以上である会社を含みます。）の有する議決権の合計数がその会社の議決権総数の25％以上である場合におけるその株主をいいます（評基通188(2)）。

　　これは、同族株主による支配が行われている会社にあっては、会社経営者とその配偶者、直系血族等が大半の議決権を所有しているのが一般的ですから、同じ同族株主であっても少数の議決権しか所有していな者の取得株式について、中心的な同族株主と同じ評価方式を適用することは適当ではないので、これらの者を区分するために設けられたものです。

　　なお、株式取得者が「中心的な同族株主」になるかどうかについては、「同族株主」になるかどうかを判定する場合のようにグループとして判定するのではなく、評価しようとする個々の株式取得者を基準として判定することにしていますので、株式取得者が他の同族株主の中心的な同族株主の判定の基礎に含まれる場合であっても、その株式取得者を基準にして判定した場合には、中心的な同族株主とならないケースがあることに注意してください。

(2)　役員とは、社長、理事長並びに法人税法施行令第71条第１項第１号、第２号及び第４号に掲げる者をいいます（評基通188(2)）。

　(注)　法人税法施行令第71条第１項（抜すい）

　　第１号　代表取締役、代表執行役、代表理事及び清算人

　　第２号　副社長、専務、常務その他これらに準ずる職制上の地位を有する役員

　　第４号　取締役（委員会設置会社の取締役に限る。）、会計参与及び監査役並びに監事

【同族株主のいない会社の評価区分】

区分	株 主 の 態 様				評価方式
同族株主のいない会社	議決権割合の合計が15％以上の株主グループに属する株主	取得後の議決権割合が5％以上の株主			原則的評価方式
		取得後の議決権割合が5％未満の株主	中心的な株主がいない場合		
			中心的な株主がいる場合	役員である株主又は役員となる株主	
				その他の株主	配当還元方式
	議決権割合の合計が15％未満の株主グループに属する株主				

(注)　上記の中心的な株主とは、同族株主のいない会社の株主で課税時期において株主の1人及びその同族関係者の有する議決権の合計数がその会社の議決権総数の15％以上である株主のグループのうち、いずれかのグループに単独でその会社の議決権総数の10％以上の議決権を有している株主がいる場合におけるその株主をいいます（評基通188(4)）。

　これは、会社の共同経営者の中には個人株主のほかに法人である株主もいること及び同族株主の中の「中心的な同族株主」の議決権割合を25％としていることとのバランスを考慮して定められたものです。

【中心的な同族株主の判定の基礎となる同族株主の範囲（網掛け部分）】

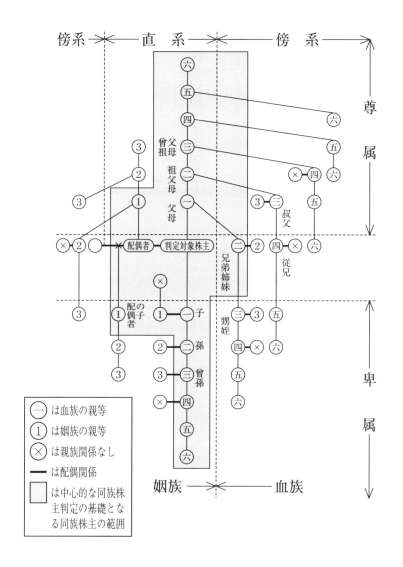

（『平成25年版 株式・公社債評価の実務』大蔵財務協会より抜粋）

＜所得税関係＞

■ 所得税法

（贈与等の場合の譲渡所得等の特例）

第59条　次に掲げる事由により居住者の有する山林（事業所得の基因となるものを除く。）又は譲渡所得の基因となる資産の移転があつた場合には、その者の山林所得の金額、譲渡所得の金額又は雑所得の金額の計算については、その事由が生じた時に、その時における価額に相当する金額により、これらの資産の譲渡があつたものとみなす。

一　贈与（法人に対するものに限る。）又は相続（限定承認に係るものに限る。）若しくは遺贈（法人に対するもの及び個人に対する包括遺贈のうち限定承認に係るものに限る。）

二　著しく低い価額の対価として政令で定める額による譲渡（法人に対するものに限る。）

2　居住者が前項に規定する資産を個人に対し同項第二号に規定する対価の額により譲渡した場合において、当該対価の額が当該資産の譲渡に係る山林所得の金額、譲渡所得の金額又は雑所得の金額の計算上控除する必要経費又は取得費及び譲渡に要した費用の額の合計額に満たないときは、その不足額は、その山林所得の金額、譲渡所得の金額又は雑所得の金額の計算上、なかつたものとみなす。

■ 所得税法施行令

（時価による譲渡とみなす低額譲渡の範囲）

第169条　法第59条第1項第二号（贈与等の場合の譲渡所得等の特例）に規定する政令で定める額は、同項に規定する山林又は譲渡所得の基因となる資産の譲渡の時における価額の2分の1に満たない金額とする。

■ 所得税基本通達

（株式等を取得する権利の価額）

23〜35共-9　令第84条第2項第1号から第4号までに掲げる権利の行使の日又は同項第5号に掲げる権利に基づく払込み又は給付の期日（払込み又は給付の期間の定めがある場合には、当該払込み又は給付をした日。以下この項において「権利行使日等」という。）における同項本文の株式の価額は、次に掲げる場合に応じ、それぞれ次による。（昭49直所2-23、平10課法8-2、課所4-5、平11課所4-1、平14課個2-5、課資3-3、課法8-3、課審3-118、平14課個2-22、課資3-5、課法8-10、課審3-197、平17課個2-23、課資3-5、課法8-6、課審4-113、平18課個2-18、課資3-10、課審4-114、平19課個2-11、課資3-1、課法9-5、課審4-26、平26課個2-9、課審5-14、平28課個2-22、課審5-18改正）

(1)　これらの権利の行使により取得する株式が金融商品取引所に上場されている場合　当該株式につき金融商品取引法第130条の規定により公表された最終の価格（同日に最終の価格がない場合には、同日前の同日に最も近い日における最終の価格とし、2以上の金融商品取引所に同一の区分に属する最終の価格がある場合には、当該価格が最も高い金融商品取引所の価格とする。以下この項において同じ。）とする。

(2)　これらの権利の行使により取得する株式に係る旧株が金融商品取引所に上場されている場合において、当該株式が上場されていないとき　当該旧株の最終の価格を基準として当該株式につき合理的に計算した価額とする。

(3)　(1)の株式及び(2)の旧株が金融商品取引所に上場されていない場合において、当該株式又は当該旧株につき気配相場の価格があるとき　(1)又は(2)の最終の価格を気配相場の価格と読み替えて(1)又は(2)により求めた価額とする。

(4)　(1)から(3)までに掲げる場合以外の場合　次に掲げる区分に応じ、それぞれ次に定める価額とする。

イ　売買実例のあるもの　最近において売買の行われたもののうち適正と認

450

められる価額

ロ　公開途上にある株式で、当該株式の上場又は登録に際して株式の公募又は売出し（以下この項において「公募等」という。）が行われるもの（イに該当するものを除く。）　金融商品取引所又は日本証券業協会の内規によって行われるブックビルディング方式又は競争入札方式のいずれかの方式により決定される公募等の価格等を参酌して通常取引されると認められる価額

（注）　公開途上にある株式とは、金融商品取引所が株式の上場を承認したことを明らかにした日から上場の日の前日までのその株式及び日本証券業協会が株式を登録銘柄として登録することを明らかにした日から登録の日の前日までのその株式をいう。

ハ　売買実例のないものでその株式の発行法人と事業の種類、規模、収益の状況等が類似する他の法人の株式の価額があるもの　当該価額に比準して推定した価額　法人の株式の価額があるもの　当該価額に比準して推定した価額

ニ　イからハまでに該当しないもの　権利行使日等又は権利行使日等に最も近い日におけるその株式の発行法人の1株又は1口当たりの純資産価額等を参酌して通常取引されると認められる価額

（注）　この取扱いは、令第354条第2項《新株予約権の行使に関する調書》に規定する「当該新株予約権を発行又は割当てをした株式会社の株式の1株当たりの価額」について準用する。

（同族会社等に対する低額譲渡）

59-3　山林（事業所得の基因となるものを除く。）又は譲渡所得の基因となる資産を法人に対し時価の2分の1以上の対価で譲渡した場合には、法第59条第1項第2号の規定の適用はないが、時価の2分の1以上の対価による法人に対する譲渡であっても、その譲渡が法第157条《同族会社等の行為又は計算の否認》の規定に該当する場合には、同条の規定により、税務署長の認めるところ

によって、当該資産の時価に相当する金額により山林所得の金額、譲渡所得の金額又は雑所得の金額を計算することができる。(昭50直資3‐11、直所3‐19追加)

(株式等を贈与等した場合の「その時における価額」)

59‐6　法第59条第1項の規定の適用に当たって、譲渡所得の基因となる資産が株式(株主又は投資主となる権利、株式の割当てを受ける権利、新株予約権(新投資口予約権を含む。以下この項において同じ。)及び新株予約権の割当てを受ける権利を含む。以下この項において同じ。)である場合の同項に規定する「その時における価額」は、23～35共‐9に準じて算定した価額による。この場合、23～35共‐9の(4)ニに定める「1株又は1口当たりの純資産価額等を参酌して通常取引されると認められる価額」については、原則として、次によることを条件に、昭和39年4月25日付直資56・直審(資)17「財産評価基本通達」(法令解釈通達)の178から189‐7まで《取引相場のない株式の評価》の例により算定した価額とする。

(1)　財産評価基本通達178、188、188‐6、189‐2、189‐3及び189‐4中「取得した株式」とあるのは「譲渡又は贈与した株式」と、同通達185、189‐2、189‐3及び189‐4中「株式の取得者」とあるのは「株式を譲渡又は贈与した個人」と、同通達188中「株式取得後」とあるのは「株式の譲渡又は贈与直前」とそれぞれ読み替えるほか、読み替えた後の同通達185ただし書、189‐2、189‐3又は189‐4において株式を譲渡又は贈与した個人とその同族関係者の有する議決権の合計数が評価する会社の議決権総数の50%以下である場合に該当するかどうか及び読み替えた後の同通達188の(1)から(4)までに定める株式に該当するかどうかは、株式の譲渡又は贈与直前の議決権の数により判定すること。

(2)　当該株式の価額につき財産評価基本通達179の例により算定する場合(同通達189‐3の(1)において同通達179に準じて算定する場合を含む。)において、当該株式を譲渡又は贈与した個人が当該譲渡又は贈与直前に当該株式の

発行会社にとって同通達188の(2)に定める「中心的な同族株主」に該当する
ときは、当該発行会社は常に同通達178に定める「小会社」に該当するもの
としてその例によること。

(3)　当該株式の発行会社が土地（土地の上に存する権利を含む。）又は金融商
品取引所に上場されている有価証券を有しているときは、財産評価基本通達
185の本文に定める「1株当たりの純資産価額（相続税評価額によって計算
した金額）」の計算に当たり、これらの資産については、当該譲渡又は贈与
の時における価額によること。

(4)　財産評価基本通達185の本文に定める「1株当たりの純資産価額（相続税
評価額によって計算した金額）」の計算に当たり、同通達186-2により計算
した評価差額に対する法人税額等に相当する金額は控除しないこと。

＜法人税関係＞

■ 法人税基本通達

（低廉譲渡等の場合の譲渡に係る対価の額）

2-3-4　法人が無償又は低い価額で有価証券を譲渡した場合における法第61条
の2第1項第1号《有価証券の譲渡損益の益金算入等》に規定する譲渡の時に
おける有償によるその有価証券の譲渡により通常得べき対価の額の算定に当た
っては、4-1-4《上場有価証券等の価額》並びに4-1-5及び4-1-6《上
場有価証券等以外の株式の価額》の取扱いを準用する。（平12年課法2-7「四」
により追加、平15年課法2-7「八」、平17年課法2-14「四」、平19年課法2-
3「十」、平30年課法2-8「四」により改正）

（注）　4-1-4本文に定める「当該再生計画認可の決定があった日以前1月間の
当該市場価格の平均額」は、適用しない。

（上場有価証券等以外の株式の価額）

4-1-5　上場有価証券等以外の株式について法第25条第3項《資産評定による

評価益の益金算入》の規定を適用する場合において、再生計画認可の決定があった時の当該株式の価額は、次の区分に応じ、次による。（平17年課法2－14「七」により追加、平19年課法2－3「十五」、平19年課法2－17「九」、平22年課法2－1「十三」により改正）

(1)　売買実例のあるもの　当該再生計画認可の決定があった日前6月間において売買の行われたもののうち適正と認められるものの価額

(2)　公開途上にある株式（金融商品取引所が内閣総理大臣に対して株式の上場の届出を行うことを明らかにした日から上場の日の前日までのその株式）で、当該株式の上場に際して株式の公募又は売出し（以下4－1－5において「公募等」という。）が行われるもの（(1)に該当するものを除く。）金融商品取引所の内規によって行われる入札により決定される入札後の公募等の価格等を参酌して通常取引されると認められる価額

(3)　売買実例のないものでその株式を発行する法人と事業の種類、規模、収益の状況等が類似する他の法人の株式の価額があるもの（(2)に該当するものを除く。）当該価額に比準して推定した価額

(4)　(1)から(3)までに該当しないもの　当該再生計画認可の決定があった日又は同日に最も近い日におけるその株式の発行法人の事業年度終了の時における1株当たりの純資産価額等を参酌して通常取引されると認められる価額

（上場有価証券等以外の株式の価額の特例）

4－1－6　法人が、上場有価証券等以外の株式（4－1－5の(1)及び(2)に該当するものを除く。）について法第25条第3項《資産評定による評価益の益金算入》の規定を適用する場合において、再生計画認可の決定があった時における当該株式の価額につき昭和39年4月25日付直資56・直審(資)17「財産評価基本通達」（以下4－1－6において「財産評価基本通達」という。）の178から189－7まで《取引相場のない株式の評価》の例によって算定した価額によっているときは、課税上弊害がない限り、次によることを条件としてこれを認める。（平17年課法2－14「七」により追加、平19年課法2－3「十五」、平19年課法2－17「九」、

454

平22年課法2-1「十三」により改正）

(1)　当該株式の価額につき財産評価基本通達179の例により算定する場合（同通達189-3の(1)において同通達179に準じて算定する場合を含む。）において、当該法人が当該株式の発行会社にとって同通達188の(2)に定める「中心的な同族株主」に該当するときは、当該発行会社は常に同通達178に定める「小会社」に該当するものとしてその例によること。

(2)　当該株式の発行会社が土地（土地の上に存する権利を含む。）又は金融商品取引所に上場されている有価証券を有しているときは、財産評価基本通達185の本文に定める「1株当たりの純資産価額（相続税評価額によって計算した金額)」の計算に当たり、これらの資産については当該再生計画認可の決定があった時における価額によること。

(3)　財産評価基本通達185の本文に定める「1株当たりの純資産価額（相続税評価額によって計算した金額)」の計算に当たり、同通達186-2により計算した評価差額に対する法人税額等に相当する金額は控除しないこと。

（上場有価証券等以外の株式の価額）

9-1-13　上場有価証券等以外の株式につき法第33条第2項《資産の評価換えによる評価損の損金算入》の規定を適用する場合の当該株式の価額は、次の区分に応じ、次による。（昭55年直法2-8「三十一」、平2年直法2-6「三」、平12年課法2-7「十六」、平14年課法2-1「十九」、平17年課法2-14「九」、平19年課法2-17「十九」により改正）

(1)　売買実例のあるもの　当該事業年度終了の日前6月間において売買の行われたもののうち適正と認められるものの価額

(2)　公開途上にある株式（金融商品取引所が内閣総理大臣に対して株式の上場の届出を行うことを明らかにした日から上場の日の前日までのその株式）で、当該株式の上場に際して株式の公募又は売出し（以下9-1-13において「公募等」という。）が行われるもの（(1)に該当するものを除く。）　金融商品取引所の内規によって行われる入札により決定される入札後の公募等の価格

等を参酌して通常取引されると認められる価額

(3)　売買実例のないものでその株式を発行する法人と事業の種類、規模、収益
の状況等が類似する他の法人の株式の価額があるもの（(2)に該当するもの
を除く。）　当該価額に比準して推定した価額

(4)　(1)から(3)までに該当しないもの　当該事業年度終了の日又は同日に最も近
い日におけるその株式の発行法人の事業年度終了の時における1株当たりの
純資産価額等を参酌して通常取引されると認められる価額

（上場有価証券等以外の株式の価額の特例）

9-1-14　法人が、上場有価証券等以外の株式（9-1-13の(1)及び(2)に該当す
るものを除く。）について法第33条第2項《資産の評価換えによる評価損の損
金算入》の規定を適用する場合において、事業年度終了の時における当該株式
の価額につき昭和39年4月25日付直資56・直審(資)17「財産評価基本通達」（以
下9-1-14において「財産評価基本通達」という。）の178から189-7まで《取
引相場のない株式の評価》の例によって算定した価額によっているときは、課
税上弊害がない限り、次によることを条件としてこれを認める。（昭55年直法
2-8「三十一」により追加、昭58年直法2-11「七」、平2年直法2-6「三」、
平3年課法2-4「八」、平12年課法2-7「十六」、平12年課法2-19「十三」、
平17年課法2-14「九」、平19年課法2-17「十九」により改正）

(1)　当該株式の価額につき財産評価基本通達179の例により算定する場合　（同
通達189-3の(1)において同通達179に準じて算定する場合を含む。）において、
当該法人が当該株式の発行会社にとって同通達188の(2)に定める「中心的な
同族株主」に該当するときは、当該発行会社は常に同通達178に定める「小
会社」に該当するものとしてその例によること。

(2)　当該株式の発行会社が土地（土地の上に存する権利を含む。）又は金融商
品取引所に上場されている有価証券を有しているときは、財産評価基本通
達185の本文に定める「1株当たりの純資産価額（相続税評価額によって計
算した金額）」の計算に当たり、これらの資産については当該事業年度終了

の時における価額によること。

(3)　財産評価基本通達185の本文に定める「1株当たりの純資産価額（相続税評価額によって計算した金額）」の計算に当たり、同通達186－2により計算した評価差額に対する法人税額等に相当する金額は控除しないこと。

■ 租税特別措置法第37条の10《株式等に係る譲渡所得等の課税の特例》関係

（法人が自己の株式又は出資を個人から取得する場合の所得税法第59条の適用）

37の10・37の11共-22　法人がその株主等から措置法第37条の10第3項第5号の規定に該当する自己の株式又は出資の取得を行う場合において、その株主等が個人であるときには、同項及び措置法第37条の11第3項の規定により、当該株主等が交付を受ける金銭等（所得税法第25条第1項《配当等とみなす金額》の規定に該当する部分の金額（以下この項において「みなし配当額」という。）を除く。）は一般株式等に係る譲渡所得等又は上場株式等に係る譲渡所得等に係る収入金額とみなされるが、この場合における同法第59条第1項第2号《贈与等の場合の譲渡所得等の特例》の規定の適用については、次による。（平27課資3-4、課個2-19、課法10-5、課審7-13追加、平29課資3-4、課個2-20、課法10-4、課審7-14改正）

(1)　所得税法第59条第1項第2号の規定に該当するかどうかの判定

　　法人が当該自己の株式又は出資を取得した時における当該自己の株式又は出資の価額（以下この項において「当該自己株式等の時価」という。）に対して、当該株主等に交付された金銭等の額が、所得税法第59条第1項第2号に規定する著しく低い価額の対価であるかどうかにより判定する。

(2)　所得税法第59条第1項第2号の規定に該当する場合の一般株式等に係る譲渡所得等又は上場株式等に係る譲渡所得等に係る収入金額とみなされる金額

　　当該自己株式等の時価に相当する金額から、みなし配当額に相当する金額を控除した金額による。

（注）　「当該自己株式等の時価」は、所基通59-6《株式等を贈与等した場合の「その時における価額」》により算定するものとする。

■ 法人税法施行令

（同族関係者の範囲）

第4条　法第2条第10号（同族会社の意義）に規定する政令で定める特殊の関係のある個人は、次に掲げる者とする。

一　株主等の親族

二　株主等と婚姻の届出をしていないが事実上婚姻関係と同様の事情にある者

三　株主等（個人である株主等に限る。次号において同じ。）の使用人

四　前三号に掲げる者以外の者で株主等から受ける金銭その他の資産によって生計を維持しているもの

五　前三号に掲げる者と生計を一にするこれらの者の親族

2　法第2条第10号に規定する政令で定める特殊の関係のある法人は、次に掲げる会社とする。

一　同族会社であるかどうかを判定しようとする会社（投資法人を含む。以下この条において同じ。）の株主等（当該会社が自己の株式（投資信託及び投資法人に関する法律（昭和26年法律第198号）第2条第14項（定義）に規定する投資口を含む。以下同じ。）又は出資を有する場合の当該会社を除く。以下この項及び第4項において「判定会社株主等」という。）の1人（個人である判定会社株主等については、その1人及びこれと前項に規定する特殊の関係のある個人。以下この項において同じ。）が他の会社を支配している場合における当該他の会社

二　判定会社株主等の1人及びこれと前号に規定する特殊の関係のある会社が他の会社を支配している場合における当該他の会社

三　判定会社株主等の1人及びこれと前2号に規定する特殊の関係のある会社が他の会社を支配している場合における当該他の会社

3　前項各号に規定する他の会社を支配している場合とは、次に掲げる場合のいずれかに該当する場合をいう。

一　他の会社の発行済株式又は出資（その有する自己の株式又は出資を除く。）の総数又は総額の100分の50を超える数又は金額の株式又は出資を有する場合

二　他の会社の次に掲げる議決権のいずれかにつき、その総数（当該議決権を行使することができない株主等が有する当該議決権の数を除く。）の100分の50を超える数を有する場合

　　イ　事業の全部若しくは重要な部分の譲渡、解散、継続、合併、分割、株式交換、株式移転又は現物出資に関する決議に係る議決権

　　ロ　役員の選任及び解任に関する決議に係る議決権

　　ハ　役員の報酬、賞与その他の職務執行の対価として会社が供与する財産上の利益に関する事項についての決議に係る議決権

　　ニ　剰余金の配当又は利益の配当に関する決議に係る議決権

三　他の会社の株主等（合名会社、合資会社又は合同会社の社員（当該他の会社が業務を執行する社員を定めた場合にあつては、業務を執行する社員）に限る。）の総数の半数を超える数を占める場合

4　同一の個人又は法人（人格のない社団等を含む。以下同じ。）と第２項に規定する特殊の関係のある２以上の会社が、判定会社株主等である場合には、その２以上の会社は、相互に同項に規定する特殊の関係のある会社であるものとみなす。

5　法第２条第10号に規定する政令で定める場合は、同号の会社の株主等（その会社が自己の株式又は出資を有する場合のその会社を除く。）の３人以下並びにこれらと同号に規定する政令で定める特殊の関係のある個人及び法人がその会社の第３項第２号イからニまでに掲げる議決権のいずれかにつきその総数（当該議決権を行使することができない株主等が有する当該議決権の数を除く。）の100分の50を超える数を有する場合又はその会社の株主等（合名会社、合資会社又は合同会社の社員（その会社が業務を執行する社員を定めた場合にあつ

ては、業務を執行する社員）に限る。）の総数の半数を超える数を占める場合
とする。

6　個人又は法人との間で当該個人又は法人の意思と同一の内容の議決権を行使
することに同意している者がある場合には、当該者が有する議決権は当該個人
又は法人が有するものとみなし、かつ、当該個人又は法人（当該議決権に係る
会社の株主等であるものを除く。）は当該議決権に係る会社の株主等であるも
のとみなして、第3項及び前項の規定を適用する。

大蔵財務協会は、財務・税務行政の改良、発達およびこれらに関する知識の啓蒙普及を目的とする公益法人として、昭和十一年に発足しました。爾来、ひろく読者の皆様からのご支持をいただいて、出版事業の充実に努めてきたところであります。

今日、国の財政や税務行政は、私たちの日々のくらしと密接に関連しており、そのため多種多様な施策の情報をできる限り速く、広く、正確にかつ分かり易く国民の皆様にお伝えすることの必要性、重要性はますます大きくなっております。

このような状況のもとで、当協会は現在、「税のしるべ」（週刊）、「国税速報」（週刊）の定期刊行物をはじめ、各種書籍の刊行を通じて、財政や税務行政についての情報の伝達と知識の普及につとめております。また、日本の将来を担う児童・生徒を対象とした租税教育活動にも、力を注いでいるところであります。

今後とも、国民・納税者の方々のニーズを的確に把握し、より質の高い情報を提供するとともに、各種の活動を通じてその使命を果たしてまいりたいと考えておりますので、ご叱正・ご指導を賜りますよう、宜しくお願い申し上げます。

一般財団法人　大蔵財務協会
理事長　木村幸俊

五訂版
不動産・非上場株式の税務上の時価の考え方と実務への応用
～裁決・判決からみた税務上の時価～

令和4年12月12日　初版印刷
令和4年12月28日　初版発行

不　許
複　製

著　者　　渡　邉　正　則
（一財）大蔵財務協会　理事長
発行者　　木　村　幸　俊

発行所　　一般財団法人　大　蔵　財　務　協　会
〔郵便番号　130-8585〕
東京都墨田区東駒形1丁目14番1号
（販　売　部）TEL03(3829)4141・FAX03(3829)4001
（出版編集部）TEL03(3829)4142・FAX03(3829)4005
http://www.zaikyo.or.jp

乱丁・落丁はお取替えいたします。　　　　印刷　㈱恵友社
ISBN978-4-7547-3081-9